JN440567

성 · 평등 그리고 사회

여덟 번째 젠더수업

(사)부산여성사회교육원 엮음

신정

머리말

"여성학 수업, 왜 들어?"

"너 혹시 페미 뭐 그런 거야?"

"그 수업 들으면 취업 때 불리하다던데?"

수강 신청 과정에서 여성학 관련 과목을 선택한 학생들이라면 한 번쯤 마주하게 된다는 이 질문들은, 성평등을 바라보는 우리 사회의 인식을 그대로 드러낸다. 1977년 이화여자대학교에 처음으로 여성학 교양 강좌가 개설된 이후 무려 반세기에 가까운 시간이 흘렀다. 그럼에도 캠퍼스에서 여성학은 여전히 '설명을 요구받는' 학문이며, 그 지적 토대인 페미니즘은 오해와 편견 속에서 호출되기 일쑤다. 새로운 배움을 향한 호기심조차 미래를 저당잡히는 '위험한' 선택으로 인식된다. 『성 · 평등 그리고 사회 – 여덟 번째 젠더수업』은 위의 질문들에 답하기 위해 기획되었다.

여성학은 언제나 약한 자들과 소외된 이들의 목소리에 귀 기울이고 연대해 온 실천 학문이다. 자유롭고 평등한 사회를 고민하는 청년들에게, 여성학은 사회를 이해하는 데 필요한 중요한 질문과 관점을 제공해 왔다. 그럼에도 언젠가부터 여성학 수업뿐만 아니라 성평등을 기반으로 진행되는 관련 교과목들 역시 대학에서 점차 위축되고 있다. 이런 현실 속에서 용기 내어 강의실을 찾아온 학생들을 격려하기 위해서라도, 여성학이 어떤 학문인지 살펴보고 더 나은 사회를 만들기 위해 우리가 어떤 질문을 새로 던져야 할지 사유하도록 이끄는 수업과 교재의 필요성은 점점 더 분명해졌다. 이 책은 그러한 필요에 대한 젠더 연구자들의 고민이 모여 만들어졌다.

그러나 이번 교재가 지향하는 바는 특정한 입장을 설득하거나 주장을 강화하는 데 있지 않다. 성 · 평등이라는 주제가 우리 사회의 구조와 일상을 어떻게 통과하고 있는지를 이해하기 위한 하나의 안내서에 가깝다. 젠더를 둘러싼 논쟁의 결과를 제시하기보다, 그런 논쟁이 왜 반복되는지, 어떤 사회적 조건 속에서 만들어지는지를 함께 살펴보고자 했다.

이 책은 여성학을 처음 접하는 독자에게는 하나의 입문서로, 이미 젠더 관련 교과목들을 수강해 온 이들에게는 사유를 확장하는 참고서로 읽히기를 바란다. 때문에 특정한 전공이나 배경지식을 전제하지 않고, 젠더를 둘러싼 주요 쟁점들을 사회의 여러 영역 속에서 차분히 짚어보는 데 초점을 두었다.

이 책의 집필에는 여성학뿐 아니라 역사학, 사회학, 미디어 연구 등 서로 다른 전공과 강의 경험을 가진 연구자들 및 현장 활동가들이 함께 참여했다. 각자가 다루어온 주제와 접근 방식은 다르지만, 젠더 연구가 더 이상 학문체계 주변에만 머물 수 없는 중요한 분석 관점이라는 점에는 다들 공감하고 있다. 그래서 이 책은 더 나은 세상을 향해 함께 나아가자는 공통된 인식 위에서, 젠더를 둘러싼 다양한 질문들을 풀어보고자 했다.

총 열두 개의 장으로 구성된 이 책은 페미니즘의 역사와 이론적 기초에서 출발해, 미디어와 대중문화, 가족과 노동, 사랑과 연애, 정치와 남성성, 기후위기와 젠더폭력, 그리고 지역 여성운동에 이르기까지 동시대 사회를 관통하는 쟁점들을 폭넓게 다룬다.

1장은 근대 서양에서 여성들이 어떻게 자신의 권리를 자각하고 쟁취해 왔는지를 살피고, 서구 페미니즘의 역사적 형성 과정을 짚는다. 여성을 온전한 '인간'으로 위치시키기 위한 투쟁의 맥락을 통해 페미니즘의 문제의식을 이해할 수 있도록 돕는다.

2장은 서구의 학문으로만 인식되는 페미니즘에 대한 오해를 일소하기 위해, 고대부터 현대까지 한국 여성의 역사를 탐색한다. 가부장제 속에서 정치적으로 구성된 젠더 질서를 분석하면서 역사 속에서 이어져 온 한국 페미니스트들의 저항과 실천을 조명한다.

3장은 섹스, 젠더, 섹슈얼리티라는 여성학의 핵심 개념을 중심으로, 몸과 정체성이 어떻게 사회적으로 구성되는지를 살펴본다. 이를 통해 젠더 개념이 위험한 것이 아니라 사회를 비판적으로 사유하는 이론적 자원임을 제시한다.

4장은 미디어와 대중문화 속 젠더 재현, 디지털 환경에서 발생하는 성폭력과 혐오의 구조를 분석한다. 일상적으로 소비되는 미디어 속 젠더 문제를 가시화하며, 폭력의 고리를 끊기 위한 실천적 가능성을 모색한다.

5장은 청년들이 더 이상 사랑과 연애를 쉽게 이야기하지 않게 된 이유를 살펴본다. 경쟁과 불안, 젠더 불평등 속에서 사랑이 어떻게 재구성되고 있는지를 통해 서로를 존중하는 평등한 관계를 다시 상상할 때임을 이야기한다.

6장은 변화하는 사회 속에서 가족의 형태와 의미가 어떻게 재구성되고 있는지를 살핀다. 여전히 강력한 힘을 발휘하고 있는 '정상가족'이라는 규범을 넘어 다양한 가족을 이해하기 위한 관점의 확장을 제안한다.

7장에서는 노동시장과 취업 과정에서 나타나는 성별 격차를 중심으로 제도와 현실 사이의 간극을 분석한다. 본격적인 사회진출을 앞둔 대학생들에게 성평등한 노동 환경을 만들기 위한 사회적 과제를 제시한다.

8장은 새롭게 편성한 장으로, 젠더 관점에서 기후위기를 분석하고 사회적 약자에게 불균등하게 전가되는 구조를 설명한다. 페미니스트 기후정의를 통해 지속가능한 공존의 가능성을 모색하는 장이다.

9장은 최근 사회적 문제로 심화하고 있는 젠더 폭력을 개인 간 사건이 아닌 사회적 · 구조적 문제로 이해하도록 돕는다. 성폭력 관련 법과 '동의' 개념을 통해 안전한 사회를 위한 제도와 일상의 윤리를 함께 제시한다.

10장 역시 앞서 발간된 교재와 차별되는 장으로, 나날이 심각해지고 있는 청년세대의 젠더 갈등 속에서 왜 남성성 논의가 필요한지를 탐색한다. 남성성은 고정된 개념이 아니라 사회적 관계 속에서 끊임없이 변화하는 실천임을 강조한다.

11장은 한국 정치에서 젠더갈등 담론이 어떻게 정치적으로 활용됐는지를 비판적으로 검토하고, 여성주의 관점에서 민주주의의 한계와 가능성을 성찰한다.

12장은 대학 여성운동의 역사와 지역 여성운동의 흐름을 따라가며, 페미니스트로 살아가기 위한 지구력과 연대의 의미를 되짚는다.

이 책은 여성학 강의는 물론, 개별 학과에서 여성과 젠더를 다루는 관련 강의의 교재로도 사용될 수 있도록 꾸몄다. 좀 더 다양한 주제를 포함하기 위해 총 12개의 장으로 구분하고는 있으나 꼭 순서대로 읽을 필요는 없으며, 각 수업의 성격에 맞춰 선별하여 활용할 수 있을 것이다. 그리고 교양 도서를 기획할 때면 다들 그렇겠지만, 이번 여덟 번째 교재 역시 '쉽고 재미있는' 책을 목표로 고심을 거듭했다. 저자들의 이런 진심과 노력이 그대로 독자들에게 전달될 수 있기를 기대한다.

마지막으로 이 책이 나오기까지 참으로 많은 이들의 노고가 있었음을 알리고 싶다. 먼저 어려운 상황 속에서도 기꺼이 여성학 교재 출판을 결심해 주신 도서출판 신정에 감사드린다. 무엇보다도 지역에서 무려 여덟 번째 여성학 교재가 탄생할 수 있었던 것은 (사)부산여성사회교육원의 관심과 지원 덕분이다. 오랫동안 성평등 교육과 여성주의 담론 확장을 위해 노력해 온 (사)부산여성사회교육원은, 대학 강의실 안팎에서 여전히 필요한 질문들을 어떻게 전달할 것인지 끝까지 함께 고민해 주었다. 그리고 기획과 일정 조정, 원고 관리와 편집 실무를 도맡아 수고해 준 정윤주 님의 노고에 특별히 고마움을 전한다. 세심한 조율과 책임 있는 실무가 있었기에, 서로 다른 목소리와 관점을 지닌 원고들이 하나의 책으로 묶일 수 있었다.

짐작컨대 다음 학기 수강 신청 기간에도 "여성학 수업, 왜 들어?"라는 질문은 어김없이 등장할 것이다. 언젠가 같은 질문을 받았던 한 학생은 "궁금하면 같이 들어볼래?"라는 말로 답을 대신했다고 들려주었다. 무례한 질문들 앞에서 화를 내거나 침묵하는 대신 웃으며 질문으로 되돌려준 학생에게 박수를 쳐주고 싶다.

부디 이 책이 그런 순간마다 하나의 참고 문장이 될 수 있으면 좋겠다. "너 혹시 페미 그런 거야?"라는 질문에는 "응! 너는 아직 페미 아니야?"로, "그 수업 들으면 취업 때 불리하다던데?"에는 "그런 걸로 문제 삼는 회사엔 안 갈 건데?"는 어떨까? 아마도 이 책의 독자들은 더 멋지고 참신하고 힘 있는 대답을 스스로 찾아낼 것이다. 부디 『성 · 평등 그리고 사회 – 여덟 번째 젠더수업』이 그런 용기 있는 학생들에게 더 많은 언어를 만들어줄 수 있기를, 그래서 자신과는 다른 생각을 가진 청춘들과도 즐겁게 소통하면서 좀 더 신나는 세상을 만들어 갈 수 있기를 간절히 희망한다.

2025년 12월
(사)부산여성사회교육원 창립 30주년을 기념하며
저자 일동

차례

CHAPTER 01

서구 페미니즘의 역사

1. 여성이 멈추면 세상이 멈춘다
2. 제1차 여성운동의 역사
3. 제2차 여성운동의 역사
4. 페미니즘, 여전히 유효한가

1. 여성이 멈추면 세상이 멈춘다

1975년 10월 24일 금요일, '얼음의 나라' 아이슬란드에서 기념비적인 사건이 일어났다. 한반도와 비슷한 땅 크기에, 총인구가 22만 정도였던 나라에서 여성들이 집단 월차를 냈다. 여성들은 직장과 집에서 나와 일, 요리, 육아를 전면 중단했다. 여성단체 '레드스타킹(Red Stocking)'이 주도한 이날 시위에 90%의 여성이 동참했다. 수도 레이캬비크 광장에 모인 2만5천 명의 여성들은 의회로 행진하며 여성과 남성의 동등한 권리를 요구했다. 유치원은 문을 닫았고 초·중·고교는 휴교했다. 큰 가게, 작은 가게 할 것 없이 상점들이 문을 열 수 없었다. 조판공 대부분이 여성이었기에 신문도 찍어낼 수 없었고 교환수가 출근하지 않아 전화국이 멈췄다. 이날은 유독 소시지가 많이 팔린 날이기도 했다. 요리 경험이 없던 남성들이 너나없이 소시지를 사다가 아이 식사를 챙겨줬기 때문이다. 아이를 데리고 출근하는 남성 직원을 위해 고용주는 사탕, 종이, 연필을 사기도 했다. 종일 아이를 도맡아 돌본 남성들에게 이날은 유독 '긴 금요일(long Friday)'이었다. 1975년 총파업 기록과 유산은 영화감독 파멜라 호건의 다큐멘터리 〈아이슬란드가 멈춘 날(The Day Iceland Stood Still)〉(2024)에 오롯이 담겼다.

그렇게, 여성이 바뀌는 대신 세상이 바뀌었다. 아이슬란드는 1976년 남녀평등권법을 시행했고 세계에서 가장 성평등한 나라로 발돋움하기 시작했다. 아이슬란드 총파업은 여성 정치인 배출에 결정적 계기가 되었다. 1980년 비그디스 핀보가도티르(Vigdis Finnbogadottir)가 여성 대통령에 당선되면서 세계 최초로 민주적으로 선출된 여성 대통령을 선출하였다. 정치, 고용, 교육, 보건 분야 등에서 성별격차가 줄어들었다. 아이슬란드는 2018년 세계 최초로 임금차별금지법(The Law on the Equal Pay Certification)을 도입했다. 내각은 남녀동수를 이루고 있으며 2024년에는 아이슬란드 역사상 최초로 여성 대통령과 여성 총리가 동시에 국정을 이끄는 시대를 열었다. 핵심 부처 장관직 대다수도 여성이 차지했다(여성신문, 2024.12.22).

2025년 세계경제포럼(WEF)의 「글로벌 성별 격차 보고서(Global Gender Gap Report)」에서 아이슬란드는 성평등 지수 1위를 차지했다. 조사 대상 148개국 가운데 16년 연속 세계에서 가장 성평등한 국가라는 영예를 안았다. 남녀 소득 격차도 남성 대비 여성 92.6%를 기록하여, 성 격차 지수를 90% 이상 좁힌 유일한 국가다. 아이슬란드는 여성의 경제활동 참여율이 81% 이상으로 여성노동지표에서도 최상위권에 속한다.

▷ 한국의 2025년 성 격차 지수

그렇다면 한국의 상황은 어떠할까. 2025년 성 격차 지수는 68.7%로 작년보다 0.9%p 소폭 개선됐지만, 전체 순위는 작년 94위에서 올해 101위로 하락했다. 특히 정치(18.2%)와 경제(60.8%) 영역에서의 격차가 심각해 전체 순위를 끌어내렸다. 교육(98%)과 건강(97.6%) 영역은 높은 수준의 성평등을 보였지만, 성별 임금 격차(29.3%)와 여성 국회의원 비율(25.5%) 등의 분야에서 여전히 뒤처져 있음을 알 수 있다.

그러나 역사를 되짚어보면 여성들이 권리를 요구하고 변화가 생기기까지 오랜 시간이 걸렸다. 서양에서 19세기까지 여성은 남편의 법적 소유물이자 장식품이었다. 메리 울스턴크래프트 셸리(Mary W. Shelley, 1797~1851)는 최초의 SF 소설 『프랑켄슈타인』을 썼지만 출판사가 여자가 쓴 소설은 팔리지 않는다고 해 이 소설을 익명으로 세상에 선보였다. 출간 즉시 엄청난 찬사를 받으며 베스트셀러가 되었지만 10년 후 작가가 자기 이름으로 재출간했을 때 여성이 쓴 작품이라 형편없다는 혹평을 받았다. 미국 최초의 여의사 엘리자베스 블랙웰

(Elizabeth Blackwell, 1821~1910)은 의대에 수차례 지원했지만 번번이 퇴짜를 맞았다. 19세기까지만 해도 의과대학은 여학생을 받지 않았기 때문이다. 우여곡절 끝에 뉴욕의 제네바 의대를 졸업했지만 채용해 주는 병원이 없어 평생 무료진료소에서 헌신해야 했다.

여성의 정의는 남성의 결핍, 부재, 상실을 의미했다. 남성과 다른 존재가 아니라 언제나 사회적으로, 자연적으로, 존재론적으로 남성보다 못한 존재였다. 정치 공간에서도 예외가 아니었다. 남성들은 여성이 정치권력을 공유하기에는 너무나 비이성적인 존재라고 간주하여 정치적 결정에 참여할 권리를 허용하지 않았다. 이 글에서는 근대 서양에서 여성들이 어떻게 남성과 동등한 존재라고 자각하고 여성의 권리를 쟁취했는지 살펴본다.

2. 제1차 여성운동의 역사

페미니즘(Feminism)의 기원은 1789년 프랑스혁명으로 거슬러 올라간다. 프랑스혁명 이전에도 여성 권익을 옹호하는 사상과 행동이 존재했지만 여성해방을 추구하는 사상이자 여성해방을 실천하고자 하는 운동으로서 페미니즘은 프랑스혁명 과정에서 급진적 민주주의 이념으로 등장했다.

페미니즘이 여성을 독립된 인격체로 바로 세워 남성과 동등한 존재로 규정하려는 사상적 경향과 여성주의 운동 일체를 말한다면 페미니즘은 기본적으로 여성의 정치적 권리와 사회경제적 권리를 향상하기 위한 일체의 운동적 흐름과 남녀평등을 지향한다. 그런 의미에서 서구에서 제1차 여성운동은 자유주의 페미니즘(Liberal Feminism)으로부터 시작한다.

페미니즘의 개념

페미니즘이란 무엇인가? 본래 페미니즘(feminism)은 '여성'을 의미하는 라틴어 '페미나(femina)'에서 파생됐다. 애초에 1830년 프랑스에서 여성적 특징을 보이는 남성적 환자를 가리키는 의학적 용어에서 비롯되었다 한다. 그러다가 1882년 프랑스 여성 위베르틴 오클레르(Hubertine Auclert)가 여성 권리 투쟁의 상징으로 페미니즘을 사용하자고 최초로 주장했다. 19세기 말 이후 이 용어는 다양한 학파나 활동가들에게 널리 쓰였다.

페미니즘의 핵심은 권력쟁탈이 아니라 권력해체를 주장한다. 남성과 여성, 또한 제3의 성이 '공존'하는, '상생'하는 사회를 지향한다. 모두의 인권이 보장받고, 모두가 동등하게 살아가는 사회를 꿈꾼다. 그런데 페미니즘은 하나가 아니다. 여성이 계급, 인종, 문화, 세대, 종교, 성적 취향, 장애 등에 따라 다양한 경험을 하기 때문이다. 단 하나의 페미니즘으로 모든 여성의 억압과 경험을 설명할 수는 없다. 다양한 페미니즘들이 존재하기에 그 정의가 다양할 수 있다. 여기서는 여성의 권리 및 기회 평등을 핵심으로 하는 사회운동과 이론을 아우르는 용어로 정의한다.

19세기부터 제2차 세계대전 무렵까지 진행된 제1차 여성운동은 참정권 획득, 여성 고등교육 허용, 재산권 인정 등 시민의 법적 권리와 자격을 따내는 과정이었다. 이 시기 여성운동은 프랑스혁명의 인권과 평등 정신에 근거를 두고 미국의 노예제폐지운동, 영국의 의회개혁운동에 힘입어 일정 성과를 쟁취하였다(이남희, 2010: 422). 이 절에서는 영국, 프랑스, 미국에서 등장한 제1차 페미니즘 운동의 다채로운 양상을 소개하고자 한다.

여성도 인간이라는 외침: 메리 울스턴크래프트와 '영국' 여성참정권운동

자유주의 페미니스트들은 여성이 남성과 동등한 교육 기회와 정치적 권리를 갖는다면 남성과 마찬가지로 사회참여를 통해 자아를 실현할 수 있다고 주장한다. 메리 울스턴크래프트(Marry Wollstonecraft, 1759~1797)는 『여권의 옹호』(1792)에서 개인 권리와 기회 평등이 사회 모든 영역에서 여성에게도 확대되어야 한다고 주장했다. 프랑스혁명이 발발하자 열렬히 환호한 그는 여성을 교육하는 열린 사회에서는 여성도 공화국 시민이자 유용한 존재가 될 수 있다며, 여성에게도 인간의 권리가 부여되어야 한다고 최초로 외쳤다. 나아가 교육받은 여성이 이성과 미덕을 획득하여 성숙하고 독립된 인격체로서 사회 발전에 이바지하게 해야 한다는 미래상을 제시하였다. 자유주의 페미니즘의 선구적 이론가 울스턴크래프트의 책은 '여성의 권리와 평등을 주장한 최초의 페미니스트 선언문이자 이론서'다.

이 책의 탁월함은 근대 계몽주의자들의 위선을 조목조목 비판한다는 점이다. 남성 지식인들이 인간 평등을 선언하면서도 자기 저술에서 '여자란 꽃 같은 존재', 혹은 '경박한 존재'로 치부하는 위선을 적확하게 꼬집는다. 나아가 이 책의 울림은 바로 여성들을 향해 직접 호소했다는 점에 있다. 여자는 '남성의 즐거움을 위한 존재'라고 서슴없이 말하던 때 울스턴크래프트는 스스로 인간의 존엄성을 갖고 독자적인 삶을 살 수 있도록 이성을 갈고 닦아 무지에서 벗어나자고 외쳤다. 그의 외침은 실로 위대한 용기였다.

1792년 출간된 이 책은 처음에는 익명으로 출간되었다가 세간의 주목을 받자 실명이 공개되었고 이내 악평이 쏟아졌다. 그리고 잊혔다가 19세기 말~20세기 초 여성참정권운동으로 재조명되면서 비로소 실질적이고 정치적인 결실을 맺었다(김은주, 2021: 80-99).

패티코트를 입은 하이에나

메리 울스턴크래프트는 "사치와 허영에 물들어 의존적이고 감정적으로" 살아가는 귀족층 여성을 비판하며, 여성이 "이성을 멀리하고 남편이 즐겁기를 원할 때마다 남편 귀에다 듣기 좋게 딸랑이를 울려대야 하는" "남편의 장난감, 그의 노리개", 다른 사람의 행복이나 완전함을 위한 "단순한 도구"가 아니라고 힘주어 말했다. 또한 경제적 · 정신적으로 남편에게 완전히 종속된 결혼은 "일반적이고 합법적인 매춘"이라고 지적하며 여성도 직업 활동을 통해 독립해야 하고, 재능과 능력을 펼칠 수 있어야 한다고 주장했다. 울스턴크래프트는 잘못된 교육제도로 인해 여성이 하나의 인격체가 아니라 '암컷'으로 길러질 뿐이라며, 여성은 "목적"이고 주체적 선택을 할 능력을 가진 "존엄한 행위자"라고 천명했다. 이러한 주장에 대해 그는 '페티코트 입은 하이에나', '사색하는 뱀', '드센 년'이라는 조롱을 받았다.

출처: 메리 울스턴크래프트 (1792). 여권의 옹호.

여성참정권운동이 가장 활발하게 전개된 나라는 영국이다. 여성들은 남성들과 동등한 참정권을 요구하며 19세기 후반부터 평화집회, 낙선운동, 청원과 같은 비폭력투쟁을 벌였다. 그러나 준법활동이 연이어 실패하자 20세기 초부터 전투적인 노선을 채택했다. 1903년 에멀린 팽크허스트(Emmeline Pankhurst)의 주도로 창설된 '여성사회정치연합(Women's Social and Political Union)'은 급진적 직접행동운동으로 참정권 투쟁에서 중요한 역할을 했다. 팽크허스트는 1908년 처음 수감된 이후 1913년 한 해에만 12차례 체포되고 석방되었다.

서프러제트(Suffragette)로 불린 이들은 '말이 아닌 행동으로(Deeds not Words)'라는 구호 아래 사회에 충격을 주는 전투적인 투쟁을 전개했다. 우체통에 사제폭탄을 넣어 편지를 불태우고 전신용 전선을 절단했으며 철도역 · 골프장 · 축구장 등에 불을 질렀다. 왕실이 활동가들을 볼 수 있도록 버킹엄궁 난간에 몸을 매달고

돌과 폭탄을 들어 상점을 부수는가 하면 경찰관을 공격하였다. 경찰이 시위대를 체포하고 구금하자 이들은 옥중투쟁을 서슴지 않았다. 감옥에 갇혀 단식농성을 이어갔고, 정부는 이 여성들에게 강제로 음식을 먹이는 폭력을 행사했다.

▷ 싸우는 여자가 이긴다

폭군이 남성들에게 노예의 속박을 강요할 때 남성들이 가만히 있으면 비겁하거나 불명예스러운 것이지만, 여성들이 남성에게 가만히 순종하는 것은 존경할 만한 것이라고 남성들은 주장한다. 서프러제트는 이런 이중적 도덕 기준을 절대 거부한다. 남성이 자유를 위해서 싸우는 것이 옳다면(역사가 시작된 이래 남성들이 자신의 자유를 위해 싸우지 않았더라면 인간이란 종족이 오늘날 어떻게 되었을지는 신만이 알 것이다) 여성이 자신의 자유와 자녀의 자유를 위해 싸우는 것은 정당하다.

출처: 에멀리 팽크허스트 (2016). 싸우는 여자가 이긴다. pp. 347-348.

그러던 중 1913년 6월 4일 런던 엡섬다운스 경마장에서 질주하는 말 앞으로 한 여성이 뛰어들면서 여성참정권운동은 새로운 전기를 맞았다. 7만여 명의 관중이 지켜보는 가운데 옥스퍼드 대학생 에밀리 데이비슨(Emily Davison)이 "투표권을 달라"고 부르짖으며 결승점으로 향하는 말에게 뛰어들었다가 나흘 뒤 사망한 것이다. 이 사건은 서프러제트의 투쟁이 얼마나 절박했는지 설명한다. 여성들의 성난 외침은 활화산처럼 폭발했다. 이러한 여성참정권운동의 결실로 비로소 1918년 영국은 서른이 넘은 '자격'이 있는 여성들의 참청권을 인정한다. 그러나 참정권 투쟁은 그 후로도 멈추지 않았고, 마침내 1928년 여성이라면 누구든 투표할 권리를 얻었다.

여성 시민의 권리 선언:
올랭프 드 구주와 '프랑스' 여성참정권운동

흔히 1789년 프랑스 「인간과 시민의 권리선언」은 근대 인권 사상의 기초를 확립한 문서로 평가된다. 왕과 귀족만이 특권을 가졌던 봉건사회가 무너지고 모든 시민이 인간의 존엄과 권리를 보장받는 시대가 열린 것이다. 그렇다면 여성의 상황은 어떠하였을까? 계몽사상가 루소는 "모든 인류는 평등하다. 그가 프랑스인이든, 독일인이든, 국왕이든, 노예이든, 학자이든, 귀족이든, 저 미개한 아프리카 원주민조차도 우리와 똑같은 천부인권을 가지고 있다" 그런데 "단 하나, 여성은 예외다. 여성에게는 인권이 없다. 그러므로 교육을 시킬 필요도 없으며, 정치에 참여시켜서도 안 된다"고 천부인권을 설명했다. 이처럼 1789년 「인간과 시민의 권리선언」에 등장하는 '인간' 그리고 '시민'은 남성만을 의미하였고, 여성의 권리는 배제하였다.

프랑스혁명에서 여성의 권리가 제외되었다는 사실에 분노하며 올랭프 드 구주(Olympe de Gouges, 1748~1793)는 1791년 「여성과 여성시민의 권리선언」을 발표하였다. 성별을 떠나 모든 이에게 동등한 권리를 부여하자는 주장을 담은 이 선언문은 1789년 프랑스 인권선언문에서 착안한 것이지만 그보다 한걸음 더 나아갔다. 인간이라는 말을 여자라는 말로 대체하는 것에 그치지 않고 대담하게도 시민의 자유를 개인의 자유로 승격시켰다.

여성과 여성시민의 권리선언(1791)

남자들이여! 당신들한테 정의라는 게 있나?
이 질문을 하는 사람은 여자다.
여자라고 해서 이런 질문을 할 수 있는 권리조차 박탈하지는 않겠지.
도대체 우리 여자를 억누를 수 있는 특권이 어디서 나왔는지 말해다오.
당신들의 완력인가? 재능인가? (생략)
여성이여, 깨어나라. 이성의 종소리가 전 우주에서 들려오고 있다. 당신의 권리를 발견하라. (생략) 오, 여성이여, 여성이여! 언제가 돼야 눈을 뜰 것인가? 혁명에서 여성은 무슨 이익을 얻었던가? 얻은 것은 더욱 분명한 멸시와 더욱 두드러진 경멸이다.

출처: 올랭프 드 구주 (1791). 여성과 여성시민의 권리 선언.

이 선언에서 구주는 "여성의 권리에 대한 무지와 망각, 멸시가 공적 불행과 정치 부패를 일으킨 유일한 원인"이라며, 1항에서 "여성은 남성과 평등한 권리를 갖고 태어난다"고 천명했다. 선언 6항에서 구주는 "여성과 남성은 평등하게 모든 공적 지위에 오를 수 있다"며 여성참정권을 옹호했고, 여성이 법적 강제의 대상이 된다면 입법 권한도 있다며 10항에서 "여성이 단두대에 오를 권리가 있다면 연단에 오를 권리도 있다"고 주창했다.

구주는 흑인노예법 철폐, 여성차별금지, 산모보호, 남녀동등권을 글과 실천을 통해 열렬히 주창했다. 당시 도발적이었던 이 주장들은 결코 추상적이지 않았다. 오히려 구체적이었다. "여성들이여, 깨어나라. … 당신들의 권리를 인식하라"며 종교와 자유나 노예제 폐지를 지지하는 것과 같은 맥락에서 여성의 천부인권과 행복할 권리, 동등한 시민권, 가족권, 직업인으로서의 삶을 주창했다. 구주는 정치적 권리에서 드러나는 성별 격차를 강력하게 문제제기했다는 이유로 "자신의 성별에 적합한 덕성을 잃어버린 사람"으로 지목되어 1793년 11월 3일

단두대에서 처형당했다.

인권의 역사를 열었던 프랑스에서 여성들이 투표권을 인정받은 시기는 놀랍게도 구주가 사망한 지 150년이 지난 1944년이었다. 1944년 4월 21일, 알제에 본부를 둔 드골(Charles de Gaulle) 임시정부의 행정명령이 여성참정권을 부여했다. 이 조치는 정치를 근대화하고 민주주의를 확장한다는 명분도 있었지만, 실은 보수적인 여성의 표를 통해 좌파 세력의 득세를 막겠다는 정치적 의도가 다분히 포함되어 있었다. 1791년 역사상 최초로 「여성과 여성시민의 권리」를 주창하고 혁명에 적극 동참한 프랑스 여성들이 19세기 내내 공적 영역에서 배제되었던 셈이다. 근대 민주주의의 출발점인 천부인권론이 실은 여성의 정치 참여를 원천적으로 차단했다는 근원적 한계를 직시해야 한다.

남녀동수법(2000)

앞서 살펴보았듯이 1944년에서야 여성참정권이 도입됐을 정도로 프랑스는 유럽연합 내에서 여성의 정치 참여 기회가 제한된 나라였다. 1945년 총선에서 5.6%에 불과했던 여성의원 비율은 1997년에도 9.8%로 유럽연합 내에서도 최하위 수준이었다. 하지만 프랑스는 헌법에 남녀동수 공천제를 반영하는 새로운 역사를 썼다. 2000년 6월 6일 역사상 최초로 '남녀동수법(La Parite)'을 헌법에 명시한 것이다. 동등 · 동격을 의미하는 '파리테'에서 이름을 딴 남녀동수법은 남녀가 동등한 정치적 대표성을 확보하기 위한 법으로, 의회가 남녀동수로 구성돼야 한다는 내용을 골자로 한다. 이 법에 적용을 받는 경우 정당이 남녀 동수로 후보를 공천하지 않으면 후보자 접수조차 할 수 없다. 2000년 프랑스 헌법 수정 이후 최근까지 법률 개정을 거듭한 결과 거의 모든 선거에서 남녀동수제를 시행하고 있으며, 여성의원 비율이 50%에 육박하는 성과를 거뒀다.

나는 여자가 아닌가요: 소저너 트루스와 '미국' 여성참정권운동

미국 여성참정권운동은 노예해방운동에 뿌리를 두고 있다. 노예제폐지 투쟁에서 성차별을 경험한 여성들이 여성 권리 쟁취의 필요성을 깨닫고 스스로 여권 조직을 만들 결심을 한 것이다. 1840년 런던 노예제폐지회의에 참석하려 했던 퀘이커교 전도사 루크레티아 모트(Lucretia Mott, 1793~1880)와 엘리자베스 캐디 스탠튼(Elizabeth Cady Stanton, 1815~1902)은 여자라는 이유로 입장을 거부당했다. 심한 모욕을 느낀 이들은 여성권리운동이 필요하다는 데 뜻을 모았다.

1848년 7월 19일 뉴욕주 작은 마을 세네카폴스에서 미국 역사상 최초로 여성 권리를 위한 공식 회의가 개최되었다. 여성의 사회 · 종교적 지위 및 시민의 조건을 논하기 위한 이 모임에 300여 명의 남녀가 모였다. 노예제폐지운동에 참여한 이들이 주축이 된 이 회의에서 스탠튼은 「소신선언」 발표하며 "모든 남자와 여자는 평등하게 창조되었다는 사실을 자명한 진리로 주장하는 바이다"라고 천명했다.

소신선언문(1848)

우리는 다음과 같은 것을 자명한 진리라고 생각한다. 모든 남녀는 평등하게 태어났으며, 조물주로부터 양도할 수 없는 권리를 부여받았다. 이러한 권리에는 생명과 자유와 행복의 추구가 있다. … 여성들은 지금까지 인내심을 가지고 고통을 견뎌 왔으며, 이제 동등한 지위를 요구할 수밖에 없는 절박한 상황에 놓였다. 인류 역사는 남성이 여성 위에 군림하는 절대적인 권력체제로, 과도한 권리 침해와 횡포의 역사였다.

「소신선언」은 토마스 제퍼슨이 「미국독립선언문」(1776)에서 모든 남성(men)은 평등하게 창조됐다고 쓴 표현에 의문을 제기하며 남성뿐만 아니라 여성도 평등하게 창조됐음을 선언했다. 스탠튼은 미국이 「독립선언문」을 통해 천부인권을 천명한 지 70년이 흐른 뒤에도 여성들에게는 기본 권리가 부여되지 않는 현실을 조목조목 따져 물었다. 여성의 종속적 상황과 법적, 사회적, 정치적 억압에 대한 공식적 항의를 제기한 것이다. 청중들은 만장일치로 선언문을 채택했다. 오래된 관습과 통념에 도전해 새 역사가 시작되는 역사적 순간이었다.

가부장제와 남녀 불평등을 통렬하게 비판한 「소신선언」은 프랑스 여성들이 1791년에 선포한 「여성과 여성시민의 권리선언」과 함께 여성 인권운동사, 여성 인권법제사를 연 사건이었다. 이 대회는 국민의 절반에 해당하는 이들의 시민권을 주장하는 신호탄이었으며 미래 여성참정권운동을 조직할 기폭제가 되었다.

사실 여성이라 할지라도 계급이나 인종에 따라 우선 해결할 과제가 무엇인지는 입장에 따라 다를 수 있다. '19세기 가장 주목할 여성'으로 칭송받는 소저너 트루스(Sojourner Truth, 1797~1883)는 노예로 태어나 여성의 권리와 노예제폐지에 앞장섰다. 뉴욕주에서 노예로 태어난 그녀는 29세에 어린 딸을 데리고 노예살이에서 탈출한 뒤 '진리를 전파하는 사람'이란 뜻인 소저너 트루스로 개명했다. 소저너 트루스는 흑인이면서 여성으로서 경험에 기초하여 가부장제가 만든 이상적인 여성상과 다중적 차별에 정면으로 맞섰다. 소저너 트루스는 "나는 여자가 아닌가요?"라는 질문을 통해 흑인여성과 백인여성이 미국사회에서 전혀 다른 여성성을 요구받는 현실을 날카롭게 지적했다.

나는 여자가 아닌가요(1851)

저기 저 남성이 말하는군요. 여성은 탈것으로 모셔 드려야 하고, 도랑은 안아서 건너 드려야 하고, 어디에서나 최고 좋은 자리를 드려야 한다고. 아무도 내게는 그런 적 없어요. … 그렇다면 나는 여자가 아닌가요? 날 봐요! 내 팔뚝을 보라구요! 나는 쟁기질을 하고 심고 수확해 헛간에 모아둬요. 어떤 남자도 나보다 잘하지 못해요! 그럼 나는 여자가 아닌가요? 나는 남자만큼이나 많이 일하고 많이 먹을 수 있어요. … 그리고 똑같이 채찍질도 견딜 수 있죠! 그럼 나는 여자가 아니냐고요? 나는 자식을 열셋 낳았고 애들이 노예로 팔려가는 걸 봤어요. 내가 어머니로서 비탄으로 울부짖을 때 아무도 내 소리를 듣지 않았죠! 그럼 난 여자가 아닌가요?

출처: 소저너 트루스 (1851). 나는 여자가 아닌가요.

뿐만 아니라 여성도 남성과 동등한 인간임을 주장하며 평등한 법적 권리를 주장했다. 박탈당한 노예의 인권과 더불어 흑인 여성의 인권을 연결지어 강조한 그에게 흑인 사회는 성급히 여성의 권리를 요구할 때가 아니라 인종차별철폐가 우선이라는 비판을 제기했다. 흑인운동진영의 비판을 향해 그는 "만약 흑인 남성들이 그들의 권리를 갖는데 흑인 여성들이 그럴 수 없다면, 흑인 남성들이 흑인 여성들의 주인이 될 것이며, 그렇게 되면 전과 똑같은 상황이 반복될 것입니다"라며 '노예제폐지와 여성참정권'의 연관성과 정당성을 설파하였다. 이처럼 인종, 계급, 성별 간 위계와 차이는 여성운동에서 우선 해결할 과제가 무엇인가를 두고 논란을 촉발하기도 했다.

미국에서는 1890년 창립된 전국여성참정권협회(NAWSA)가 주별 캠페인과 연방 정부 로비는 물론 백악관 앞 피켓 시위, 가두 행진, 단식 투쟁 등 대중의 이목을 끄는 전략을 총동원하여 여성참정권 획득 투쟁을 전개했다. 동시에 제1차 세계대전기 남성들의 빈자리를 여성이 채우는 사회 기여를 통해 대중의 공감을 확보하였다. 그리고 1920년 8월 18일 수정헌법 제19조 통과로 미국 여성들은 마침내 참정권을 획득했다.

이처럼 19세기 중반부터 20세기 중반까지 진행된 제1차 여성운동에서 가장 주목을 끈 것은 여성들의 참정권 요구였다. 영국과 미국에서 시작되어 유럽, 중국, 인도까지 확산된 여성참정권운동은 의회청원, 거리시위, 납세거부 등 시민불복종운동 방식을 동원한 투쟁으로 확산되었다. 지도부는 주로 중상류층 여성이었지만 차츰 노동계급의 공감을 얻어나갔다. 1893년 세계 최초로 뉴질랜드에서 여성참정권이 인정된 후, 미국은 1920년, 영국은 1928년 모든 여성에게 투표권이 부여되었다. 믿기지 않겠지만 스위스는 1971년, 사우디아라비아의 경우엔 2015년 여성투표권이 허용되었다.

한국에서 여성참정권은 일제식민통치로부터 해방과 더불어 유입된 미국식 민주주의 혜택으로 1948년 인정되었다. 이후 독재정치가 이어지면서 여성참정권은 형식적인 제도로 전락하였다. 그러나 서구에서 노동자나 여성들이 참정권을 얻기 위해 얼마나 험난한 여정을 거쳤는지 안다면, 투표권 쟁취의 역사가 사뭇 다르게 보일 것이다.

3. 제2차 여성운동의 역사

1960년대 제2차 여성운동의 등장은 페미니즘의 역사를 근본적으로 뒤흔들었다. 당시 흑인민권운동, 베트남전 반대운동, 신좌파운동, 반문화운동, 성소수자운동, 반핵운동, 제3세계 식민지해방운동 등 혁명의 물결이 전 지구를 에워싸던 시기였다. 여성 활동가들은 학생운동 참여를 통해 정치화를 경험하고 조직화를 습득하며 사회의식을 성장시켰다. 그러나 세상을 바꾸자며 혁명을 외치던 남성 활동가들의 가부장적 모습에 환멸을 느끼며 여성의 삶과 직접 연관된 문제에 집중하게 되었다.

제2차 여성운동은 급진적 페미니즘(Radical Feminism)으로부터 만개했다. 급진적 페미니즘은 가부장제 안에서는 진정한 성평등이 불가능하다고 믿었다. 급진적이라는 단어는 '뿌리(radix)'를 뜻하는 라틴어에서 나왔다. '극단적'이라는 의미보다 말 그대로 여성 억압의 '근원'부터 변혁이 필요함을 강조하였다. 이들은 여성들이 역사상 최초의 피지배집단임을 명시하였다. 나아가 여성억압을 모든 사회에 존재하는 보편적 현상으로 인식하며, 계급사회 철폐와 같은 다른 사회변화들로도 제거될 수 없는 가장 어려운 억압형태로 보았다. 진정한 여성해방은 단순히 사회제도 및 법규범의 개혁으로 달성될 수 없다고 보며 '근원적인 사회체제'의 변혁을 요구한 것이 급진적 페미니즘의 의의다.

1960년대부터 1980년대까지 전개된 제2차 여성운동의 핵심은 '개인적인 것이 정치적이다(The personal is political)'라는 구호에 응축되었다. 새로운 여성운동은 사적 영역이야말로 가장 정치적임을 설파하며 제도적 성차별뿐만 아니라 일상의 근원적 변화에 주목했다. 지극히 개인적인 선택으로 보이는 문제가 실은 사회구조의 영향을 받기에 여성의 삶과 사회 관습의 근원적인 변화가 필요하다고 주창했다. 제2차 여성운동 안에서는 다양한 흐름의 페미니즘이 공존하고 있었다. 이 글에서는 미국을 중심으로 전개된 제2차 여성운동의 다채로운 양상을 소개하고자 한다.

여성성의 신화: 베티 프리던과 자유주의 페미니즘

1960년대 전후 미국 사회의 어느 때보다 물질적으로 풍요로웠다. 교육의 기회는 확대되어 여성들에게도 고등교육의 기회가 열렸다. 1969년 여성은 미국 전체 노동력의 40%에 달했지만 상당수가 교사, 간호사, 비서, 판매원 등 직업에 종사했고 급여는 남성에 비해 보잘 것 없었다. 두 번의 세계대전과 산업화의 선봉에서 일하던 여성들이 이제 가정으로 돌아와 가사노동을 담당해야 했다. 유례없는 경제 호황 속에서 여리여리한 허리가 돋보이는 주름치마, 가늘고 높은 굽의 '뉴 룩' 스타일이 인기를 끌었다. 남편을 키스로 배웅하고 손수 쿠키를 굽는 주부들은 청소를 하고 다림질을 하며 교외 전원주택 생활을 누렸지만 공허감에 시달렸다.

▷ 〈바비〉(2023)

영화 〈바비〉는 인형들만의 세계인 '바비랜드'를 떠난 바비가 인간 세상으로 나오며 겪는 일을 그린 작품이다. 미국 장남간 제조회사 마텔이 1959년 제작한 바비는 풍만한 가슴, 잘록한 허리, 하이힐을 신은 금발 미인으로 잘 생기고 부자인 남성 켄의 짝으로 인기를 끌었다. 당시 미국 백인 중산층 여성들은 집안과 학벌이 좋은 남자를 만나 졸업 전에 결혼하는 것이 인생의 목표였다. 과거 어느 때보다 고등교육을 받는 여성이 늘었지만 인생 목표는 여전히 현모양처였다. 영화는 인형 바비가 소녀들의 인식을 옥죄던 현모양처 여성관을 깨부수는 과정을 보여주며 남성중심 사회와 성차별에 대한 풍자를 코믹하게 엮어낸다.

베티 프리던(Betty Friedan, 1921~1960)의 『여성성의 신화』(1963)는 전후 풍요의 시대 여성의 '이름 모를 병'을 진단했다. 제2차 여성운동의 필독서로 읽힌 이 책은 어머니와 아내의 역할에 속박되어 자아를 상실한 전후 백인 중산층 여성의 공허한 내면을 드러내며 반향을 일으켰다. 명문 스미스 여대 졸업생 200명을 대상으로 한 인터뷰를 토대로 프리던은 이 문제가 사적인 것이 아니라 가부장적인 사회구조에서 기인한 것이라 진단했다.

이름 모를 병

그 문제는 미국 여성들의 가슴 속에 얘기되지 않은 채 수년간 묻혀 있었다. 그것은 묘한 도용이며 채워지지 않은 마음이자 기다림으로, 20세기 중반을 사는 미국 여성들을 괴롭혀왔던 것이다. 각기 교외의 자기 집을 가진 주부들은 홀로 그 느낌과 싸웠다. 침실을 치우면서, 시장을 보면서, 이불보 색깔을 맞추고, 아이들과 땅콩버터샌드위치를 먹으면서, 아이의 현장학습을 따라다니면서, 밤에 남편 곁에 누운 채 그녀는 그 질문을 하게 될 것이 두려웠다. "이것이 다란 말인가?"

출처: 베티 프리던 (1963). 여성성의 신화.

사회가 제시한 이상적 삶을 실현하여 당연히 행복을 느껴야 했지만 불안하고 상실감에 휩싸인 여성들을 향해 프리던은 집안을 벗어나 사회활동을 하라고 처방했다. 결혼과 양육이 여성에게 중요한 부분이기는 하지만 삶의 전부는 아니라는 그의 진단은 폭발적인 호응을 일으켰다. 그 결과 많은 백인 중산층 여성들이 경제적 · 사회적 자립을 성취하게 되었다.

1966년 프리던은 여성단체 NOW(National Organization of Women)를 결성했다. '지금'과 '전미여성연합'이라는 중의적 의미의 이 단체는 여성의 사회적 진출을 가로막는 제도적 장애 제거에 주력했고 성차별금지 조항을 헌법에 명시하는 '평등권수정조항(Equal Rights Amendment)'운동을 전개했다. 주로 중산층 주부를 기반으로 삼은 NOW의 활동은 1970년대 여성해방운동의 중요한 동력이 되었다.

레드스타킹 선언: 성 혁명과 급진주의 페미니즘

급진적 페미니즘은 운동방식이나 이슈 선점에서 과거 세대와 확연히 구분되는 특징이 있었다. 미국 뉴욕과 보스턴에서 최초로 등장한 급진적 페미니스트 단체들은 1967년부터 1971년 사이 가장 왕성한 활동을 펼쳤다. 레드스타킹스, 더페미니스트, 뉴욕급진여성, 뉴욕페미니스트, 위치(W.I.T.C.H.), 셀 16과 같은 단체들은 단순히 사회제도 및 법규범의 개혁을 넘어 근원적인 사회체제의 변혁을 외쳤다.

급진 페미니스트들은 생리, 강간, 성폭력, 임신, 낙태 등 가부장제 사회에서 여성이 직면한 현실을 대놓고 말하기 시작했다. 누구에게 물어보기도 어렵고, 입에 담기조차 꺼려졌던 문제들, 여성이라면 알아서 처리해야 했던 일들이 앞다투어 광장으로 쏟아져 나왔다. 여성에게 공적인 삶과 사적인 삶은 분리될 수 없으며, 사적 영역이야말로 협상하고 투쟁하여 쟁취할 정치적 영역이라 선언하였다. 1969년 결성된 뉴욕급진여성(New York Radical Feminist)의 「레드스타킹 선언문」에는 이러한 문제의식이 오롯이 담겨 있다.

▷ 레드스타킹 선언문(1969)

여성은 억압받는 계급이다. … 우리가 겪는 억압은 매순간 우리 일상에 영향을 미친다. 우리는 성적 대상이자 아이를 낳아 기르는 젖어미, 가사노동을 하는 하녀이자 싸구려 노동력으로 착취당했다. 우리는 열등한 존재, 단지 남성의 안락한 삶을 위한 존재로 여겨졌다. 우리의 인간성은 부정당했다. … 여성을 억압하는 이들과 너무도 친밀하게 지내왔기에 여성의 개인적인 고통을 정치적인 조건으로 보지 못했다. … 그러나 현실에서 모든 남녀관계는 계급관계다. 남성 개인과 여성 개인의 갈등은 집단적으로만 해결될 수 있는 정치적 갈등이다.

「레드스타킹 선언문」은 여성들에게 자신의 감정적 · 지적 자원을 남성 개인을 위해 사용하지 말고 여성해방을 위해 전적으로 사용하라고 촉구한다. 억압당하는 '계급'으로서 여성의 존재를 자각한 이들은 억압의 근원이 남성임을 선언하고 여성을 배제하는 모든 인종적 · 경제적 · 교육적 특권에 반대한다고 천명하였다. 또한 억압받는 여성의 전면적 해방을 선언하며 억압의 주체인 남성 지배적인 사회체제의 변혁을 위해 즉각적인 정치행동을 전개할 것을 주창했다. 급진적 페미니즘 진영은 과격함과 급진성으로 여성운동 안팎에서 적잖은 저항과 반발을 샀다. 그러나 여성운동이 급진적인 사회이론과 실천 체계를 구축해 나갈 수 있다는 것을 분명히 보여주었다.

급진주의 페미니스트들이 주목받기 시작한 건 1968년부터다. 1968년 9월 7일, 뉴저지주 애틀랜틱시티에서 미스 아메리카 선발대회가 열렸다. 미스 아메리카로 선발된 주디스 앤포드가 고별인사를 하는 순간 급진주의 페미니스트들은 "더 이상의 미스 아메리카는 없다"는 구호를 소리 높여 외쳤다. 2층 객석에서는 '여성해방'(Women's Liberation)이라고 쓰인 현수막이 펼쳐졌다. 대회를 생중계하던 방송사는 당황해 카메라를 껐다.

더 큰 주목을 받은 건 대회장 밖이었다. 약 400명의 시위대가 모여 여성을 오로지 외모만 평가하는 사회에 분노하며 이 대회를 "가축 경매"라고 불렀다. 시위대는 사람 크기 널빤지로 만든 미스 아메리카 인형에 족쇄를 채운 채 행진했고 한쪽에는 살아 있는 양에게 왕관을 씌워 항의했다. '모든 여성은 아름답다'라는 구호가 적힌 현수막을 든 시위대는 브래지어, 거들, 『플레이보이』 잡지, 대걸레, 화장품과 같이 여성억압을 나타내는 물건들을 쓰레기통으로 던져 버렸다. 이 시위는 여성의 신체를 평가 절하하는 세태와 여성의 몸을 상품화하는 사회에 도전했다. '뉴욕급진여성'이 조직한 직접행동 운동은 전 세계 언론의 주목을 받았다.

〈미스비헤이비어〉(2020)

영화 〈미스비헤이비어〉는 1970년 런던에서 열린 세계적인 축제이자 성적 대상화의 주범인 '미스월드 선발대회'를 배경으로 한 실화다. 미스월드 생방송 중 벌어진 여성해방 시위를 통해 진정한 여성의 자유와 성평등, 여성연대의 중요성을 유쾌하게 그렸다.

제목 '미스비헤이비어(Misbehaviour)'는 기존 질서를 거부하는 행동 혹은 미스월드를 반대한다는 중의적 뜻을 담았다.

여성해방과 성 혁명에 대한 관심이 높아지던 1960년대 후반부터 1970년대 초반은 또한, 여성들 내부에서 의식화(consciousness-raising) 집단이 활발하게 만들어진 시기였다. 이들은 소집단으로 모여 여성으로서의 사적인 경험을 공유했다. 이 과정에서 많은 여성들은 개인의 경험이라고 생각했던 것이 여성들에게 공유된 보편적 경험임을 발견하게 되었다.

1970년대 중반 미국 전역에 1,000여 개로 불어난 이 모임은 제2차 여성운동 확산의 산실이 된 자조모임이었다. 의식자각운동에서는 집단 대화를 통해 전문가가 전해주는 지식이 아니라 여성 스스로 발견해가는 새로운 지식 탐구를 수행했다. 임신중지, 폭력, 강간, 섹슈얼리티, 동성애, 클리토리스가 느끼는 희열, 모성의 양면성 등 다채로운 주제들이 다뤄졌다. 나아가 성차별뿐만 아니라 인종차별 및 군산복합체와 군대의 폭력, 기업의 소비주의 또한 비판했고, 일상의 성차별, 가사노동의 불평등, 여성비하, 여성혐오, 직장 내 성차별 등이 공론화되었다. 이 과정에서 여성의 공통 경험은 억압과 지배라는 언어로 분석되었고 이러한 자각은 여성 신체에 대한 소외를 직시하게 하였다.

나의 몸, 나의 선택: 임신중지 합법화 운동

여성이 자기 몸에 대한 결정권을 가져야 한다는 인식은 제2차 여성운동의 중요한 이슈였다. 20세기 초까지 미국에서는 콘돔을 사용하거나 피임방법을 알려주면 처벌받았다. 여성들은 가축처럼 평생 임신과 출산을 반복해야 했다. 강력한 힘을 발휘하는 종교는 임신, 출산, 임신중지를 결정하는 '재생산 통제'를 여성의 권리로 생각하지 않았다. 특히 두 번의 세계대전을 거치며 인구가 곧 국력이라는 인식이 확고해지자, 사회는 공산품을 대량 생산하는 것처럼 인구도 기하급수로 늘어야 한다고 봤다. 빈곤층의 삶은 나아지지 않았고 출산은 여성의 족쇄가 됐다.

간호사였던 마거릿 생어(Margaret Sanger, 1879~1966)는 산아제한을 통해 여성해방을 추구했다. "피임은 여성이 자유라는 목표를 향해 나아가는 중요한 첫걸음이자 인간 평등을 위한 첫걸음"이라 강조하며 '자발적인 모성'을 주창하였다.

▷ 어머니가 되지 않을 권리

마가렛 생어가 1916년 뉴욕 브루클린에서 피임클리닉을 열었을 때 피임법을 배우고자 다른 주에서도 여성들이 몰려와 인산인해를 이뤘다. 당시 미국은 1873년 제정된 콤스톡법(The Comstock Act)에 따라 우편이든 어떤 형태를 막론하고 '피임 정보를 제공하는 것은 위법 행위'로 간주했다. 음란물 간행죄, 풍기문란죄 등으로 생어는 체포됐고 수차례 감옥살이를 했다. 그러나 꺾이지 않은 운동의 열기는 1936년 피임을 합법화하는 데 이르렀다. 1960년대 피임약이 시판되면서 여성들의 경제참여가 증가하고 생식과 쾌락을 분리한 성적 자율이 가능해졌다.

다만, 산아제한은 1920년대 힘을 얻은 우생학과 교차하는 지점이 있었다. '열등한 인구를 줄여 유전형질을 개선하자'는 우생학의 목적을 실현하는 도구의 하나가 피임이었다. 생어는 저서에서 그 근본적인 생각에 어느 정도 공감하는 태도를 보여 시대적 한계를 드러내기도 했다.

나아가 제2차 여성운동에서 가장 폭넓은 연합전선을 형성하였던 가장 상징적인 운동은 임신중지 권리에 관한 법률 투쟁이었다. 반세기 전 프랑스도 여성의 임신중지 권리를 위한 투쟁의 역사 한복판에 있었다. 프랑스에서 피임은 1967년에 합법화됐지만 낙태는 여전히 불법이었다. 여성운동이 확산되며 여성이 재생산에 대해 결정해야 한다는 의식이 확산되었다. 1971년 4월 5일 프랑스 주간지 『누벨 옵세르바퇴르』는 「343인 나쁜 여자들의 성명서」를 실었다. 다음은 기사의 일부다.

「343인 나쁜 여자들의 성명서」(1971)

프랑스에서 매년 1백만 명의 여성이 낙태를 합니다. 의료 시설에서는 낙태가 비교적 간단한 시술이지만 법으로 금지되어 있기 때문에 여성들은 열악하고 미심쩍은 조건을 감수하면서까지 비밀리에 낙태를 해야 합니다. 우리는 이 1백만 명에 대하여 침묵해 왔습니다. 나도 그 1백만 명 중 하나임을 선언합니다. 나도 낙태를 한 여성임을 선언합니다.

시몬 드 보부아르, 마르그리트 뒤라스, 프랑수아 사강, 잔 모로 등 유명인사들은 성명서를 통해 "나도 낙태했다"며 낙태 경험을 공유하고 정부의 처벌을 달게 받겠노라고 나섰다. 당시 프랑스에서 낙태는 중대한 처벌 대상이었기에 성명서는 매우 큰 파장을 몰고 왔다. 주간지 『샤를리 에브도』는 이 사건을 지지하며 우파 정치인이 이 여성들을 경멸했던 '창녀'라는 표현을 그대로 사용했고, 이후 여성들이 이 용어를 차용했다.

1972년 11월 보비니에서는 16세 소녀 마리-클레르 슈발리에(Marie-Claire Chevalier)가 성폭행을 당해 임신한 후, 어머니의 도움을 받아 불법 낙태 수술을 받은 혐의로 기소되었다. 그런데 재판 과정에서 331명의 의사들이 "우리도 낙태 시술을 했으니 함께 처벌하라"며 고발 위험을 무릅쓰고 동참하자 당황한 법정은 마리를 무죄로 석방했다. 이 사건으로 형성된 여론에 힘입어, 1975년 프랑스는 낙태를 합법화하는 '베유 법'을 제정하였다.

「343인 성명서」는 국제적인 반향을 일으켜 1971년 6월 독일에서도 낙태 경험을 고백하는 서명운동이 확산되었다. 잡지 『슈테른』이 374명의 명단을 공개한 것을 시작으로 몇 주 만에 수천 명이 이 운동에 동참했다.

미국에서는 1969년 뉴욕에서 '임신중지 공개발언(Abortion Speakout)' 행사가 열렸다. 이날 연단에 오른 여성들은 어느 뒷골목 불결한 낙태시술소 침대에 누웠던 비참한 경험에 대해, 출산 후 아이를 입양 보내야 했던 아픔에 대해 공개 증언했다. 임신중지의 경험을 공유한 여성들은 "낙태에 관해 논할 수 있는 유일한 사람은 우리"라며 낙태죄 폐지를 요구했다. 낙태가 불법이던 시절 이 행사는 미국 전역의 관심을 불러일으켰다.

〈콜 제인〉(2023)

영화 〈콜 제인〉은 1969년 결성돼 1973년까지 12,000명가량의 여성들에게 안전한 임신중절 수술을 제공한 단체 '제인 콜렉티브(Jane Colletive)'의 실화를 다뤘다. 시카고를 중심으로 활동한 이 단체는 위기에 처한 여성을 구한다는 사명감에서 낙태가 불법이던 시절 기꺼이 위험을 감수하였다. 당시 낙태죄의 최대 피해자는 저소득층 유색인 여성이었다. 경제적 어려움 탓에 임신중지가 합법인 주로 이동이 어려웠기 때문이다. 1972년 경찰은 불법 낙태수술 혐의로 여성 활동가 7명을 체포했고, 이들에게 징역 110년이 선고되었다. 하지만 체포 6개월 후인 1973년 1월 22일 로우 대 웨이드 판결로 임신중지가 합법화되면서 고소는 취하되었다.

임신중지 합법화 운동에서 기념비적인 사건은 1973년 '로 대 웨이드'(Roe v. Wade) 판결이다. 미국 연방대법원은 이 소송에서 낙태 금지가 헌법에 위배된다고 판결했다. 제인 로(가명)는 텍사스 거주 독신여성으로 소송 제기 당시 임신 중이었다. 로는 낙태를 금지한 텍사스주 형사법은 개인의 자기결정권을 박탈하므로 위헌이라는 소송을 제기했다. 연방대법원은 태아가 산모의 자궁 밖에서 스스로 생존이 가능한 시기에 이르기 전, 여성은 어떠한 이유에서든 임신 상태에서 스스로 벗어나는 결정을 내릴 권리가 있다고 판결했다. 이 결정은 임신 3개월 이내에 낙태를 금지한 주법을 무효화했고, 22~24주까지 임신중지를 보장하는 근거가 됐다.

'로 대 웨이드 판결' 번복(2022)과 프랑스 임신중지권리 헌법 명시(2024)

2022년 6월 24일 미 연방대법원은 임신중지를 합법화한 '로 대 웨이드' 판결의 공식 폐기를 선언하였다. 법원은 주 정부와 의회에 임신중지권 존폐 결정 권한을 넘겼고, 절반 이상의 주에서 임신중지를 금지하거나 극도로 제한하는 상황이 벌어지고 있다. 반면 2024년 3월 8일 프랑스는 세계 최초로 '여성의 임신중지 자유'를 법에 명시하였다. 헌법 개정을 통해 '여성의 자기결정권'을 명문화한 것이다.

국가는 오랫동안 여성의 몸을 재생산의 도구로 정의해 정책이라는 이름으로 규제했다. 필요에 따라 '산아제한' 구호를 '출산장려' 구호로 교체하면서 임신과 출산 정책의 우선순위를 여성의 삶과 건강이 아니라 사회의 이익에 따라 판단했다. 이런 상황에서 수천만 명의 여성들은 생명의 위협을 무릅쓰고 불법적인 임신중지를 감행해야 했다. '나의 몸, 나의 선택(My body, My choice)'은 내 몸에 관한 결정은 스스로 내릴 수 있다는 권리를 담은 구호다.

교차성 페미니즘: 백인중심주의 너머 횡단의 정치

제2차 여성운동 시기 여성들 간 차이에 대해 문제가 제기되기 시작했다. 인종, 계급, 젠더, 섹슈얼리티, 종교, 세대, 장애, 민족 등 여성들 간 다양한 차이에도 불구하고 주류 페미니즘은 모든 여성의 경험이 백인여성의 경험을 반영하는 것인 양 생각하였다. 하지만 흑인여성과 백인여성, 장애여성과 비장애여성, 기독교인여성과 무슬림여성, 이성애자여성과 퀴어여성 등의 차이로 인해 다층적인 여성의 욕구가 존재할 수 있다. 유색인여성들은 억압이 복합적이고 서로 맞물려 있다는 사실에 기초해, 다수의 백인 페미니스트들과 달리 가장 근원적인 억압이 젠더 문제가 아니라고 주장했다. 이들은 흑인여성 개인의 삶이 중층적인 억압 속에서 어떻게 구성되는지 파악하면서 상호교차성 이론을 통해 억압에 맞서 나가는 것을 목표로 삼았다.

▷ 분노의 활용

저는 대학에서 일하기 때문에 자식을 제때 잘 먹일 수 있는 유색 여성 레즈비언입니다. 그렇다고 해서 제가, 일자리를 찾지 못해 아이를 잘 먹이지 못하는 유색 여성이나 집에서 낙태와 불임시술을 받아 뱃속이 망가져서 아이가 없는 유색 여성과 저 사이의 공통점을 인식하지 못하게 된다면, 자식 없이 살기로 한 레즈비언, 커밍아웃하지 않고 살아가는 여성, 죽음 대신 침묵을 선택한 여성을 제가 알아보지 못한다면, 이 여성들이 저의 또 다른 얼굴이라는 점을 인정하지 못한다면, 저는 그녀들이 받은 억압뿐만 아니라 저 자신이 받는 억압에도 기여하는 셈입니다.

출처: 오드리 로드 (2018). 시스터 아웃사이더. p. 228.

흑인여성은 백인여성보다 한층 더 다층적인 모순 속에 처해 있었다. 별다른 문제의식 없이 통용되던 '여성'이라는 단일 범주, 나아가 '여성으로 존재하는 것'에 대한 보편화의 서사는 유색인여성들의 비판과 더불어 교차성 강조로 확장되었다. '보편적 여성'이 '백인, 이성애자, 중산층 여성'에 한정된 범주라는 지적은 유색인종이나 노동자계급, 동성애자, 장애인 여성들의 삶의 경험을 간과했다는 문제제기로 이어졌다. 유색인 여성의 투쟁은 다시 인종, 젠더, 섹슈얼리티, 계급, 세대를 함께 다루는 복합적이고 다중적인 투쟁으로 뻗어나갔다. 여성들 사이의 차이가 부각되자 기존 페미니즘 이론과 운동은 백인 중산층 이성애자 고학력 비장애인 젊은 여성의 경험에 기반한 것이라는 비판이 제기되었다. 여성은 하나가 아니라 복수이고, 여성이라는 말 안에 단수의 여성은 없다는 것이다.

▷ 흑인 페미니즘 선언문(1977)

1974년 결성된 '컴바히 강 공동체(The Combahee River Collective)'가 발표한 이 선언문은 '정체성 정치'의 핵심을 담은, 급진 페미니즘의 주요 성취다. 백인 주류 페미니즘과 다른 흑인 페미니즘의 특징이 잘 드러난 이 글에서 흑인여성들은 노예, 세탁부, 가정부, 여공, 서비스직 저숙련노동자로 착취당해온 경험이 단순히 여성이기에 억압받았다는 말로 설명할 수 없다고 분석한다. 피부색 때문에 차별받았고 경제적 빈곤, 이성애 중심주의, 정상가족 중심주의 탓에 배제되었기 때문에 이런 억압의 주된 원인으로 그저 남성만을 지목할 수 없었다. 또한 흑인남성도 인종차별의 희생자였기에 흑인 권리투쟁을 위해 남성과 때로 연합해야 했다. 이들은 "주요한 억압체계가 맞물려 있다는 사실에 기반을 두고 통합적인 분석 및 실천의 계발"을 통해 억압에 맞서 나가자고 외쳤다.

출처: 한우리 (2016). 페미니즘 선언. p. 170.

사회적 위치의 상호교차성에 주목하는 교차성 이론은 인종, 계급, 젠더, 섹슈얼리티, 민족, 시민권, 장애, 연령 등이 개인이나 집단의 속성이 아니라 사회억압을 구성하는 여러 체계들이며, 개인과 집단이 그 안에서 독특한 정체성을 구성하는 권력체계라고 본다. 이들은 하나의 억압 구조가 가장 우선하거나 가장 왜곡된 것이라는 억압의 위계에 반대한다. 흑인 페미니스트 사상가 패트리샤 힐 콜린스(Patricia Hill Collins)는 "섹슈얼리티, 인종, 젠더, 계급 등이 서로 맞물려 작동하는 권력구조에서 개인은 맥락과 관계에 따라 다양한 상황에 놓이고 복합적 입장을 지니게 되며, 그러므로 언제나 절대적인 억압자나 피해자란 존재하지 않는다"고 설명한다. 억압적 권력구조와 불평등의 복잡성에 대한 이러한 이해는 미국에서 1970년대부터 흑인 여성을 포함한 유색 여성 페미니즘의 발흥과 더불어 정교화되었다.

▷ 교차성 개념의 유래

킴벌레 크렌쇼(Kimberle Crenshaw)는 기존의 제도적인 구조가 유색인종 여성들의 고유한 필요를 설명하지 못했다는 점을 강조하기 위해 1989년 '교차성(intersectionality)'이라는 용어를 만들었다. 그녀의 요점은 기존의 제도들이 백인여성에 대한 젠더차별은 인정하지만, 인종차별과 젠더차별이 그들의 생생한 경험 속에서 교차한 결과로 유색인종 여성들이 경험한 고유한 차별은 인정하지 않는다는 것이었다. … 유색인종 페미니즘들은 교차성 개념을 통해 억압이 역사 · 사회적으로 구성되어 있고 다차원적이라는 점을 강조한다. 페미니즘이 제기한 문제들에 대한 효율적인 해결책을 내려면, 단순한 분석을 지양하고 대신 그 문제들을 경험한 여성들의 역사성의 복잡성(complexity of the historicity)을 반영해야 한다.

출처: 로즈마리 통 외 (2019). 페미니즘, 교차하는 관점들. pp. 188–189.

여성 억압은 단일하지 않다. 인종, 계급, 젠더를 교차적으로 접근하는 연구는 1980년대 후반부터 본격화되었고 21세기 들어 사회 불평등을 분석하는 이론적 접근법으로 여러 분과학문에 영향을 주었다. 대표작으로는, 앤젤라 데이비스(Angela Davis)의 『여성, 인종, 그리고 계급』(1981), 벨 훅스(Bell Hooks)의 『난 여자가 아닙니까?』(1981), 오드리 로드(Audre Lorde)의 『시스터 아웃사이더』(1983)를 꼽을 수 있다. 유색인종 페미니즘은 교차성 개념을 통해 억압이 역사·사회적으로 구성되었고 다차원적이라는 점을 강조했다. 페미니즘이 제기한 문제들에 대한 효율적인 해결책을 찾으려면 단순한 분석 대신 당면 문제를 경험한 여성들의 역사적 복잡성에 주목해야 한다고 말한다.

다양성과 차이는 제2차 여성운동을 표현하는 가장 적절한 단어 중 하나이기도 하다. 하나의 이념이나 조직으로 묶어내기 어려운 상이한 목소리들이 여성운동 내부에 존재하지만, 권위, 폭력, 차별에 반대한다면 공통의 목표를 위해 차이를 가로지르는 전 지구적 차원의 연대가 가능하다. 여성은 서로 다르지만 모두 평등하다는 원칙에 공감하고 성별을 비롯한 다중 차별에 맞서는 페미니스트들의 운동은 현재도 진행 중이다.

4. 페미니즘, 여전히 유효한가

요즘 같은 세상에 페미니즘이 왜 필요할까? 페미니즘이 나와 무슨 상관이 있을까? 오늘날 여성과 남성은 법 앞에 평등하고 시민으로서 동등한 권리를 갖는다. 여성도 투표할 수 있고 직업을 갖고 돈을 벌 수 있으며 결혼이나 출산을 스스로 결정할 수 있다. 자신이 원하는 일을 뭐든 할 수 있기에 오로지 능력이 중요할 뿐 성별은 중요하지 않다. 그렇기에 '성평등'이 이뤄진 듯 보인다. 때로 '역차별'까지 이야기되고 있다.

그런데 과연 정말로 그럴까? 모든 것이 완벽하게 바뀌었을까? 주변을 둘러보자. 아직도 성별이 많은 것을 결정하고 있지는 않는가? '단지 여자라는 이유'만으로, 같은 일을 하더라도 돈을 덜 받거나 과소평가되고 있다. 중요한 지위나 역할은 여전히 남성들의 몫이며 여성이 고위급 임원이 되는 경우는 예외적이다. 딸과 누이와 아내의 몸을 통해 명예를 지키고자 여자를 구타하고 살해하는 남자들이 아직도 있다.

근대 이후 여성들은 자신의 운명을 결정하고 자신의 권리를 보호하며 온전한 '인간'으로 존재하는 세상을 만들고자 부당한 현실에 맞서 싸워야 했다. 여성학자 우에노 지즈코는 페미니즘이 "근대를 물어뜯고 태어난 '근대의 미운 오리새끼'였다"고 말한다(우에노 지즈코, 2015). 우리는 '여성의 자유'라는 것이 비교적 최근 성취된 권리이고 아직 허약하다는 사실을 잊지 말아야 한다.

근대 서양에서 성별 불평등과 불의를 종식시키고자 여성들이 어떻게 노력해 왔는지 그 역사를 살펴보았다. 지면의 한계로 서구 페미니즘의 모든 지역적·국가적 형태를 제대로 다루기란 불가능했다. 이 글에서 주목한 사건은 서구 페미니즘 역사 속 일부일 뿐임을 밝힌다. 근래 페미니즘에 사망선고를 내리는 목소리가 도처에서 들리고 있다. 하지만 페미니즘은 유효하다. "여성도 사람이라는 급진적 개념"인 페미니즘이 바로 지금 여기에서 여전히 필요하다고 당당하게 외치자.

읽을거리 & 볼거리

1. 『여성성의 신화』 (베티 프리던, 2017, 갈라파고스)
여성들을 집안에만 가둬두는 신념과 제도를 부수고 여성들이 어떻게 자신의 삶을 되찾았는지 흥미진진한 일화와 인터뷰, 통찰력 넘치는 글을 통해 보여준다.

2. 『성의 변증법』 (슐라미스 파이어스톤, 2016, 꾸리에)
성차별의 기원과 특징을 심도 깊게 분석한 이 책은 여성에 대한 체계적인 분리와 사회적, 정치적, 경제적 차별을 강제하는 사회를 이론화한 선구적인 저작이다.

3. 『유럽 낙태 여행』 (우유니게 외, 2018, 봄알람)
여성의 재생산권에 대해 각자 다른 법과 역사를 지닌 프랑스, 네덜란드, 아일랜드, 루마니아, 폴란드 다섯 나라 활동가들의 투쟁 이야기를 담았다.

4. 『흑인페미니즘사상』 (패트리샤 힐 콜린스, 2009, 여이연)
미국 역사 속에서 흑인여성들이 저항하고, 생존하고, 자기 자신을 믿고, 경험에서 우러난 지식을 키워왔던 수많은 사례를 다듬어서 모아 놓은 책이다.

5. 〈아이슬란드가 멈추던 날〉 (파멜라 호건 감독, 2024, 다큐멘터리)
1975년 아이슬란드 여성 총파업 당시 행동에 나섰던 여성들이 직접 들려주는 이야기는 비요크의 음악과 어우러져 예상치 못한 재미를 선사한다.

6. 〈레벤느망(Happening)〉 (오드리 디완 감독, 2022, 영화)
1964년 작가 아니 에르노가 겪은 임신중절 경험을 담은 자전적 소설 『사건』(1984)을 원작으로 한 영화로 2021년 베니스국제영화제 황금사자상 수상작이다.

7. 〈헬프(The Help)〉 (테이트 테일러 감독, 2011, 영화)
1960년대 인종차별이 만연하던 미시시피 주에서 백인 가정을 위해 일하던 흑인 가정부의 이야기를 인종차별과 계급차별, 성차별의 관점에서 보여주는 영화다.

□ 구호를 만들어 보자

여성운동이 구호들은 시대의 흐름과 의제를 반영한다. 오늘날 한국 사회에서는 어떤 구호가 필요할까. 세상을 바꾸기 위해 당신은 어떤 목소리를 내고 싶은가. 당신만의 구호를 여기 만들어 보자.

- 여성이 단두대에 오를 권리가 있다면, 연단에 오를 권리도 있어야 한다.
- 여성은 태어나는 것이 아니라 만들어지는 것이다.
- 사회는 강간하지 말라고 하는 대신 강간당하지 말라고 가르친다.
- 자매애는 강하다.

□ 무엇을 선언하고 싶은가

'선언문(manifesto)'은 라틴어 'manifestum'이라는 단어에서 유래되었다. '분명한', '구체적인', '뚜렷한'의 의미를 담은 선언문은 공개적으로 자신의 생각을 표명하는 것이며 세상을 바꾸거나 개선하고자 호소하는 것이다. 당신은 이 세상에 혹은 당신 주위에 무엇을 선언하고 싶은가. 당신만의 선언문을 여기 남겨 보자.

CHAPTER 02

반만년 한국 역사와 여성

1. 한국 가부장제의 발전과 여성 통제의 역사
2. 한국의 페미니스트들, 한국 여성운동의 역사
3. 역사를 거슬러 만나는 여성 인물들
4. 여성사를 넘어 젠더사로

1. 한국 가부장제의 발전과 여성 통제의 역사

가부장제란 가장인 남성이 강력한 가장권을 가지고 가족 구성원을 통솔하는 가족 형태 또는 가족 구성원에 대한 가장의 지배를 뒷받침해 주는 사회체계를 일컫는 제도이다. 한국 역사에서 가부장제의 기원을 찾는 것은 고대 사회로 거슬러 올라가야 한다. 고대 사회에서의 정치적 발전 요소 중 하나는 왕위 상속이 형제(兄弟)에서 부자(父子)로 변화한 것이다. 이처럼 권력의 집중은 가부장권 강화와 맞물려 있었다. 물론 후대와 비교해 보았을 때 젠더와 성문화는 보다 개방적이었으나, 신분제에서 이루어지는 여성 통제, 가부장권의 행사도 있었다. 그렇더라도 신라에서는 여성을 매개로 가계 계승이 이루어지기도 하였고, 그래서 등장할 수 있었던 여왕의 존재들을 통해 고대사회에서의 가부장제는 상대적으로 탄력적인 기제였음을 알 수 있다. 혈통에 따른 신분을 젠더보다 중시했기에 가능했던 일이었다.

고려는 한반도 최초의 통일왕조였다. 혈통으로 개인의 위상이 결정되던 골품제도는 더 이상 유지되지 않았고 능력 중심의 사회로 나아갔다. 시험으로 관리를 선발하는 과거제를 시행하며 귀족사회로 발전하였다. 고대 정치에서는 종교적인 권위가 중요한 의미를 가졌기에 여성의 정치적 비중이 매우 컸으나, 중국식 정치나 사회제도가 정비되면서 공적 영역에서 여성은 점차 배제되어 갔다. 한편 고려 사회의 혼인과 가족제도는 여성과 밀접하였으므로 가족, 친족 내에서의 여성 지위는 남성과 비교하여 낮지 않았다. 고려 사람들은 여성 출신 가문인 외가와 처가를 남성의 출신 가문과 동일하게 여겼다. 재산은 아들과 딸에게 동등하게 배분하여 상속하였고 여성은 혼인 후에도 독자적인 재산권을 가졌다. 그러므로 자기 재산을 기초로 하여 상업과 무역 활동에 종사하여 재산을 축적하였다. 집안의 관리자나 경영자로서, 길쌈이나 농업 노동을 통해서 경제 활동을 감당하였다. 불교의 개방적 성격도 한몫하였다. 그러나 모계와 부계를 모두 중시하던 가족제도는 외세와의 전쟁과 정치적 부침, 불교의 세속화 등으로 새로운 이념을 가진 정치 세력의 진출로 변화를 맞이한다.

조선왕조를 세운 신진사대부는 불교 이념의 고려 사회를 지우고 성리학의 이상사회를 만들고자 하였다. 새로운 유학, 즉 신유학이라고도 불리는 성리학의 기초 이론은 학문과 생활 속 실천 수양을 통해 인간 본성으로 돌아갈 수 있다는 것이다. 유학은 역사가 오래된 만큼 다양한 방식과 내용으로 발전해 왔다. 그중에서도 중국 송나라의 주희가 집대성한 성리학은 그 어떤 유학보다도 보수적이고 형이상학적 논리까지 갖추었다. 성리학 이론 중 젠더 관점에서 염두에 두어야 할 부분은 사회 구성 원리이다. 즉, 우주 만물의 가장 근본은 남녀의 이성애적 결합이며 이러한 결합으로 가족을 이루고 나아가 사회를 만든다는 논리이다. 이러한 이론이 현실에 적용된 대표적 예로, 조선 수령의 업무 중 '혼인 성사'를 들 수 있다. 고을에 혼인 적령기를 지난 이들 가운데 미혼인 사람을 조사하고 그에 맞는 배우자를 찾아 혼인하게끔 하는 내용이다.

조선은 건국 후 법을 새로 만들고 유교식 의례 제도를 세우면서 여성의 성 통제 제도를 마련하였다. 가령 사족 여성이 재혼하였을 경우 그 자녀는 과거시험을 칠 수 없게 한 법이라든지, 유명한 산천(山川) 및 사찰 출입 금지법, 집 밖 구경거리 관람 금지법 등을 들 수 있다. 장례의 경우 여성은 자기 집안 사람들보다 남편 집안 사람들에게 더 예를 갖추어야 했고, 남성은 자기 어머니쪽 인척에게 갖추던 예의 정도를 줄였다. 가령 여성은 시부모에게 3년 상을, 부모에게 1년 상을 치렀다. 특히 혼례는 혼인 이후의 생활 반경과 자녀들, 친인척 관계에까지 영향을 미치는 중요한 의례였다. 국왕부터 나서서 한국 전통의 혼례 형태인 '장가가기'를 중국 유교식의 '시집가기'로 바꾸고자 했음은 당연하다. 이러한 장치는 당장에는 그 효과가 미미하였으나, 17세기 이후부터 사회 전반에 뿌리 내려 유교 젠더규범의 확산을 불러왔다. 이러한 현상은 성리학 발전이 본격 궤도를 타면서 함께 한 것이었다. 17세기 전반 중국 전통 민족인 한족의 명나라를 멸망시킨 만주족이 청나라를 세우고 동아시아의 새로운 강자로 떠올랐다. 이에 조선의 유학자들은 학문의 진정한 원류를 자처하고 나섰다. 이때부터 조선의 지식인들은 이른바 '조선 성리학'이라고 하는 길을 걸었다.

한편 조선 사회는 일부일처제를 확립하면서 첩 문화를 적극 활용하였다. 첩은 남성의 성적 방종을 뒷받침하는 장치였다. 이와 더불어서 집안 여성들 사이의 구별을 명확히 하려 하였다. 첩과는 '혼인한다'라는 표현을 쓰지 않고 매첩(買妾), 즉 첩을 산다는 표현을 썼다. 조선 남성은 처와 첩을 계급화하였는데 처, 즉 정실부인에게는 권력을 주는 대신 매첩에는 침묵할 것을 요구하였다. 남편의 성적 방종 상대에 대한 질투를 금기시하였던 것이다. 이른바 '투기 금지'는 여성 교훈서의 주요 키워드였다. 남성들의 여성 교훈서 쓰기 문화는 혼례 문화의 변화로 여성의 시집살이 문화가 발현하면서 발달하였다. 남성들이 설정한 이상적 여성상은 효부, 즉 효도하는 며느리였다. 흔히 우리에게 '전통'으로 알려진 가부장제나 습속은 이 시기에 만들어진 것이었다. 이러한 현실에서 여성들은 타협점을 찾고 일종의 전략을 갖추었다. 위축된 딸로서의 지위를 받아들이고 가족 안에서 부인으로서의 위치가 튼실해진 상황을 이용했던 것이다. 실제로 그들은 출신 가문의 정체성을 잃지 않으며 친가와 일상적으로 교류하며 물질적 · 정신적 측면에서 의지하였다. 또한 여성은 가정 경제를 운영하는 책임자로서 각종 노동과 경제활동을 담당하였다.

조선의 남성은 유교 젠더규범을 따르는 여성을 만들고 싶었으나, 기록 뒤편에 숨겨져 있던 실제 조선 여성들의 모습은 그렇지 않았다.

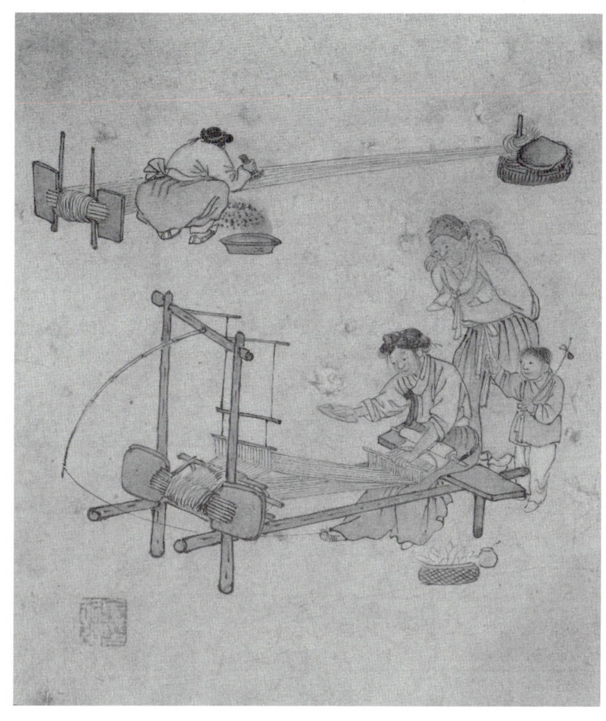

[그림 2-1] 길쌈. 〈단원 풍속도첩〉

출처: 국립중앙박물관.

19세기 조선 사회에서는 근대적 여성의식이 태동하고 있었다. 이러한 상황에서 개항 이후 서양을 받아들여야 한다는 문명개화론이 나타나면서 근대식 여성 교육과 여성 인권론도 일어났다. 북촌 지역의 고관 부인들이 흔히 여권 통문이라고 알려져 있는 「여학교 설시 통문」을 『독립신문』과 『황성신문』에 게재하였다. 이후 이들은 찬양회를 조직하여 여학교 설립운동에 나서 고종에게 직접 관립여학교 설립을 청원하는 상소문을 올리기도 하였다. 이후 이들은 자발적으로 세운 순성여학교를 설립했지만 명맥을 잇지는 못하였다. 그러나 여성교육의 열망은 계속 번져 기독교계열과 민족계열에서 사립학교를 설립하였고, 1908년 관립여성 교육

기관으로서 한성고등여학교가 설립되었다. 1905년 이후에는 전국적으로 170여 개의 여학교가 설립되었는데 주로 서울, 경상도, 서북지방에 몰려 있었다. 1903년에서 1908년 사이에는 여학생이 10배가량 늘어 2,500명이 넘었다.

당시 여성 교육이 중시되었던 이유는 여성을 사회 융합의 대상으로 여겼기 때문이며 이용되었던 논리는 현모양처론으로, 기존에 없던 여성상이었다. 이는 일본의 양처현모 개념을 수용하면서 한국식으로 변화한 결과였다. 양처현모주의란 근대 문명 일본국의 여성이라면 가정에서 남편의 부인과 자녀의 어머니로서 역할을 해야 한다는 여성관이었다. 일본 사회가 서양으로부터 '여성은 집안에서는 천사, 집 밖에서는 창녀'라는 개념으로 대표할 수 있는 여성의 역할론을 받아들인 것이었다. 한국에서도 계몽운동기에 들어와서 여성도 국민으로서의 계몽의 대상이자 국가에 충성하는 주체로서 받아들여야 한다는 주장이 나오기 시작했다. 그런데 한국(당시 대한제국)의 경우, 외세의 압박을 받는 나라를 구하고 국가 발전을 위해서는 문명 개화가 필요하다는 인식이 있었다. 따라서 자녀의 개명을 위해서는 어머니의 개명이 먼저이므로 여성 교육의 핵심은 현모양처를 길러내는 것이었다. 물론 남성은 바깥 활동을 해야 하니 계몽이란 마땅한 것이었다. 이러한 이유로 한국에서는 양처현모가 아니라 현모양처로 여성 역할의 그 강조점이 달라졌다. 수업 시간은 가사, 재봉 및 수예 등이 많은 시간을 할애했음은 물론이다. 식민지가 된 이후에도 이러한 여성교육론을 그대로 이어갔다. 일본어, 일본 역사지리, 수신까지 더해졌다. 식민지 지배를 가정으로 침투시키고 남성의 내조자, 자녀의 어머니로서 이들의 안정적인 삶을 뒷받침하기 위함이었다. 현모양처론은 결과적으로 여성을 근대 사회 기반을 만드는 구성원으로는 받아들였으나, 공적 사회로 진출하는 것을 꺼렸다. 물론 직업을 가질 수는 있으나, 주부로서 역할 하는 것이 먼저였다. 물론 남편 외의 다른 사람과는 정을 통하지 않는다는, 철저한 정조관은 당연하였다. 현모양처론은 개항기 이후부터 식민지시기 내내 주류를 이룬 여성관이었다.

해방이 되자 여성들도 거리로 쏟아져 나와 남성과 여성이 함께 사는 세상을 만들자고 주장했다. 여성들은 선거권과 피선거권을 가져야 하고, 성차에 따른 임금차별과 교육에서 남녀차별을 없애자고 요구했다. 한국전쟁으로 남성들이 동원되자 여성들은 공공기관뿐만 아니라 농업, 공업, 상업 등 모든 영역에 진출했다. 상업에서 여성 진출이 두드러졌고, 시장은 여성들로 넘쳐났다. 그러나 여성의 사회 진출과 경험은 사회질서를 파괴한다는 이유로 무시당했다. 한국전쟁 이후 심각하게 대두된 사회문제는 전통 윤리 규범의 붕괴였다. 당시 사회는 그 핵심을 여성의 윤리적 타락으로 규정했다. 전쟁미망인, 즉 전장에서 남편이 죽고 재혼하지 않고 혼자 사는 여성들을 마치 걸어 다니는 폭탄처럼 여겼다. 그녀들은 가정 안에서의 경제권을 장악했고 남편, 즉 가부장의 부재로 통제력을 벗어났으며 어린 자녀들의 생계와 교육을 전적으로 책임지면서 그들에게 절대적인 영향을 미칠 수 있는 위치에 있었기 때문이었다. 이러한 상황에서 가족제도 밖에 있는 여성의 성을 문제시하며 '정상가족'에 포섭시키고 국가가 치러야 할 복지비용을 개인에게 전가하려고 재혼을 적극 장려하자는 담론이 일어났다. 한편으로 여성은 '천박한 자본주의의 찌꺼기', 즉 사치와 허영의 상징으로 이미지화되기도 했다. 이른바 정비석의 소설 제목이기도 한 '자유부인'이라는 개념과 일맥상통한다.

19세기 말 한국 사회의 계몽과 발전을 위하여 도입된 현모양처 이론은 20세기에도 여전히 유효하였다. 박정희 정권은 산아제한의 가족계획사업을 통해 서구적 핵가족과 같은 가족 형태를 만들려고 하였다. 전통적으로 한국 사회는 농업국가로서 노동력 확보 등을 위하여 자녀를 많이 낳는 것을 미덕으로 여겼다. 게다가 한국전쟁이 끝난 후 출산 열풍이 일어나 베이비붐 세대를 양산하기까지 하였다. 다산으로 기혼여성은 장기간 출산과 육아에 시달렸고 이를 피하려 건강을 해치며 낙태를 시도하였다. 그 방법은 아스피린, 설사약 등의 약을 먹거나 무거운 물건을 들거나 높은 곳에서 뛰어내리는 등 외부적 충격을 주는 것이었다. 하지만 이러한 방법은 여성들의 생명을 위협할 뿐이었다. 이러한 현실에서 1960년대 가족계획사업의 목적은 가족의 행복과 생활의 합리화로서, "덮어놓고 낳다 보면 거지꼴을 못 면한다", "세 살 세 자녀만 35세 이전에 낳자" 등의 표어로 대표된다.

[그림 2-2] 1974년 정부 발행 산아 제한 정책 홍보 포스터

출처: 국립한글박물관.

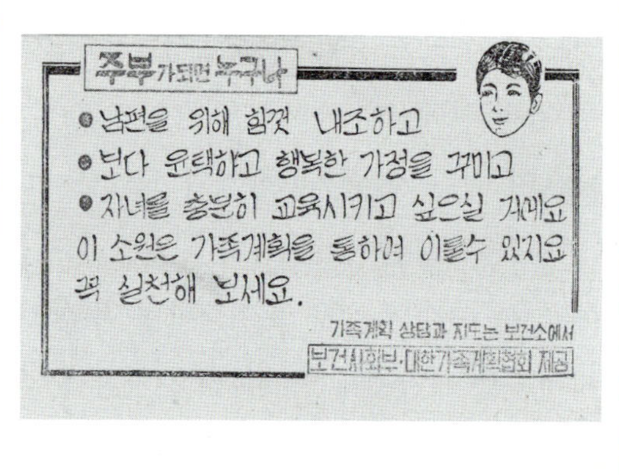

[그림 2-3] 보건사회부 · 대한가족계획협회에서 제작한 가족계획 홍보전단

출처: 대한민국역사박물관.

가족 계획 정책은 "딸 · 아들 구별 말고 둘만 낳아 잘 기르자"로, 1980년대엔 "잘 키운 딸 하나 열 아들 안 부럽다"라는 구호로 이어졌다. 남아선호사상으로 인한, 아들을 낳고야 말겠다는 사람들을 설득하기 위함이었다. 자녀를 적게 낳거나 불임 시술을 하면 각종 혜택을 주기도 하였다. 1970년대 후반부터 가사노동에 대한 임금을 받지 못하고 대체로 가족을 위한 소비행위를 주로 하며 자녀 교육을 전담하는, 소위 전업주부 혹은 가정주부가 탄생하였다. 여성은 가정을 지키는 천사이고 남성은 여성과 자녀를 보호하는 가장이라는 성역할 구분의 결과였다. 이후 한국 사회에서 전업주부는 직업 아닌 직업이 되었다. 이제는 사라졌지만 2000년대 초반까지만 하여도 결혼 적령기 여성들에게 꿈을 물어보면 현모양처가 되는 것이라고 답하는 경우가 많았다. 하지만 21세기를 살아가는 한국 여성들은 'home sweet home', 즉 즐거운 나의 집을 지키는 집안의 천사로만 머무르지 않고 있다. 이러한 현실은 모두 그간 다양한 분야에서 투쟁하고 애쓴 한국 페미니스트가 있었기에 이루어질 수 있었다.

2. 한국의 페미니스트들, 한국 여성운동의 역사

한국 여성운동은 한국사의 특수한 역사 경험과 함께 한다. 개항기에서 1945년 해방까지 한국 여성은 근대적 발전 과정에서 계몽의 대상이자 주체로 등장하였으나 제국주의의 위협과 식민 지배에 저항하는 것이 급선무였다. 해방을 맞이하였으나 불행하게도 민족국가 분단을 겪으며 이념의 첨예한 대립 속에서 여성운동도 보수와 진보의 양 진영으로 분열되었다. 이는 지금까지 한국 여성운동에 영향을 미치고 있다. 결과적으로 보수적인 여성운동은 자유주의 여권론의 기조를 어느 정도 포함하였을지라도 지속적으로 반(半)관변적 성격을 탈피하지 못하였다. 이에 비해 진보적인 여성운동은 1970년대까지 혹독한 탄압 속에서 거의 궤멸되었다가, 1970년대의 여성노동자 운동과 잇달아 시작한 민주화운동 속에서 새로운 여성운동의 싹을 틔웠다. 서구에서 일어난 68혁명과 뒤이은 페미니스트 운동 제2의 물결은 한국 여성에게도 큰 자극제가 되었다. 게다가 1987년 민주화운동을 통해 민주주의가 어느 정도 정착하자, 여성 활동가들이 여성 인권 문제에 관심을 갖고 여성운동에 투신하였다. 1988년 「남녀고용평등법」 개정, 1991년 「성폭력특별법」, 1996년 「가정폭력방지법」, 2000년 「남녀차별금지 및 구제에 관한 법」이 제정되었다. 이 운동 과정에서 여성운동은 여성 대중의 요구를 최대한 반영하면서도, 여성정책에 관련한 전문 인력을 동원하고 청원안 제출과 함께 꾸준한 로비와 언론 홍보를 시도하여 여성 인권 향상에 크게 기여하였다. 철저한 헌신과 유효적절한 전략 그리고 사회민주화에 힘입어, 한국의 여성정책은 1995년 베이징 여성대회의 행동강령을 가장 성공적으로 달성한 국가로 국제사회에서 평가를 받았다. 분단과 군부독재의 현실 속에서 팽배한 군사주의는 한국 사회에서 성매매 산업의 엄청난 비대화를 가져왔고, 이와 연루된 인신매매를 통하여 여성 인권은 심각하게 침해되었다. 보수적, 진보적 여성운동단체들은 단결하여 싸웠고 2004년 「성매매방지법」 제정에 성공하였다. 또한 2005년 일제 식민지 이래 존속해온 가부장적 가족제도인 호주제를 폐지하였다. 호주제는 여성의 법적 권리를 남편 및 아들 등 가족의 남성에게 종속시키는 사회제도였다. 또한 분단국가의 현실을 극복하기 위하여 통일운동과 평화운동에도 적극적이다. 특히 보다 폭넓은 대중적인 지지를 받은 것은 일본군 성노예운동이었다. 매주 수요일 12시 일본대사관 앞에서 열리는 항의 시위는 2025년 8월 13일 1713차를 맞이하였다. 이는 운동 집회의 지속성이라는 측면에서 세계사에 유례가 없는 기록이다. 운동은 일국의 범주를 넘어, 전쟁과 여성 인권 침해 문제를 둘러싼 국제협력과 연대를 공고히 하였다.

[그림 2-4] 박근혜 대통령 퇴진운동(11차 촛불집회)에 사용한 스티커(2017.1.7)

주: 앞면에 '일본의 진정한 사죄와 진상규명 없는 위안부 합의는 무효다'라는 문구와 평화의 소녀상 사진이 인쇄됨.

출처: 대한민국역사박물관.

그러나 첫 여성 대통령이 취임한지 3년이 지난 2016년 3월 8일 세계여성의 날에 받아든 한국의 '성평등 성적표'는 참담하였다. 성별 간 임금 격차는 2014년 36.7%로 OECD 국가 중 꼴찌였다. 영국 이코노미스트가 조사한 OECD 29개국에 대한 2016년 유리천장 지수 조사에서도 한국은 꼴찌였다. 또한 어린이 양육이나 노인 부양과 같은 돌봄노동은 여전히 여성의 몫이다. 이런 현실은 단기간 내에 많은 법적, 제도적 개선이 이루어졌으되, 사회 곳곳에 스며들어 있는 가부장적 의식과 문화가 여전히 공고한 한국적 현실에서 기인하는 것이다. 이러한 시점에서 한편에서는 '진짜' 현실을 살고 있는 여성들의 새로운 여성운동이 일어나고 있었다.

2000년대 한국 여성운동의 특징은 거대 여성운동의 점진적 쇠퇴이다. 전 세계적인 신자유주의의 영향으로 급속하게 개인화되었다. 신자유주의는 일반적으로 1980년대 이후 자유주의적 시장주의의 정책적 적용 경향을 지칭한다. 또한 신자유주의는 기술 발전이 가져온 확대된 교통망과 통신망을 바탕으로 이룩된 세계화가 추구하는 중요한 가치였다. 한국에서 신자유주의가 본격적으로 자리잡기 시작한 것은 IMF 위기 이후 김대중 정권이 출범하면서부터이다. 긴축재정, 긴축금융, 민영화, 정부의 탈규제, 시장개방 등이 IMF에서 요구한 부대조건이었다. 신자유주의는 능력지배사회이기 때문에 집단이나 공동체의 이익 혹은 연대보다는 사회의 개인, 개별화와 연결될 수밖에 없다. 신자유주의시대 무한경쟁의 불확실한 상황 속에서 불안한 개인화가 탄생한 것이다. 이제 여성들은 거대 연대체의 여성운동단체를 통한 여성문제에의 접근으로는 자신들의 문제를 해결할 수 없다는 생각을 하였다. 알파걸과 같이 뛰어난 능력의 여성들은 여성단체의 주장이 없어도 성공할 수 있었다. 그리고 스스로 성공하기 어려운 여성들은 취업, 결혼, 육아 등의 과업에서 살아남기 위해서 연대에 의존하지 않게 되었다.

신자유주의시대와 함께 한국사회는 정보기술 발전이 인간 삶을 바꾸고 사회 메커니즘을 바꾸고 있는 정보화시대를 맞이하였다. 정보화 사회의 확대로 여성들은 자기를 표현하고 있는 그대로의 자아를 표출할 수 있는 가상공간을 만들었다. 이에 자신들의 생각과 의견을 능동적이고 주체적으로 자유롭게 개진할 가능성이 나타났다. 그러나 다른 한편으로는 여성들을 성상품화하고 대상화하며 극단화된 언어폭력의 대상으로 만들었다. 이 양면적인 현상은 여성에게 미러링과 같이 자기표현을 하면서 남성의 폭력적인 인터넷 사용을 그대로 돌려주는 문화의 가능성을 만들어 주었다.

1990년대 이후 한국의 여성운동은 참여의 정치라고 부를 수 있는 적극적인 대정부 개입 정책을 펼치면서 젠더 이슈의 법제화에 영향력을 행사하였다. 여성운동이 여성 관련 주요 이슈들의 정책 형성 과정에서부터 중요한 역할을 하였고 이들의 법제화를 이끌어냈다. 그런데 참여의 정치라는 전략으로 정부와의 협력관계를 유지하는 상황에서 정부가 바뀌자 이러한 협력관계는 정부 주도로 끌려가는 상황을 맞게 되었다. 2008년 이명박 정부가 들어서면서 정부가 추진하는 사업을 여성부에서는 친정부적인 단체들과 함께 추진하면서 여성단체들 사이에서 배제와 동원의 정치는 심화되었다. 2000년대에 오면서 급격하게 제도화되었던 여성운동은 의제조차도 상당히 순화되었고 독자적인 시민운동단체로서의 영향력은 일정부분 상실하고 정부 지원금으로 운동단체를 운영하는 상황에 놓이게 되면서 여성 대중의 진보적인 의제에 대한 갈망과 괴리가 나타났다.

2001년 여성부 신설에서 이어지는 군가산점제 폐지는 인터넷상에서 SNS 유저들을 중심으로 당사자 간 논쟁을 불러일으켰고 심화된 갈등은 사회 전체로 퍼졌다. 또한 2015년 감염병 메르스 확산에서 첫 확진자가 여성이라는 추측성 보도로 '일간베스트저장소' 등 남초온라인커뮤니티에서 여성혐오발언을 연이었으나 결국 확진자는 남성임이 밝혀졌다. 여초 게시판의 이용자들은 '메르스갤러리'에 모여들어 여성혐오를 혐오하는 미러링(mirroring) 언어를 구축하였다. 이후 브란텐베르그(Gerd Brantenberg)의 소설 『이갈리아의 딸들』의 이갈리아와 메르스의 합성어 '메갈리아'라는 인터넷 사이트가 탄생하였다. 메갈리아는 온라인상의 주요 담론인 여혐을 비판하면서 온라인 담론에서 사용하고 있는 형태를 미러링하며 비판하였다. '김치녀'를 비판하기 위한 '한남충'이라는 용어로 대응하는 방식이었다. 그러나 다른 한편으로 이러한 대처는 오히려 남성혐오라는 비판을 받았고 성소수자나 장애인, 아동 등 사회적 약자에 대한 혐오발언들도 비판받았다. 일부는 명예훼손과 모욕으로 고소를 당하며 남성혐오를 한다는 주장이 사회에 확산되었다. 이 문제로 메갈리아는 최종적으로 '메갈리아 내에서 성소수자 혐오는 인정할 수 없다'는 입장을 밝혔고 이러한 결정에 반대하는 회원들이 새로운 사이트 '워마드'를 만들었다.

2016년 5월 강남역 10번 출구 화장실에서 벌어진 여성 살인으로 이제 여성들은 온라인이 아닌 오프라인으로 활동의 장을 넓혀 '여성혐오범죄'라는 새로운 유형의 범죄의 위험성을 알리는 계기를 만들었다. 경찰은 '묻지마범죄'라고 명명하였지만, 여성들은 범인이 6명의 남성은 그냥 보내고 여성을 찌른 것이 바로 이 사건의 본질이라고 비판하였다. 이들은 강남역 10번 출구에 포스트잇을 붙이는 등 여성 안전을 불안해하면서 동지의식을 확산하였다. 이들의 행동주의의 근저인 여성 안전의 불안감은 사회적 성이 아니라 생물학적 성에 초점을 맞춘 것이었다.

2017년 전 세계적으로 일어난 미투운동은 한국에도 영향을 미쳤다. 미투는 단순한 성희롱에 대한 고백이라기보다는 성희롱은 '너만이 아니고 나도 당했다. 우리 모두가 성희롱의 희생자다. 남성 권력이 여성의 몸을 억압하는 것은 사회 전반의 일'이라는 고백이었다. 2018년 홍대 남성 누드모델 도촬 사진에 대한 신속한 피의자 검거를 두고 워마드는 국가를 강하게 질타하였다. 이는 여성을 대상으로 하는 음란사이트, 몰카범죄 등에 대한 방관에 대한 것이었다. 이후 6차례에 걸쳐 일어난 혜화역 시위는 2000년대 호주제 폐지운동 이후 최대 규모라는 평가를 받았다. 혜화역 시위의 특징으로는 시위 참여조건이 '생물학적 여성'이었다는 점과 전문시위꾼을 배척한 것이고, 기존의 시민운동이나 여성운동에 대한 불신과 거부감을 표명하였다는 점이다.

기존 여성운동의 행동방식은 엘리트 운동가들이 다수의 대중을 설득시키는 형태였다. 일종의 '대리자운동'으로서 사회를 선도하고 여성 의식을 개선하며 이를 통해 정책 산출에 영향을 미치려는 운동이 대부분이었다. 그러나 2015년 이후 나타난 여성운동의 양상은 기존의 것과 상당한 차이를 보인다. 첫째, 거대 여성운동단체들의 주도, 혹은 이들과의 연대가 없었다. 또한 기존 단체들의 참여를 거부하였다. 이들의 비판 속에는 국가페미니즘화되어 있는 체제에 편입된 페미니즘이 아니라 삶의 현장 속에서 발생하는 자신들의 이야기가 있는 것이다. 사실 1990년대 이후 제도화된 여성운동의 활동으로 관련법은 마련되었지만 성폭력이나 육아부담, 고용차별과 같은 문제가 해결되지 않은 채 법과 현실의 괴리만 커지는 결과를 낳았다. 이러한 상황 속에서 가부장적 사회의 억압을 크게 느끼고 있는 젊은 여성들이 직접 행동하며 목소리를 쏟아내는 것이 2015년 이후의 여성운동이라 할 수 있다. 둘째, 이들은 이전의 여성운동이 평등을 내세운 것과는 달리 자유 혹은 자율성을 주창하고 있다. 2000년대에 와서도 서구 페미니즘의 한 분파에서는 여성에게 환경이 허락하는 자유와 자립을 누릴 수 있게 하는 것이 페미니즘의 기본이라는 여성 개인의 자유에 대한 주장이 나온다. 양성평등만을 강조하는 페미니즘은 소극적 페미니즘이라고 보는 것이다. 2015년 이후 일어나는 '탈코르셋', '꾸밈노동 반대' 등과 같은 운동들은 가부장 사회에서 여성을 보는 시선으로부터 자유를 찾고 원하는 대로 하겠다는 의지가 엿보인다. 셋째, 이전과 달리 2015년 이후 새로운 여성운동은 생물학적 성에 큰 관심을 가지고 있다. 사회적 억압의 기초는 여성의 몸에 대한, 생물학적인 여성에 대한 억압이라는 것이다. 그러므로 여성 몸과 관련된 각종 억압으로부터 자유롭고자 하는 것이 이들의 주된 주창 내용이다. 이렇듯 한국의 페미니스트들은 한국 역사와 함께 진화를 거듭하며 나아가고 있다.

3. 역사를 거슬러 만나는 여성 인물들

나혜석: 신여성의 빛과 그늘

한국의 신여성은 실재에 비해 과잉 재현된 일종의 현상이었다. '신여성(new woman)'은 있어도 '신남성', '구남성'은 없다. 남성 주체는 여성이라는 대상을 통과해 자신을 인식한다. 신여성 담론은 여성도 근대적 보편성(평등)에 포함된다는 모던에 대한 남성의 당황과 두려움의 표현이었다. 그 담론의 가운데 서양화가이자 문학가로서 페미니스트였지만, 한편으로는 불륜의 낙인까지 찍힌 나혜석이 있었다. 신식 교육을 받은 그녀는 도쿄여자미술전문학교 유학 시절 "여성도 사람이다. 여자도 사람답게 살아야 한다"(1917) 등을 발표하여 일찍이 남녀평등 의식을 보여주었다. 3·1운동에 참여하여 옥고를 치르기도 하였고, 1920년 김우영과 결혼하였다. 1921년 만삭의 몸으로 서울 최초의 개인 유화전을 개최하여 큰 인기를 얻었으며 왕성한 활동으로 이름을 높였다. 그러다 파리 유학 시절 최린과의 교제로 인해 귀국 후 별거 상태와 다름없었던 결혼 생활은 종지부를 찍었다. 이후 그녀는 여성의 일방적인 희생을 강요하는 가부장제 사회를 고발하는 「이혼고백장」을 발표하며 최린에게 정조 유린에 대한 위자료 청구 소송을 제기하였으나 패소하였다. 그녀의 창작활동은 1935년 개인전이 사회에서 외면당한 채 사실상 끝나고 만다. 1946년 어느 날인지도 모르게 행려병자로 서울의 자혜병원 무연고자 병동에서 홀로 눈을 감았다. 나혜석의 몰락은 과잉 재현된 신여성의 현주소였다. 근대 신식교육을 받고 자기 역량을 한껏 펼쳤으나 결국 그녀는 봉건적이고 가부장적인 인습주의에 꺾이고 말았으니 말이다.

윤희순과 박차정: 의병운동부터 독립운동까지

1876년 조일수호조규(강화도 조약)를 시작으로 조선은 바닷길을 열어 외국 열강들에게 한반도 무역의 장을 열어주었다. 이후 고종은 스스로 대한제국 황제에 등극하고 자주국을 천명하였지만 외세의 압력을 막을 수 없었다. 의병의 국권회복운동은 1895년 명성황후 시해를 계기로 일어나 1907년 일제에 의한 남한대토벌작전까지 지속되었다. 이때 여성으로서는 두드러지게 활동한 윤희순(1860~1935)은 안사람의병단을 조직, 전장 의병들의 뒷바라지, 군자금 마련에 힘썼다. 한일합병 이후 만주로 망명하여 독립운동을 이어가다 요동 해성현에서 타계하였다. 오랜 기간 의병운동이 이어진 배경에는 안사람의병들의 보이지 않는 활동이 있었다. 정부에서는 윤희순의 공훈을 기리어 1990년에 건국훈장 애족장(1983년 대통령표창)을 추서하였다.

2015년도 개봉한 영화 〈암살〉의 모티브가 된 항일무장독립운동가 박차정(1910~1944). 그녀는 민족의식이 강한 집안에서 태어나 부산지역 3 · 1운동을 이끈 동래일신여학교에서 항일의식을 심화하였다. 이후 민족협동전선의 일환으로 조직된 근우회에서 여성운동을 이끌었다. 1930년 서울 여학생시위사건을 주도하였고 이를 계기로 구속되었다가 풀려났다. 이후 중국으로 망명하여 일본 고위층 암살과 기관 파괴를 목표로 하는 의열단에 합류하였다. 1932년에는 남경으로 옮겨 조선혁명군사정치간부학교 여자부 교관으로 교양교육과 훈련을 담당하였다. 그녀가 쓴조선혁명군사정치간부학교 교가 중 한 구절이다. “조선에서 자란 소년들이여 가슴의 피 용솟음치는 동포여. 울어도 소용없는 눈물 거두고 결의를 굳게 하여 모두 일어서라. 한을 지우고 성스러운 싸움으로 필승의 의기가 여기에서 뛴다.” 1935년에는 민족혁명당의 지원단체인 남경조선부녀회를 결성하여 여성 독립운동가들을 양성하였다.

> 우리 조선의 여성은 오랫동안 전통적 속박으로 인권이 유린되어 왔고 다시 일본제국주의에 의해 생존권을 박탈당함으로써 전통적 속박에 의한 가정의 노예일 뿐만 아니라 일본제국주의의 약탈시장의 상품으로 임금노동의 노예로 전락하게 되었다 … 우리 조선부녀를 현재 봉건적 노예제도하에 속박하고 있는 것도 일본제국주의이고, 또 우리를 민족적으로 박해하고 있는 것도 일본제국주의이다. 우리들이 일본제국주의를 타도하지 않는다면 우리 부녀는 봉건제도의 속박 식민지적 박해로부터 해방되지 못한다. 또 일본제국주의가 타도된다고 하더라도 조선의 혁명이 정치, 경제, 사회 등 각 방면에서 진정한 자유 평등의 혁명이 아니라면 우리 부녀는 철저한 해방을 얻지 못한다.
>
> – 남경조선부녀회 선언문 중 –

1938년 조선의용대 여성대원들의 선봉에서 싸웠는데, 결국 곤륜산 전투에서의 부상 후유증으로 1944년 사망하고 말았다. 해방 후 귀국한 그녀의 남편 김원봉은 박차정의 유골을 가져와 자신의 고향인 경남 밀양 감전동 뒷산에 안장하였다. 1995년 대한민국 정부는 건국훈장 독립장을 추서하였다. 이처럼 윤희순과 박희순은 대한민국 독립유공자로서 기억되고 있다.

윤지당 임씨와 정난주: 북촌은 갑자기 깨어난 것이 아니다

조선 여성 지성사의 맥을 잇는 성리학자 윤지당 임씨(1721~1793)는 성리학 도덕의 원리를 이해하는 주체로 자신의 영역을 넓혔다. 흔히 조선 여성들의 이름은 우리에게 잘 알려지지 않았다. 여성의 경우 이름 표기를 피하는 것이 좋은 것이라 여겼기 때문이다. 신인선보다 신사임당이 우리에게 익숙한 이유다. 하지만 남성의 경우는 자기 이름뿐만 아니라 생각, 직업 선택까지 가족의 울타리를 넘어 밖으로, 즉 공식화할 수 있다. 특히 불교국가 고려를 멸망시키고 건국된 조선의 사회 이념인 성리학은 공자와 맹자가 이룩한 유학을 더욱 보수적으로 발전시킨 것이었다. 조선의 남성들은 각종 사회제도와 법으로 여성들을 집안에만 머물게 하는 장치를 만들었다. 시간이 흐를수록 여성 집안이 중심인 전통적인 혼인문화에서 남성 중심의 유교식 혼례가 접목되면서 여성이 남성 집안으로 들어가는 시집살이 문화도 만들어지고 있었다.

그런데 성리학의 발전이 무르익고 있을 무렵, "내가 비록 여자의 몸이나 하늘로부터 받은 성품이야 남녀의 차별이 있지 않다"라고 선언한 성리학자가 있었다. 윤지당 임씨의 이러한 학문적 성과는 사실 문집을 만든 그녀의 동생 덕택으로 알려졌다. 그녀의 선언이야말로 유교의 핵심 이론이었다. 성리학에서는 인간 본성은 선하므로 학문 수양과 실천을 통해서 본성으로 돌아갈 수 있다고 한다. 성리학의 문제는 젠더에 있었다. 여성에게 학문할 수 있는 능력이 없으므로 성인이 될 수 있는 기회도 없다고 한 것이다. 하지만 윤지당 임씨는 성리학의 본질을 꿰뚫었고 후대의 성리학자 정일당 강씨(1772~1832)도 마찬가지였다.

또한 박해 속에서도 조선 여성들은 천주교에 큰 관심을 보였다. 남성과 달리 여성의 경우 신도 수는 오히려 증가했다. 그들은 새로운 문물을 받아들이는 데 적극적인 태도를 보였던 것이다. 정난주(1773~1838)는 이들을 대표하는 인물이다. 황사영의 부인이자 정약용의 조카이기도 한 그녀는 조선에서 대대적으로 일어난 최초의 가톨릭 박해 사건인 신유박해(1801)의 주인공이다. 유배형을 받고 제주 대정현의 관비(官碑)가 된 그녀는 김석구의 집에 위리안치되었다. 이곳에서 정난주는 김석구의 아들 형제를 양자처럼 기르며 살면서, 풍부한 교양과 학식으로 주민들을 가르쳤다. 결국 제주에서 1838년 66세의 나이로 사망하였는데 이때 사람들이 '한양 할머니'가 죽었다며 슬퍼하였다고 전해진다.

이처럼 조선 여성은 조선 건국 이래 뿌리내린 성리학 중심의 질서에 순응하기보다 적절히 대응하고, 한편으로는 전략적 태도를 취하면서 새로운 세계관에 열린 자세로 임했다. 이들은 근대적 주체로서 나아갈 만반의 준비를 다 했던 것이다.

[그림 2-5] 대성성지 – 정난주 마리아 묘소 전경과 정난주 마리아 묘소 표석
출처: 한국관광공사.

진주 하씨와 남평 조씨: 진짜 유교 걸(girl)을 보여줄까?

남평 조씨(1574~1654)의 이름은 애중이다. 그녀는 평생에 걸쳐 일기를 남긴 듯한데, 현재 전해지는 기록은 병자호란이 일어나 60세가 넘은 그녀가 피난을 떠난 1636년부터 전쟁이 끝나고 다시 한양으로 올라가 생활하였던 1639년까지다. 『병자일기』라고 불리는 그녀의 일기는 양반 부인의 전형을 보여준다. 첫 피난지는 익산이었는데 동서가 살고 있는 곳이기도 하고 친가가 있는 지역과 가까워 의지하기 위해서였다. 이때는 전국에 산재한 집안 농지 수확물과 노비로부터 세를 걷어 생활하였다. 이후 집안 땅도 많고 인질이 된 소현세자를 따라 청나라 심양에 간 남편의 소식을 더 빨리 알려고 거처를 충주로 옮겼다. 이곳에서 일상적으로 일정을 계획하고 노비를 부려 전문가의 손길로 농사 관리를 한다. 그녀는 부드러운 리더십의 소유자로서 평생 1년에 약 스무 번의 제사를 감당하고 손님맞이를 하며 집안을 이끌었다. 남이웅은 아내 남평 조씨가 없었더라면 집안 경제와 기틀을 어떻게 유지할 수 있었을까? 그녀는 한 집안을 이끌고 후대에 물려주었던 경영자였다.

진주 하씨(?~1652 이후)는 생전에 보관하던 편지들을 자기 관에 함께 봉합해 넣어달라는 유언을 남겼다. 무려 176건에 달하는 편지들은 결혼 후 그녀의 삶을 복원할 수 있는 단서가 된다. 특히 남편에게서 받은 편지가 가장 많은데, 그 결정적인 원인은 두 사람이 따로 살았기 때문이다. 별거의 원인은 예상 외다. 남편 곽주의 죽은 전처의 아들 곽이창과 진주 하씨와의 사이가 너무 나빴기 때문이다. 남편은 진주 하씨와 아들 곽이창, 그리고 진주 하씨에게 좋지 않은 의견을 갖고 있는 집안 어른들 사이에서 고군분투했다. 그는 진주 하씨에게 곽이창을 두고 “당신이 배 아파 낳지 않은 자식이니, 그럴 수 있다”라며 달래기도 하고 조금만 참아달라고 사정도 했다. 정 힘들면 출입문 두 개를 만들어서라도 곽이창네 식구들과 함께 살자며 설득하기도 하였다. 하지만 진주 하씨는 별거를 선택했고 곽주는 아내의 뜻을 따랐다. 그래서 곽주는 자녀들과 함께 살 수 없었다. 시부모는 곽주에게 부탁해 손주들을 보고 싶으니 보내달라는 말을 며느리 진주 하씨에게 전해야만 했다. 게다가 그녀는 평소 친가와 반나절 정도의 거리에 있는 곳에 살았기 때문에 자녀들을 데리고 가서 자주, 그것도 오랫동안 머물렀다. 그 사이 남편 곽주는 장모께 편지를 보내어 가족 안부를 묻고 아무쪼록 자녀들의 한글 공부를 잘 부탁드린다는 편지를 보내기도 했다. 당연한 수순이었겠지만, 그녀는 그녀의 첫째 딸 곽정례처럼 친가로부터 물질적 · 정서적으로 큰 도움을 일상적으로 받았을 것이다. 이처럼 진주 하씨는 조선시대의 평범했던 양반 여성의 면모를 보여준다.

염경애: 전도유망한 엘리트와 결혼하고 아버지 곁에 묻히다

고려 귀족 여성 염경애의 석관에 기록된 그녀의 생애 기록은 당시 귀족 여성의 삶을 복원해 준다. 그녀는 25살의 나이로 향리의 아들인 최루백과 결혼했다. 과거 급제자에 돌아가신 아버지의 원수를 갚으려고 호랑이를 때려잡은 효심 깊은 남자였다. 좋은 사윗감을 중시한 것은 여자 집안에서 사위를 친족의 일원으로 받아들인다는 의미였다. 여성은 시부모의 며느리로서 역할 하지만 시집살이란 없었고 남편 가문의 일원으로 귀속되지 않았다. 염경애는 가정의 경영자였으며, 남편은 공직 생활을 했다. 여성은 아들과 똑같이 재산을 상속받았으며, 이를 바탕으로 고리대와 같은 경제활동을 하였다. 염경애의 유골은 절에 3년간 모셔졌다가 아버지 곁에 묻힌다. 당시 부계 성씨의 가족 묘소가 없었기 때문이다. 즉 고려의 친족 구조는 부계에 한정되지 않았으며, 그만큼 여성이 친가와 밀접했음을 뜻한다.

지소태후: 신라 한반도 통일의 초석을 놓다

2025년 유네스코 세계유산에 등재된 '반구천의 암각화'에는 선사시대의 고래잡이 그림부터 신라왕의 제사 기록까지 남아 있는데 여기서 지소태후의 흔적을 찾을 수 있다. 그녀는 신라가 한반도에서 고대 사회의 주도권을 잡을 수 있는 기반을 마련한 인물이다. 아버지는 불교 이념을 지향하여 국력을 왕실로 집결시키고자 한 법흥왕이며 어머니는 보도왕후이다. 그녀는 진흥왕의 어머니로서 어린 아들을 대신하여 섭정을 하여 541년부터 551년까지 11년간 국정을 총괄하였다. 우리가 진흥왕의 업적이라고 알려진 치적은 사실 섭정기의 그녀가 이룩한 것이다.

[그림 2-6] 단양적성비

출처: 국가유산포털.

인재 등용 목적의 화랑제도의 설치는 신라 국력 도약의 발판이 되었다. 그녀가 세운 종교 정책은 불교의 토착화와 대중화를 지향하며 신라의 첫 사찰인 흥륜사 조성을 이루어냈다. 남자 승려인 비구와 여자 승려 비구니를 양성하여 젠더 평등한 기회를 마련하였다. 중앙과 지방의 군사제도를 정비·확대하고 고구려 영역인 단양 및 백제 영역인 한강 유역에 진출하였다. 또한 그녀는 신라에 협력한 고구려인을 공평하게 대우하게끔 천명하여 사회의 대통합과 민심을 이끌었다.

4. 여성사를 넘어 젠더사로

서구에서 먼저 시작된 여성사 연구는 여성운동의 성장과 함께 새로운 역사 연구방법론으로 등장한 이래 다양한 분야로 확장되고 있다. 여성을 역사서술의 주제로 삼는 모든 연구를 총괄하는 'Women's History', 여성 해방의 전망을 강조하는 'Feminist History', 성역할 구분의 역사와 그 원리 및 작동 방식과 다양한 국면을 다루되 남녀를 모두 포함함으로써 불평등이 생산되는 과정을 주목해야 한다고 주장하는 'Gender History'이다.

한국에서는 1980년대 여성운동의 성장과 함께 여성사 연구가 본격화하였고 주로 여성해방주의 입장에서 여성 억압의 기원이나 여성운동의 발전 과정에 집중하였다. 역사적으로 여성이 가족과 밀접하였기에 가족사에서도 여성을 연구대상으로 삼았다. 연구자들의 성별에 따라 연구 결과도 다른데, 남성학자들의 것은 성차별이나 젠더 감수성이 잘 드러나지 않는다는 한계점이 지적된다. 반면, 여성학자들의 노력으로 가족 · 친족 · 여성 교육 · 여성운동의 분야뿐만 아니라 다양한 주제에서 여성들의 모습을 발굴하고, 나아가 역사 주체로서의 여성을 찾아내려고 노력하고 있다. 마냥 피해자였던 것만은 아니라는 주장이다.

한국여성사 연구는 젠더사로 나아가고 있는 중이다. 젠더사라는 역사 연구의 방법론은 남성 혹은 여성이라는 고정된 성차가 있고, 거기에 정치가 이리저리 영향을 준다는 생각에서 나온 것이 아니다. 중요한 것은 어떻게 정치로 성차가 구성되느냐이다. 이전에는 존재하지 않던 성차가, 남성들의 권리를 인정해 줄 타자가 필요해지자 여성성을 끌어들이며 비로소 만들어진 점에 주목한다. 젠더 개념을 새롭게 이론화함으로써 여성사 연구의 패러다임을 바꾼 페미니스트 역사가 조앤 W. 스콧(Joan Wallach Scott)이 강조한 것처럼, "성차는 여성 배제의 원인이 아니라 효과"인 것이다. 이처럼 한국여성사는 한국사 연구의 성차별주의에 대한 감수성을 높이고 온전한 역사학으로 남기 위하여 노력하고 있다.

소설은 한국 가부장적 의식의 현주소와 현실의 젠더 갈등을 여실히 보여주었다고 평가된다.

읽을거리 & 볼거리

1. 『여성사, 한 걸음 더』(한국여성사학회, 2024, 푸른역사)

한국의 대표적인 여성사학회 모임인 한국여성사학회의 이름으로 한국사, 동양사, 서양사 분야 연구자 총 47인의 연구 성과를 담았다. 여성사를 여성 연구자들의 '마이너리그' 정도로 여기는 삐딱한 시선이 여전한 가운데 일궈낸 한국 여성사 학계의 현주소를 보여주는 책이다.

2. 『지금부터 조선 젠더사 - 유교 가부장제에 딴지 건 여성들』(하여주, 2025, 푸른역사)

우리가 전통이라고 알고 있는 한국 가부장제의 역사는 사실 그리 오래되지 않았다. 여기서 한국의 가부장제는 곧 유교 이념이 만들어낸 가부장제를 일컫는데, 1700년대 중반 즈음에 와서야 본격화되었다. 책은 조선사회에서 이루어진 유교 젠더규범 세우기 과정과 강력히 뿌리 내린 부계중심 사회에서도 전략적으로 대응에 나선 여성들의 모습을 그려냈다.

3. 『그 많던 신여성은 어디로 갔을까』(김명임 외 8인, 2024, 한겨레출판)

근대교육을 받은 '신여성'을 대상으로 한 잡지 『신여성』의 발간 100주년을 맞아 펴낸 책이다. 초판은 『신여성: 매체로 보는 근대 여성 풍속사』이다. 책은 신여성이 어떠한 전략을 통해 근대 조선의 공적영역에 침입했으며, 새로운 존재 양식을 통해 자리를 보전하고자 했는지 당대의 잡지, 신문, 사진자료 등을 통해 충실히 살펴본다.

4. 『82년생 김지영』(조남주, 2016, 민음사) / 〈82년생 김지영〉(김도영 감독, 2019)

'전업주부' 김지영은 결혼, 출산, 경력 단절, 양육 및 가사노동, 시집살이 등으로 우울증을 겪으며 자기 존재 이유를 찾지 못하고 삶의 희망을 잃어간다. 김지영과 비슷한 또래부터 다양한 연령대의 한국 여성들에게 큰 공감을 일으켰고 민음사가 주최한 '오늘의 작가상'을 수상한 바 있다. 소설은 동명의 영화 〈82년생 김지영〉(2019)으로 제작 · 개봉되기도 하였는데, 남편 역할로 출연한 배우 공유는 일명 '페미남'이라는 '질타'를 받기도 하였다.

5. 국립여성사전시관

여성가족부 산하 운영기관으로 경기도 고양시 덕양구 화중로 104번길 50 (화정동)에 있다. 개관연도는 2002년으로 여성발전기본법 제34조의2 '여성사전시관의 설치 · 운영'에 의거한 것이었다. 2024년 국립여성사박물관 건립위원회를 발족하고 2028년 서울시 은평구에 확대 개관한다.

더 생 각 하 기

1. 고대부터 현재까지 바뀌어온 한국 제사 문화의 역사를 알아보고 오늘날 한국 사회의 제사 문화가 갖고 있는 젠더 문제와 그 해결책을 생각해 보자.

2. 한국사 속 페미니스트 인물을 선정하여 그 생애를 조사하고, 페미니스트로서 살아갈 수 있었던 배경에 대하여 분석해 보자.

CHAPTER 03

여성학의 주요 개념 이해하기: sex, gender, sexuality를 중심으로

1. 우발적 출생으로 마주치는 것들
2. 다른 몸이니깐 성차는 당연한 것인가?
3. 몸은 다르지만 성차는 사회적으로 만들어지는 것이다!
4. 저마다 다른 몸들의 에로틱한 삶을 이해하기
5. 우리 몸이 머무는 곳 – 몸과 사회
6. 우연적인 것을 필연적 것으로 만들지 않기

1. 우발적 출생으로 마주치는 것들

우리의 출생은 예기치 않게 우연히 일어나는 사건이다. 출생의 우발성은 태아의 성별을 공개하는 젠더 리빌 파티(gender reveal party)에서 여자 태아는 분홍색 풍선, 남자 태아는 파란색 풍선을 터트리는 예비 부모의 이벤트를 통해 세상에 나오기 전부터 성별화된 사회와 마주치게 된다. 이렇게 색깔로 성별을 구분하는 행위는 성별 고정관념을 보여주는 대표적인 사례라고 할 수 있다.

고정관념(stereotype)은 사람과 집단, 또는 사건 범주에 대한 지나치게 단순한 의식이나 관념, 생각들을 뜻한다. 단단한(stereo) 심상(type, 이미지)은 그것의 진실성 여부와 무관하게 해당 집단이나 거기에 속한 개인에 대한 혐오와 차별을 합리화하는 데 사용되고, 범주화로 인해 정확한 정보를 파악할 수 없도록 방해하는 특징을 지닌다. 따라서 젠더 리빌 파티에서 드러나는 성별 고정관념은 여성과 남성의 전형적인 특성을 일반화함으로써 개별성을 비가시화한다.

그렇다면 사람들은 왜 태어나기 전부터 분홍색과 파란색을 여자 아이와 남자 아이로 연관지어 구분하는 것일까? 자라면서 왜 우리는 여자다움과 남자다움을 요구받는 것일까? '여자니까' 혹은 '남자니까'와 같은 성별 고정관념은 너무 '단단해서' 변화될 수 없는 것일까? 또한, 단지 사랑하는 대상이 나와 같은 성별이란 이유로 차별받는 것은 정당할까? 이런 질문은 출생의 우발성이 성장과 함께 마주하는 것들이며, 가부장제 사회에서 "자연스러운 것, 당연한 것, 사소한 것"으로 여겨지는 것들을 문제시하는 페미니스트 호기심으로 질문해야 할 것들이다(인로, 2015). 지금까지 여성학자들은 페미니스트 호기심을 발전시켜 남녀의 성차를 자연스럽고, 당연한 것으로 여기지 않고, 성차로 인한 차별과 억압 행위 역시 사소한 것으로 인식하지 않고 도전해 왔다.

따라서 이 장에서는 여성학의 사상체계를 이루는 페미니즘의 주요 의제 중 성(性)과 관련된 섹스(Sex), 젠더(Gender), 섹슈얼리티(Sexuality) 개념을 이해하고자 한다. 서구의 언어와 문화에 토대를 둔 섹스, 젠더, 섹슈얼리티는 우리말로 번역할 때, 그 의미가 적확하게 전달될 수 없기에 학자마다 번역이 다르다. 흔히 sex는 성, gender는 성별 혹은 젠더, sexuality는 성적인 것을 포괄하는 성성(性性) 혹은 소리 나는 대로 섹슈얼리티로 사용한다. 이 글에서는 일반적인 용례에 따라서 성, 젠더, 섹슈얼리티로 표기한다.

나아가 성, 젠더, 섹슈얼리티 개념은 우리가 몸으로 경험하고 실천하는 것을 정의한 것이기에, 한국 사회에서 젠더화된 몸이 어떻게 틀 지워지는가도 살펴볼 것이다. 우리는 페미니즘의 핵심 개념을 이해함으로써 젠더화된 몸 규범과 과도하게 성별화된 사회에서 저마다의 고유성을 모색할 수 있을 것이다.

2. 다른 몸이니깐 성차는 당연한 것인가?

어원적으로 성(sex)은 "자르다" 혹은 "나누다"라는 뜻의 라틴어 동사 세카레(secare)에서 파생된 "남성이나 여성인 상태"를 의미하는 라틴어 명사 섹수스(sexus)에서 유래한다. 그러나 역사적 변화와 함께 영어에서 섹스는 첫째, 집단적으로 서로 다르다고 여겨지는 두 부류의 인간, 남자와 여자를 가리킨다. 둘째, 남자와 여자의 생식기 혹은 성기(동 · 식물의 성기 포함)를 지칭한다. 셋째, 20세기에는 성교행위를 가리키는 말로, 일반적으로는 성욕, 에로틱한 쾌락, 인간의 생식에서 영향받는 개인적 · 사회적 삶의 모든 장면과 함께 모든 생식기 관련

행위를 가리키는 표현으로 확대 사용된다. 끝으로 페미니즘과 젠더 연구에서 가리키는 '성차'란 뜻이 있다(헬퍼린, 2024).

정리하면, 일반적으로 성(sex)은 생물학적으로 여성과 남성을 구분하는 개념이다. 생물학적 성차는 XX(여성)와 XY(남성)의 성염색체, 여성호르몬 에스트로겐(estrogen)과 남성호르몬 안드로겐(androgen)의 호르몬 함량, 난소와 고환의 구성이란 생식선, 내 · 외부 생식체계와 생식기, 체구나 근력, 지구력, 임신과 출산 등 신체적 차이를 바탕으로 설명된다(주은희, 2021). 이러한 신체적 차이로 인해 남성은 적극적, 공격적, 주도적 특성을 지니고 여성은 수동적, 유약한 특성을 갖게 된다. 나아가 이러한 성별 정체성(gender identity)은 여성과 남성의 성적 능력이나 기능에서 남성은 공격적이며 주도적이고 여성은 수동적이고 남성의 성적 대상이 되는 것으로 이어진다. 즉, 생물학적 성(sex)이 성별(gender), 성적 지향과 실천(섹슈얼리티)을 결정하는 정합성을 이루게 된다(조영미, 2005). 이와 같은 입장은 인간의 성을 타고난 본능이자 본질적인 속성을 지닌 것으로 보고 이를 지극히 정상적인 것으로 간주한다. 따라서 이에 대한 도전은 자연을 거스르는 것이 된다. 결과적으로 이런 주장은 지금까지 우리 사회를 지탱해 왔던 성기 중심적, 이성애 중심적, 남성 중심적인 성문화를 유지시키고 정당화한다. 이처럼 생물학적 요소에 의해 성, 젠더, 섹슈얼리티의 차이가 결정된다고 보는 이들을 '생물학적 결정론자', 또는 '본질론자', 이들의 견해는 '생물학적 결정주의' 또는 '본질론'이라고 부른다.

성차가 염색체와 생식기 같은 생물학적 차이 때문에 발생하는 지극히 '자연스러운 것'으로 수용된 것은 18세기 중반부터이다. 그 이전에는 생식기조차 동일한 것으로 인식되어 사람의 몸은 오로지 한 종류만 있다고 여겨졌다. 17세기 인체 해부도를 보면, 여성과 남성의 생식기는 안으로 들어가고 겉으로 드러난 차이만 있을 뿐 윤곽이 거의 비슷하게 그려졌다. 이 당시에는 유사성이 지배적인 의미 체계로 작용해 '차이'의 의미 체계가 부재했기 때문이다. 18세기는 자연과학이 진리의 기준으로 등장하고 신분질서가 붕괴되기 시작하면서 다양한 사회 운동이 정치적 영역의 변화를 일으키던 때이다. 이와 더불어 여성과 남성, 유색인과 백인, 빈자와 부자, 식민지와 제국 등 집단 간의 차이를 부각시키기 위해 남녀와 인종, 민족의 차이를 생물학적으로 연구하고 '발견하기' 시작했다. 이러한 차이의 발견은 단순히 다름에 대한 인식이 아니라 우월과 열등, 불평등한 사회관계를 정당화하는 데 기여했다(정고미라 · 하정옥, 2004).

▷ 과학의 객관성과 문제선택

□ 첫 번째 사례: 대뇌의 크기

18세기에 등장한 두개골학은 뇌의 크기와 질량으로 남녀의 차이를 제시했다. 여성의 뇌가 평균적으로 남성의 뇌보다 작고 가볍기 때문에 여성의 지적 능력이 열등하다고 생각했다. 이에 대한 반격으로 뇌의 크기와 질량이 우월함의 기준이라면 코끼리나 고래는 만물의 영장이어야 한다는 논리가 제기되었다. 이후 지적인 능력이 골격의 크기나 모양과 연관된다는 생각은 시대착오적인 것으로 평가되었다. 그러자 키에 대한 뇌의 상대적 크기 혹은 체중 대비 뇌의 무게를 제안하는 학자들이 나타났다. 그러나 이 상대적 수치가 여성이 남성보다 높게 드러나자 '틀린' 증거라고 기각되었다(정고미라 · 하정옥, 2004). 오늘날은 뇌-영상연구를 통해 남녀의 차이를 드러내고자 하지만, 2008년 《사이언스》에 실린 한 연구에 의하면 남녀 학생의 수학 수행능력의 유사성이 차이보다 많았다(하정옥, 2014). 또 다른 뇌-영상연구에 의하면, 인간의 뇌는 여성과 남성의 뇌로 나눠지지 않고, 일생에 걸쳐 조각보처럼 끊임없이 변화는 모자이크와 같았다(조엘 · 비칸스키, 2021).

□ 두 번째 사례: 성 호르몬

초기 성 호르몬에 대한 연구는 여성의 몸에는 여성호르몬, 남성의 몸에는 남성호르몬이 있다고 주장했다. 그런데 1921년 남성의 몸과 여성의 몸에서 성호르몬이 교차 발견되기 시작하면서 초기 주장은 폐기되었다(정고미라 · 하정옥, 2004). 또한, 인간의 공격성이 테스토스테론만으로 초래한다는 주장 역시 동물 실험에서 남성호르몬인 안드로겐이 증가할 때, 동물이 공격성을 나타낸다는 연구와 억압적인 양육환경이란 사회문화적인 요인에 대해 설명하는 연구 등에 의해 타당성이 의심받고 있다(주은희, 2021).

이처럼 과학의 객관성은 이분법적이고 차별적인 성차 개념에 대한 문제를 제기하지 않고, 이를 전제하는 '문제선택'을 해왔다. 따라서 성차에 관한 과학적 지식을 접할 때, 전제를 의심하는 '문제선택'을 따져봐야 할 것이다(하정옥, 2014).

한편, 이러한 양성 구분에 포함되지 않는 사람들이 있다. 여성과 남성의 생식기를 함께 갖고 태어난 간성(intersex)은 이분법적 양성 범주가 사회 구성의 기본 원리로 작동하는 이 사회를 살아가기 위해 여성과 남성 중 하나의 성을 선택해야 한다. 전 세계 인구의 1~4%를 차지하는 간성은 대부분 출생 시에 여성이나 남성 중 하나를 확정하는 시술을 받는데, 비교적 몸을 노출할 상황이 적은 여성을 고르는 비율이 높다(민가영, 2007; Lugones, 2007). 간성인은 두 성만을 인정하는 사회에서 여성과 남성 가운데 어느 하나의 범주에 속해야 한다고 강요받는다. 이를 통해 여성과 남성의 양성 범주가 정상성의 기준으로 작동하는 강력한 권력을 확인할 수 있다.

그러나 문학인류학의 사례는 여성과 남성이란 양성 범주가 엄격하게 적용되지 않는 사회를 보여준다. 파푸아뉴기니의 후아(Hua)에서 성 정체성은 일생에 서너 번 바뀐다. 후아인들은 '누(nu)'라는 생명력이 많을수록 여성적, 부족할수록 남성적이 된다고 믿는다. 하지만 남성은 나이가 들수록 여성과의 성관계를 통해 '누'가 많이 생기면서 점점 여성적으로 변화한다고 여긴다. 여성 또한 나이가 들어감에 따라서 월경을 하고 아이를 낳을 때마다 '누'가 고갈되어 남성 집단에 수용되기도 한다(김민정, 2015). 또한, 인도에서는 여성도 남성도 아닌 제3의 성 히즈라(hijra)라는 성별이 있는데, 히즈라의 모호성은 '이상한 것'이 아니라 '다름'으로 인정받았다(민가영, 2007). 인도뿐만 아니라 북아메리카의 버다치(berdache), 타히티의 마후(mahu) 등 히즈라와 유사한 성별은 전 세계 여러 지역에 존재한다. 버다치는 북미에서 제3의 젠더로 사용되는데, 북미 150개 사회에서 남성 버다치와 여성 버다치가 각각 집단의 절반을 이루는 것으로 기록되었다. 이에 일부 학자는 '제3의 젠더'라는 용어가 양성 범주에 하나의 젠더를 덧붙이는 방식이 아니라 오히려 성(sex)과 젠더의 이분법을 깨는 방법으로 유용하다고 제안한다(Lugones, 2007). 이렇게 성의 다양성이 존중되었던 문화는 제국주의 문화의 이분법적 젠더 범주가 폭력적으로 도입됨으로써 양성 체계에 강제적으로 편입되었다(Lugones, 2007). 따라서 우리가 여성과 남성으로 태어나기 때문에 여성과 남성으로 인식되는 것이 아니라 인간을 여성과 남성으로 분류하는 사회가 만든 인식틀 혹은 의미 체계의 결과임을 알 수 있다.

3. 몸은 다르지만 성차는 사회적으로 만들어지는 것이다!

젠더(gender)는 라틴어 제누스(genus)에서 파생된 "종류, 종, 성격, 성별"을 뜻하는 현대 프랑스어 장르(gendre)에서 비롯되었다. 라틴어 제누스(genus)의 어원은 그리스어 제노스(genos)로, 한 종족, 한 계통 또는 한 가문을 의미한다. 이 두 단어의 동사는 '낳다(gigno, gignomi)'를 가리킨다. 라틴어와 그리스어의 어원을 종합하면, 젠더는 첫째, 사람들을 집단적으로 분류 및 구분해 그 집단에 특징을 부여하는 일반적 속성, 둘째, 언어를 사용해 성적 분류 체계를 만들고 유지하는 것, 셋째, 한 가족이나 집단을 재생산하는 것을 목적으로 하는 특정한 섹슈얼리티를 실천하는 것이다(스팀슨 · 길버트, 2024). 즉 젠더는 생물학적인 성(sex)과 같이 인간을 성적으로 분류하는 체계이자 집단의 재생산을 위한 섹슈얼리티를 포함하는 상당히 복잡한 개념이다.

이러한 젠더는 1960년대 이후 자연/문화의 이분법을 해체하고 '성차'라는 말이 내포하는 생물학적 결정론을 거부하고자 하는 페미니스트들에 의해 새로운 용법으로 제기되었다. 페미니스트들에 의하면, 젠더는 생물학적 차이를 나타내는 성(sex)과 구별되는 역사적이며 사회문화적으로 만들어진 성적 차이를 의미한다(김현미, 2014; 여성문화이론연구소, 2015). 이처럼 여성과 남성의 차이가 본질적인 것이 아니라 사회적으로 구성된 것이란 주장은 '사회구성주의' 혹은 '사회구성론'으로 칭한다. 즉, 사회문화적으로 만들어진 젠더의 의미는 여성다움이나 남성다움이 갖는 느낌이나 여성성, 남성성이란 관념이 그 사람이 속한 사회에 의해 문화적으로 만들어진다는 말이다. 따라서 젠더는 특정 사회에서 여성과 남성에게 바라고 적절하다고 믿는 여성적, 남성적 행동양식과 태도, 가치를 습득시킨 끝에 개인이 갖게 되는 성적 태도 혹은 정체성을 뜻한다. 나아가 젠더는 여자와 남자가 '사회화'되면서 학습해 가는 일종의 역할(role)이다(김현미, 2014).

즉, 젠더는 생물학적 성(sex)의 자연적이거나 몸으로 드러나는 차이들과 반드시 연결되지 않는 속성들을 일컫는다(핼퍼린, 2024). 그래서 페미니스트들 간에도 성과 젠더의 관계에 대한 견해의 차이가 존재한다. 대표적으로 페미니스트 문화인류학자 게일 루빈(Gayle Rubin)은 "인간 사회는 성을 지니는 몸들을 가지고 젠더를 생산한다"(핼퍼린, 2024)라고 주장하면서 경제적 은유를 차용하여 성(sex)과 성차를 문화에 의해 젠더로 만들어지는 '원재료'라고 표현한다. 루빈에 의하면, 모든 인간 사회에는 성의 차원에서 암컷과 수컷이 있고, 모든 인간 사회는 젠더의 차원에서 그들을 여성과 남성으로 구성한다. 따라서 이러한 여성과 남성은 그 사회가 양성의 범주를 어떻게 규정하는지에 따라 여성과 남성의 존재는 달라질 수 있다.

한편, 페미니스트 철학자 주디스 버틀러(Judith Butler)는 "인간 사회는 젠더를 인간의 몸에 성으로 덧씌운다"(핼퍼린, 2024)라는 입장을 피력했다. 버틀러는 성차 자체는 자연스럽고 당연한 몸의 사실이 아니라 젠더 이원론이 우리의 몸에 언어적, 지식적 혹은 관념적 체계가 투사되었다고 본다. 따라서 성차를 지닌 몸의 육체성(물질성)은 젠더 규범(여성다움과 남성다움의 규칙)의 정해진 방식대로 반복적으로 수행하는 것, 수행성(performativity)에 의해 만들어진다. 이러한 젠더 규범은 "고도로 젠더화된 규제적 도식(틀)"으로 작용하여 젠더에 맞는 역할을 강제받는다(버틀러, 2008). 섹스와 젠더의 관계에 대한 두 학자의 주장은 우리의 신체와 문화적 현실이 서로를 만들어가는 끝없이 순환적인 과정을 각기 다르게 설명한 것이다(핼퍼린, 2024).

젠더 개념에서 가장 핵심적인 것은 젠더가 단순히 여성성과 남성성의 동등한 '차이'를 구조화하는 것이 아니라는 점이다(김현미, 2014). 여성과 남성의 차이는 존재한다. 하지만 그러한 차이를 서로 반대되거나 결합할 수 없는 서로 다른 요소로 가르고 가치판단이 개입되면서 그 과정에서 둘 간의 '위계'가 만들어지는 것이다. 여성과 남성의 '차이'가 남녀차별이 되는 것이다. 따라서 젠더는 사랑, 결혼, 가족 구성, 출산, 양육, 노령화를 포함한 사적인 영역부터 경제, 종교, 정치, 미디어, 학교 등의 모든 공적 영역에 작동하는 강력한 '체제'이다(김현미, 2014). 즉, 어린아이들에게 권장하는 놀이 활동이나 아이가 보여줄 것이라고 기대되는 행동, 학교에서 배우는 교과목, 성장해서 어른이 되어 맡게 되는 직업과 책임에 이르기까지 젠더는 우리가 살아가는 모든 것에 영향을 미친다(하인즈, 2019: 11). 이렇게 젠더는 우리 삶의 모든 영역에 스며들어 있으므로 젠더가 만들어내는 차별과 위계, 불평등의 효과를 자연스러운 것으로 받아들이게 된다.

또한, 젠더는 개인이 일방적으로 젠더 체계의 영향을 받는 것이 아니라 사회에 영향을 미치는 존재로서 모든 개인은 젠더를 똑같은 방식으로 경험하지 않는다. 이것은 여성과 남성, 여성들 간에도 다양한 차이가 존재한다는 접근 방식으로 차이를 나열하고 평준화하거나 개인을 파편화하는 방식이 아니라 성평등의 실현이라는 명확한 인식에 기반을 둬야 함을 말한다(이진영, 2011). 그러나 2015년 전후 한국 사회는 20~30여성들이 주도하는 페미니즘의 대중화와 더불어 일부 청년 남성들에 의해 역차별 담론이 제기되었다.

'역차별 담론'은 남자로서 군 복무로 인해 일자리 경쟁에서 불리하고, 여성들에게 주어진 혜택 때문에 자신들이 오히려 차별 당한다는 것이다. 지난 20년간 한국 사회 저변에 깔려 있던 젠더 갈등의 시작은 1999년 군 가산점제 위헌 판결이 출발점이었다. 군 가산점제도는 군복무를 마친 사람이 공직이나 공기업 등에 취업할 때 3~5% 가산점을 부여하는 제도로 사실상 군 미필자들에게 불이익을 주는 구조이다. 한국 남성에게 군 복무는 남성성의 '생계부양자' 지위를 인정해 주는 통과의례로 기능해 왔다. 그러나 개인의 능력을 우선시하는 신자유주의 체제하에서 군 복무는 남성의 특권을 증진하는데 효율성이 떨어진다. 2021년에 실시된 한 조사에 의하면, 군대에 대한 긍정적 평가는 10년 전보다 14% 감소한 68%로 나타났고, 20대의 절반 이상은 부정적인 평가를 드러냈다. 군 복무는 남성성을 인정받는 통과의례지만, 청년 남성들에게는 동시대 여성들과 경쟁해야 하는 상황에서는 기회 상실과 손해를 의미한다. 또한, 남성들은 군대를 여전히 악습과 가혹행위가 벌어지는 인권침해의 현장으로 인식한다. 하지만 역차별의 피해자로 정체화하는 20대 남성들은 군대에 대한 공적 토론을 제안하지 않는다.

청년 남성들의 상대적 박탈감과 분노는 구조적 변화를 논의하기보다 여성들과 성평등가족부에게로만 향한다. 성평등가족부는 2001년 여성부로 설립된 이후 지속적으로 존폐 논란에 시달렸다. 이후 2005년 여성가족부로 개편, 2025년 성평등가족부로 확대되면서 남성 역차별 관련 정책도 추진할 예정이다. 독일, 캐나다, 일본, 영국, 프랑스, 이탈리아 등 대부분의 국가에서는 여성 정책을 담당하는 부서를 따로 두고 있다. 이는 성평등이 보편적 가치로서 국가의 인적자원의 개발과 지속가능한 성장, 삶의 질과 행복 증진을 위해 필요하다고 믿기 때문이다. 그러나 20~30대 여성들은 한국사회에서 성평등가족부를 위시한 정부가 성별 임금 격차와 고용불안정, 성폭력 등 여성의 삶을 개선하는 데 한계가 있다고 느낀다. 이에 온라인 공간에서 토론, 시위와 집회 등 직접행동주의에 나선 여성들은 강남역 여성 살인사건 이후 디지털 포르노그래피 반대운동, 낙태죄 반대시위, 불법촬영 근절, 미투운동 등을 통해 페미니즘의 대중화를 이끌었다. 이처럼 청년 여성들은 공사 영역에서의 성평등이 보다 넓은 민주주의를 지향하는 보편적 가치라는 것을 믿고 있다. 반면에 진보와 보수 진영을 불문하고, 청년 남성들은 익숙한 남성 연대를 통한 위기의 해결 가능성을 공유한다. 그러나 한국사회는 청년 여성들의 민주적 가치를 확장시키려는 운동에 대해 젠더 갈등을 부추기는 반사회적 행위라고 폄훼하고, 정치권은 젠더 갈등을 부추기는 정치 공학으로 한국 사회의 민주주의를 후퇴시키고 있다(김현미, 2022).

이러한 흐름은 페미니즘에 대한 반동(backlach)과 더불어 종교집단, 정치권력, 트랜스배제적 페미니스트(Trans-Exclusionary Radical Feminist: TERF) 등 젠더를 '위험한 것'으로 악마화하면서 반(anti)젠더 이데올로기 운동을 벌이는 집단에 의해 한국을 비롯해 미국, 유럽, 라틴 아메리카 등 세계적인 현상으로 나타나고 있다. 이들은 젠더를 여성 불평등을 외치는 페미니스트들, 동성애와 동일시하고, 젠더가 사회를 파괴한다는 환상을 퍼트린다. 버틀러는 이러한 환상(판타즘)이 실제로 존재하지 않지만 상상 속에서 실제처럼 작동하여 심리적 · 정서적 효력을 발생시키는 이미지로 허깨비 혹은 허상과 같다고 정의했다(버틀러, 2025: 11).

젠더에 대한 판타즘은 젠더로 환원되는 성소수자, 페미니스트, 트랜스젠더에서부터 난민, 이민자, 외국인 등으로 확대되어, 이들을 국가에 위협적인 존재로 여기고 혐오표현과 폭력행위를 용인하게 만드는 근거로 작동한다. '판타즘'의 효과는 제2차 세계대전 시의 나치에 의한 홀로코스트를 떠올리면 어떠한 파국을 몰고 올지 쉽게 유추할 수 있다. 따라서 '젠더'는 차별과 혐오가 난무하는 사회를 변화시킬 수 있는 이론적 틀로서 중요하지만, 한편으로 과도한 의미 부여로 '위험한 것'으로 인식된다는 측면에서 우리는 성별 범주 그 자체로서 젠더가 중요하지 않은 세상을 꿈꿔야 할 것이다.

한편 유엔(UN)의 '젠더기반폭력(Gender Based Violence) 철폐선언'에서 알 수 있듯이, 젠더 개념은 페미니즘과 젠더 연구에서 결정적으로 중요하다. 오늘날 여성과 남성 간에 사회적으로 할당된 성별 차이를 토대로 개인의 의지에 반하는 물리적 · 성적 · 언어적인 폭력, 즉 젠더에 기반을 둔 폭력은 성평등에 역행하는 불평등의 원인과 결과로 보는 것이 국제적 추세이다(신상숙, 2018). 따라서 여성과 남성이 젠더의 사슬로부터 벗어나 공존을 모색하기 위해 성평등 문화의 확산, 그리고 성별 고정관념을 해체하는 인식개선이 절실하다. 이를 통해 우리의 일상 영역에 강제적 힘으로 작동하는 젠더를 허물고 젠더에 기대지 않고 저마다의 고유성을 자유롭게 펼칠 수 있어야 한다(버틀러, 2015).

4. 저마다 다른 몸들의 에로틱한 삶을 이해하기

섹슈얼리티는 성적인 욕망, 성적인 실천, 성적인 정체성, 성적 행위 등을 의미하는 것으로 성적인 감정과 성적으로 맺은 관계들까지 포함하는 개념이다(조영미, 2005). 흔히 섹슈얼리티는 인간 개성의 심층적이거나 기본적 특성으로 여겨진다. 첫째, 섹슈얼리티는 유아기 혹은 수정되는 순간부터 작용하는 생물학적 또는 문화적 영향의 결과로 인간 삶의 초기에 확립되는 것, 둘째, 섹슈얼리티는 인간의 감정과 행동을 형성하고 심지어 결정하는 개인성의 한 측면, 셋째, 표면적으로 성적, 감정적 표현의 원인이지만, 그 자체로는 당장 가시화되지 않고, 섹슈얼리티의 성질은 소유자 본인에게조차 불가사의할 수 있는 것으로 간주된다. 따라서 섹슈얼리티는 관습적으로 개인의 특성 가운데 타인이 가장 알기 어려운 것이자, 알게 되면 그 개인의 다른 특성들까지 더 잘 설명할 수 있는 위치에 놓이게 된다(핼퍼린, 2024). 따라서 섹슈얼리티(sexuality)는 인간의 에로틱한 삶을 이해하기 위한 방식을 나타내는 것 중 하나이다.

이러한 섹슈얼리티는 오랫동안 생물학적으로 인간이 '원래' 타고나는 본능으로 이해되었고, 남성과 여성 간의 성기결합과 같은 신체적 관계로 한정되었다. 이러한 관점에서 섹슈얼리티는 사회문화적 영향을 받지 않는 고정불변의 영역으로 이성애중심적인 관계가 정상성으로 인정받는다. 즉 인간의 성적 행위가 생물학적, 신체적 원리에 의해 결정되는 자연스러운 것이란 이러한 믿음은 섹슈얼리티에 대해 '본질론적 입장'이다. 본질론에 의하면, 이성애는 당연한 것으로 동성애는 인간의 본능에 반하는 비정상적이란 전제가 깔려 있다. 또한, 이러한 입장에서 남성의 공격적 성행동이나 문란함은 본능이자 자연으로 합리화된다(부산여성사회교육원, 2019).

반면 섹슈얼리티는 '원래' 타고난 것이 아니라 특정한 시공간에서 만들어진 사회적 관계들과 문화적 산물로 보는 입장이 있다. 프랑스 철학자 미셸 푸코(Michel Foucault)는 섹슈얼리티를 한 시대와 사회의 '성 문화' 또는 성적 현상 전체를 떠올리는 포괄적인 의미로 사용한다(푸코, 2004). 또한, 푸코는 섹슈얼리티가 하나의 역사적 구성물에 주어진 이름으로, 영국의 사회학자 제프리 윅스

((Jeffrey Weeks)는 사회의 다양한 담론과 실천의 총체가 개인의 성적 정체성을 만드는 요인으로 본다(이나영, 2014). 그래서 이들은 섹슈얼리티를 둘러싼 역사적 맥락과 권력관계에 주목하고, 특히 성에 관한 다양한 담론과 실천이 주체의 위치를 형성한다고 본다. 이들에게 성 정체성과 자아감은 사회적 관계의 복잡한 과정이자 산물로서 역사적으로 유동적인 것이다. 이러한 입장은 성의 생물학적 차원을 배제할 수는 없지만, '성적인 것(성적 욕망)'이 복잡한 사회적 관계 때문에 만들어진 '사회적 구성물'이라고 본다. 결과적으로 사회구성론적 관점에서 개념화한 섹슈얼리티는 젠더와 계급, 인종, 연령, 성적 선호, 규범, 제도들에 따라 다양하게 구성된다는 점에서 가변적이고 다원적이다(조영미, 2005). 이러한 관점에서 섹슈얼리티는 성(sex)-젠더-섹슈얼리티 사이의 고정적이고 일관된 관계로 이해하지 않으며 우연적인 것으로 본다.

그러나 우리는 개인의 성적이고 물질적인 몸으로 성별화된 사회를 경험하기 때문에 젠더는 섹슈얼리티와 밀접한 관련이 있다. 예컨대 사회적으로 여성 젠더로 지정되면 사회적 위치가 어떠하든 간에 동일한 성적 억압을 받는다고 가정한다. 인종, 계급에 상관없이 여성은 모두 성폭력의 피해자, 성매매의 서비스 제공자, 포르노그래피(pornography)에서 성적 대상화되는 여성으로서의 공통점을 지니고 있다고 말한다. 하지만 이렇게 젠더가 섹슈얼리티를 결정한다고 보는 관점은 여성의 성적 억압을 남성과 여성의 양성 범주로만 분석하기 때문에 여성의 사회적 위치 또는 계급, 인종, 성적 취향, 성적인 경험의 여부에 따른 억압의 차이를 드러낼 수 없다(조영미, 2005). 또한, 여성의 성적 위험이 강조되는 효과로 인해 어떻게 여성의 성적 쾌락을 논의할 수 있는가를 놓치게 된다. 이에 페미니스트들은 1970년대 미국의 시민권 운동 과정에서 성 해방 투쟁을 전개하면서 '성적 자기결정권'을 제기하고 여성들의 성적 쾌락을 주창하기 시작했다. 이 시기 성적 자기결정권은 주로 여성과 동성애자에게만 해당되는 권리였다(정희진, 2015). 당시에 이성애자 남성은 성적 억압에서 '해방'될 필요가 없이 성적 자기결정권의 기득권자였다.

한국 사회에서는 1990년대 반성폭력운동 과정에서 성폭력을 성적 자기결정권의 침해행위로 규정하면서 공론화되었다. 1990년대까지 성폭력은 순결을 빼앗는 것을 의미했고, 여성의 몸은 자신의 것이 아니라 남편, 가족, 국가의 소유물이란 인식이 지배적이었다(신상숙, 20001). 성적 자기결정권은 개인의 성적인 자유와 자율권, "성적 가치관을 형성할 권리, 상대방을 선택할 권리, 의사에 반한 성적 행위를 강요당하지 않을 자유, 성적 수치심을 감내하지 않을 자유, 성생활의 가능성을 국가와 사회에 요구할 권리" 등을 의미한다(페미위키, 2025). 따라서 성적 자기결정권은 여성도 남성과 같이 자유와 자율성을 추구하는 근대적 주체의 권리를 보장하라는 주장과 동시에 약자인 여성의 권리를 기득권인 남성의 권리와 단순하게 동일시 말라는 권리이다. 예를 들면, 남성이 성을 살 권리를 성적 자기결정권의 이름으로 정당화하는 행위는 용납되어서는 안 된다. 성매매는 젠더 체계와 성차별 제도 없이는 불가능하기 때문이다. 그러므로 성적 자기결정권은 약자의 인권이자 권리로서 상황에 따른 권리로서 자리매김되어야 한다(정희진, 2013).

또한, 페미니스트들은 성적 억압의 문제를 여성 억압으로 문제시하는 것이 아니라 성적으로 주변화된 집단의 억압을 정치적으로 문제시하는 방식을 중요하게 제기한다. 이는 사회적으로 정상적인 성/비정상적인 성, 좋은 성/나쁜 성, 자연적인 성/일탈적인 성으로 위계화된 구조를 해체하는 것이다. 예를 들면, 정상적인 성/좋은 성/자연스러운 성의 범주에는 이성애, 결혼 관계, 일부일처제, 재생산, 비상업적, 반 포르노그래피, 상호적이고 관계적인 성이 자리하고, 반면에 비정상적인 성, 나쁜 성, 일탈적인 성의 범주에는 동성애, 혼외관계, 난교, 쾌락만 추구하는 성, 상업적, 자위행위, 일회적 성관계, 포르노그래피 등의 성이 포함된다(조영미, 2005).

이렇듯 위계화된 섹슈얼리티의 구조는 일반적으로 남성은 여성의 성을 착취할 수 있는 특권을 지닌 반면 여성은 성적 자율성이나 즐거움을 억압받게 되는 이분화 되고 가부장적인 양태를 보여준다. 가부장적 성문화는 첫째, 이중적 성윤리를 제공한다. 여성은 결혼 전에는 성적인 순결을, 결혼 후에는 성적 무관심을 나타내는 정숙함을 요구받는다. 반면에 남성은 성적 활력과 왕성한 욕망이 남성적 매력으로 평가받는다. 둘째, 이러한 이중적 성윤리는 지배와 복종의 토대로서 남성이 주도권을 행사하고, 여성은 성적 자율권과 결정권을 박탈당하는 성의 구조화로 이어진다(공미혜, 2004).

이처럼 가부장적 성문화가 팽배한 가운데 여성들은 자라면서 학교와 집 양쪽에서 성의 즐거움보다 임신과 성병, 강간 같은 성의 위험에 대해 경고받는 경우가 많다. 특히 포르노그래피에 대한 페미니스트들의 입장은 먼저 포르노의 성행위 재현이 현실에서 성폭력과 성적 학대를 부추긴다는 시각, 즉 강간을 가능케 하는 문화를 양산한다는 것이다. 이와 달리, 포르노는 여성이나 성 소수자를 포함해 많은 사람이 자신을 성적 존재로 인식하게 되는 자료라고 보는 입장도 있다. 양측의 주장은 단순히 성의 위험과 쾌락으로 볼 것이 아니다. 가부장제하에서 이성애중심의 섹슈얼리티는 본질적으로 억압적이고, 따라서 여성이 얻는 쾌락이 어떤 것이든 의심해 봐야 한다. 그러므로 가부장제하에서 포르노는 "모든 형태의 섹슈얼리티와 성적 재현은 동등하게 비판적으로 의심해야 할 대상"이다(캐머런, 2022: 116).

또한, 이중적인 성문화는 남성이 자신이 보호해야 할 여성인 아내와 성매매 여성을 구별하는 방식에서도 드러난다. 즉, 성을 산 남성은 돈을 지불했다는 이유로 자신의 행동을 합리화하고 죄의식을 느끼지 않으며 같은 일을 반복한다. 이렇게 남성이 성을 살 수 있는 성매매 시장의 존재는 성 불평등을 강화하고 성적 행위는 상호 간의 욕망을 토대로 이뤄져야 한다는 원칙을 훼손한다. 따라서 남성의 수요가 없으면 성매매 시장도 존재하지 않을 것이므로 수요자 남성에 대한 법적 제재를 우선시해야 할 것이다(캐머런, 2022). 이른바 자발적으로 성매매 시장에 개입하는 여성들에 대한 주장도 있다. 이러한 주장은 신자유주의 노동 시장의 경쟁 심화와 성별 불평등, 그리고 성의 상품화가 만연한 상황에서 여성이 선택할 수 있는 자유가 매우 제한적이란 사실을 간과하고 있다.

차이는 선물이다!

동성애, 범성애(성별에 상관없이 성적으로 끌림을 느끼는 성적 지향), 이성애와 마찬가지로 무성애(asexuality)도 다양한 섹슈얼리티 중 하나이다. 무성애자는 누구에게도 성적으로 끌리지 않는 사람들이다. 그렇다고 이들이 로맨틱한 감정이나 에로틱함이 없는 냉혈한이란 의미가 아니다. 무성애는 우리 사회가 성적 지향이나 성적 실천이 '당연하게 받아들여지는' 강제적 섹슈얼리티 사회라는 것을 방증한다. 이들은 대인관계에서 발생하는 과한 감정 소모를 줄이고, 관계를 둘러싼 사회적 규범에서 더 자유롭고 싶어 하는 이들이다. 무성애는 친밀성의 다양성을 실천하며, 무성애자들에게 '차이'는 '선물'이다(첸, 2020).

5. 우리 몸이 머무는 곳 - 몸과 사회

지금까지 살펴본 여성학 연구의 주요 의제인 성의 문제는 여성과 남성의 몸의 차이, 몸을 관리하는 방식에 의해 구체적으로 드러난다. 여성의 몸과 남성의 몸에 대한 사회적 요구가 다르기 때문에, 여성들은 근육이 없는 마른 몸을, 남성들은 근육이 탄탄한 몸을 이상적인 몸으로 여긴다. 또한, 지하철에서 다리를 쩍 벌리고 앉은 남성과 다리를 오므리고 앉은 여성은 성별화된 몸의 기준에 따른 사회적 공간의 크기 차이를 대표적으로 보여준다.

일반적으로 우리의 몸은 사회적 맥락과 전혀 상관없는 생물학적 실체 혹은 자연적 대상으로 여긴다(배은경, 2004). 그러나 여성학자들은 특정 시대와 장소의 문화적, 사회적 요소, 즉 규율권력(disciplinary power)에 의해 만들어지는 몸에 주목했다(푸코, 2011). 그래서 여성과 남성의 몸이 처한 사회적 위치와 여성의 몸에 주어지는 사회적 의미와 맥락 등을 고려해야 한다고 주장했다. 예를 들면, 여성이나 남성이 자신의 외모를 날씬하거나 뚱뚱하게, 신장이 크거나 작고, 몸매가 좋거나 나쁘거나 등과 같이 대비되는 의미로 표현하는 것은 그러한 의미를 가능하게 만드는 기준이 작용하기 때문이다. 그런데 이러한 기준은 이 사회가 외모에 대해 가지는 기준이라고 할 수 있다. 외모에는 각자의 취향이 있을 수 있다. 그러나 문제는 사회적으로 인정받는 외모의 기준이 하나이고, 외모에 가치의 중심을 두는 외모주의 혹은 외모지상주의이다(민가영, 2007).

자본주의사회에서 외모주의는 소비문화의 확산과 몸 산업의 성장으로 여성의 몸에 대한 이미지와 기준에도 변화를 가져왔다. 여성학자들은 1990년대 후반 여성들의 다이어트 실천이 외모 관리의 중요한 실천으로 자리 잡고 이러한 몸이 하나의 사회적 권력으로 인지되는 것에 주목했다(한서설아, 1998). 더욱이 개인의 자기 관리와 자기 통제를 규범으로 요구하는 신자유주의 체제는 몸을 투자와 관리, 통제의 대상으로 바꿔놓았다. 한국 사회에서 '날씬함=건강=아름다움'이란 소비문화의 공식은 날씬함이 곧 여성의 몸에 대한 규범으로 작동하고 정상화의 기준이 되었다. 여성에게는 S라인, V라인, 콜라병 몸매, 베이글녀가, 남성에게는 식스팩, 초콜릿 복근 같은 근육질의 몸이 한국사회 여성과 남성이

닮고 싶은 아이콘이 되었다(문경덕, 2003). 따라서 관리되지 않는 몸은 자기 관리와 스펙 관리의 실패로 간주되는 것이다. 이제 몸 관리는 단순히 체중 조절과 근육 키우기를 넘어서고 있다. 헬스클럽부터 요가와 필라테스 강습소, 성형외과와 피부 미용 샵, 네일 샵, 내과나 가정의학과의 간판이 피부과 겸업으로 바뀌는 현상은 의료 권력이 특정 영역에 집중되어 공중보건을 위협하는 지경에 이른 듯하다.

한편 2016년 행정안전부의 '대한민국 출산지도'와 2017년 '여성 고스펙이 저출산 원인'이라는 보건사회연구원의 보고서에 이어 2024년 저출생 해결을 위해 '여성을 1년 조기 입학시키자'는 한국조세재정연구원의 정책 제언은 여성의 몸을 출산 도구로 인식하는 국가권력의 성차별적 시각을 보여준다(여성신문, 2024. 6.3). 그동안 여성들은 여성의 재생산과 성평등에 대한 국가의 이해 방식 자체에 대한 변화를 요구하면서 '저출산'이란 정책 용어를 '저출생'으로 바꿔왔다(배은경, 2021). 이들은 또한 '독박 육아', 여성의 이중 부담, 경력 단절의 위험, 여성에 대한 성적 대상화와 여성혐오 등 여성들이 이성애적 친밀성을 발전시키고 안정적으로 부모 되기를 선택할 수 없는 여러 사회구조적 문제를 제기해 왔다. 이는 몸에 대한 자기결정권과 주체성에 대한 문제의식이기도 하다.

그래서 여성학자들은 임신중지권을 비롯한 몸에 대한 담론을 여성의 욕망을 관리하고 통제, 처벌하기 위한 장치로 보았다. 역사적으로 여성이 욕망의 주체가 되면 사회적 처벌이 뒤따랐고, 특히 여성들이 인간으로서 권리 선언과 운동을 제기했던 19세기 후반에 여성에 대한 악마적인 이미지가 쏟아졌다. 당시에 여성의 욕망을 통제하는 문화는 좁은 보폭으로 걸음을 내딛게 만든 코르셋을 (여성에 대한) '잘 훈련된 정신과 잘 통제된 감정의 모니터'라는 광고를 만들었다(민가영, 2007: 79). 따라서 오늘날 여성에게 요구되는 다이어트를 비롯한 몸 관리 역시 여성을 통제하는 '코르셋'이라고 할 수 있다. 2018년 전후 청년 여성들의 주도로 일명 탈코르셋 운동이 전개되었다. 탈코르셋은 사회가 여성에게 강제했던 여성다운 외모주의, 여성적인 몸을 벗어나고자 하는 집단적 움직임이었다. 이는 여성의 몸이 그 누구의 것도 아닌 자신들만의 것이며 사회적 요구에서 탈피해 자유를 찾고자 하는 열망으로 볼 수 있다. 또한, 규범적 이상이 지배하는 몸이 아니라 다양한 몸이 존중받는 사회가 될 때, 몸 규범으로부터 자유로운 민주적인 사회가 될 것이다.

용어 설명 1 ▷

- **신체 크기 왜곡 증후군(Body Image Distorted Syndrome, BIDS)**
  의학적으로 자신의 몸을 실제와 다르게 인식하는 증상을 가리킨다. 가령 여성들이 실제 비만도와 무관하게 다이어트 강박을 드러내거나 자신을 비만으로 여겨 체중관리에 힘쓰는 것을 말한다. 이는 여성의 이상적인 몸을 특정 방식으로 규정한 문화가 만들어낸 여성들의 젠더화된 시선을 보여준다(민가영, 2007).

6. 우연적인 것을 필연적 것으로 만들지 않기

지금까지 인간을 남녀로 구분하는 개념으로 사용되었던 성은 남녀의 본래적인 생물학적 차이에 의한 것으로 이해되었다. 그러나 여성학은 남녀의 생물학적 차이가 당연한 것이 아니라 사회적 의미 체계와 인식틀에 의해 만들어진 것이라고 본다. 또한, 젠더는 남녀의 차이를 생물학적 특성에서 유래한 것으로 보지 않고 사회적 · 문화적 요인에 의해 여성과 남성으로 만들어지는 사회화 과정을 문제 삼는다. 따라서 젠더는 계급이나 인종 개념처럼 여성의 억압과 차별의 체계를 구조적으로 분석하고, 다양한 불평등의 문제들을 젠더 관점으로 살펴보는 데 기여해 왔다. 섹슈얼리티는 젠더처럼 사회적으로 형성되었다는 관점에서 개념화한 것으로 넓은 의미에서 성 역할, 성적 실천, 성적 욕망, 성적 환상과 정체성을 규정하고 만들어내는 모든 영역을 말한다. 즉 인간의 성을 다양한 사회문화적 맥락들 속에서 다른 사회관계들과의 작용을 통해 구성된 것으로 보는 개념이다. 섹슈얼리티는 불변하는 고정된 실체가 아니라 성별, 계급, 인종, 연령, 성적 취향, 사회규범, 제도 등에 의해 다양하게 형성된다는 점에서 인간의 성을 유동적이고 다원적인 것으로 본다. 이처럼 여성학자들은 성, 젠더, 섹슈얼리티 개념을 통해 인간의 구체적인 몸의 차이, 여성성과 남성성으로 담을 수 없는 다양한 정체성, 섹슈얼리티의 스펙트럼을 드러냈다. 이들이 제시하는 대안은 바로 다양성이다. 또한, 페미니스트들은 여성이 자율적인 성적 주체로 존중받아야 한다고 주장한다. 여성은 타인의 쾌락이나 이익을 위한 대상으로, 오로지 성으로 환원되거나 성적 용어로만 정의되는 일 없이 자유롭게 자신의 섹슈얼리티를 표현할 수 있어야 한다.

우리의 출생은 우연적인 것이지만, 우리의 몸을 성적으로 가르는 분류 체계인 성, 젠더, 섹슈얼리티는 우연적인 것을 필연적인 것으로 만드는 효과를 만든다. 세 개념은 여성과 남성, 여성다움과 남성다움, 이성애와 비이성애라는 이분법적 체계를 기준으로 작동하면서 인간과 세계를 추상화 혹은 단순화, 위계화시키는 결과를 낳는다. 따라서 우리에게 성, 젠더, 섹슈얼리라는 세 개념은 '위험한' 것이 아니라 우리 사회의 변화를 비판적으로 사유할 수 있는 페미니즘의 이론적, 개념적 도구로서 우연적인 것을 당연한 것으로 만들지 않을 무기이기도 하다.

읽을거리 & 볼거리

1. 『젠더와 사회–15개의 시선으로 읽는 여성과 남성』 (한국여성연구소 편, 2014, 동녘)
   여성주의 운동의 역사부터 젠더와 섹슈얼리티, 과학, 노동, 사랑과 연애, 몸, 가족, 노동시장, 남성성 등 최신의 젠더 연구의 흐름과 경향을 충실히 소개한 책이다.

2. 『젠더: 젠더를 둘러싼 논쟁과 사상의 지도 그리기』 (래윈 코넬 · 리베카 피어스, 2021, 유정미 역, 현실문화)
   이 책은 젠더의 정의에서부터 주요 이론과 사례 연구를 소개하는 책으로 성 정체성, 환경, 정치, 기업의 영역에 걸쳐 작동하는 젠더 체계의 특징을 풀어내어 어렵지 않게 읽힌다.

3. 『섹슈얼리티 강의 1 · 2』 (한국성폭력상담소 부설연구소 울림 편, 1999/2006, 동녘)
   한국사회의 성문화를 진단하고 분석한 책으로 사회구성주의의 입장에서 여성의 억압과 피해를 강조했던 1권과 여성들 내부의 차이에 대한 다양한 맥락에서 섹슈얼리티를 다룬 2권까지 연결해서 읽으면 좋다.

4. 〈딸에 대하여〉 (감독 이미랑, 2024)
   김혜진의 동명 소설을 원작으로 하는 영화로 성소수자 딸을 이해하기 위한 중년요양보호사 엄마의 이야기를 그렸다.

5. 〈한국이 싫어서〉 (감독 장건재, 2024)
   젊은 여성의 시각을 통해 한국사회에 일상화된 차별을 그린 영화로 주인공의 성장을 볼 수 있다.

더 생 각 하 기

1. 우리는 생물학적 차이에도 불구하고 여성과 남성이 성별화된 사회를 살아가면서 공통적인 편견을 경험하기도 한다. 여성이기 때문에, 혹은 남성이기 때문에 겪었던 편견의 비슷하거나 다른 경험을 이야기해 보자. 남성중심사회에서 이른바 남성이 경험하는 역차별은 가능한 것일까에 대해서도 논의해 보자.

2. 생물학적 구분만 있고, 젠더가 없는 세상을 상상한다면, 그곳에서는 지금 당연한 것으로 받아들여지는 일들이 다르게 의미화될 것이다. 어떤 일들이 벌어질지 이야기해 보자.

3. 신자유주의 체제에서 외모와 몸이 스펙으로 인식되고, 성형수술, 다이어트와 같은 몸 관리에서 여성과 남성이 느끼는 차이는 어떤 것들이 있으며, 이로부터 자유로운 몸을 위해 우리가 할 수 있는 행동을 이야기해 보자.

CHAPTER 04

미디어와 대중문화 속의 성

1. 레거시 미디어[1)]-매체별 젠더 이슈

미디어와 젠더를 둘러싼 문제들은 매우 다양하고 복잡하다. 미디어 속 여성 차별, 여성 신체의 물신화와 성 상품화, 성적 객체화와 대상화, 모성 신화, 미디어를 이용한 여성혐오와 성범죄, 여성의 미디어 수용, 팬덤과 수용자 권력 등 다룰 문제들도 많고, 인쇄 출판, 방송, 인터넷, 모바일 등 미디어의 종류도 갈수록 복잡해지고 있다. 지면의 한계로 여기서는 주요 매체를 중심으로 몇 가지 문제 지점들을 짚어 보고자 한다.

TV-뉴스, 시사 토론, 교양

가장 객관적이고 공정한 콘텐츠로 인식되는 뉴스에서도 양적 질적으로 여성은 과소 재현되고 있다. 2016년 지상파방송 3사와 종합편성채널 4사의 저녁 종합 뉴스에 대한 내용분석 결과, 여성앵커는 남성앵커보다 전달 뉴스 수가 적어 화면에 등장하는 빈도가 낮았고, 기자 10명 중 여성 기자는 3명, 여성 인터뷰 참여자는 인터뷰 참여자 10명 중 2.6명에 불과하여, '양적으로 과소 재현'되었다. 또 여성앵커가 남성앵커보다 덜 중요한 뉴스를 담당하고 있으며, 여성 기자는 정치 분야를 담당한 비중이 작았고, 여성 인터뷰 참여자는 일반 시민이 전문가의 약 두 배(남성은 시민과 전문가 비율 비슷)로 여성은 '질적으로도 과소 재현'되었다. 김경희와 강혜란(2016)에 따르면 이러한 텔레비전 뉴스 속 여성의 과소 재현은 관련 연구가 시작된 1990년대 후반 이래로 지속되었다. 2025년 6월 3일,

1) Legacy Media: 신문, 라디오, TV, 잡지 등 인터넷 이전부터 존재한 전통적 대중매체.

지상파 3사 21대 대선 선거방송 해설에도 여성 출연진은 약 26%뿐으로, MBC는 '전원 남성', KBS는 여성 2명뿐이고, SBS만 성비 균형을 맞췄다.

임신 중인 기자를 처음 티비에서 봤고 이런 모습을 왜 지금껏 보지 못했는지가 이상함

[그림 3-1] 전형성을 벗어난 여성 기자와 아나운서

출처: 〈라디오스타〉 방송 캡처, 〈MBC 뉴스〉에 대한 트위터.

뉴스에 등장하는 여성의 외모도 예쁘고 완벽하게 세팅된 모습으로 제한된다. 최근 뉴스에 안경 낀 여성 기자, 임신 중인 기자가 등장해 큰 이슈가 된 적이 있다는 점은, 뉴스 속에 등장한 여성이 얼마나 특정한 모습만 보여주었는지를 드러낸다.

남성의 영역으로 간주되는 정치, 토론 프로에서는 더욱 여성을 찾아보기 어렵다. 과거에는 토론 프로그램 진행자나 토론자, 초빙된 저명인사, 전문가 등은 남성이, 전화 담당이나 도우미 등은 여성이 맡는 등의 성차별적 역할이 뚜렷이 드러났고, 다른 프로그램과 달리 방청객도 남성이 대부분이었다. 최근에는 전화 담당이나 도우미는 등장하지 않고 방청객 중 여성도 반 정도지만 여전히 진행자와 토론자, 전문가 대부분이 남성이다. 특히 2025년 10월 현재 공중파 방송 4개의 토론 프로 진행자 모두 남성이며, 〈KBS1 일요진단〉 역대 18명 진행자

전원 남성, 〈MBC 백분토론〉 역대 16명 진행자 중 2명만 여성이다. 이런 경향은 매체가 다양화된 지금도 여전한데, 2025년 3~6월 국내 정치 · 시사 카테고리 내 슈퍼챗 1~5위 채널(〈뉴스공장〉, 〈사장남천동〉, 〈뉴탐사〉, 〈한두자니〉, 〈매불쇼〉, 모두 진보성향, 권준영, 2025)의 진행자 총 13명 중 여성은 1명(〈사장남천동〉에 주 6회 중 3회만 출연하는 김묘성)뿐이다. 특히 〈뉴스공장〉의 경우 김어준이 젊은 여성 기자들을 앉혀 놓고 호통 치며 가르치듯 진행하는 모습에 '맨스플레인(mansplain)'이라며 불편함을 호소하는 이들도 많다. 대표적인 유튜버로 함돈균을 들 수 있으며, 이에 소위 '여초 커뮤니티'에서 공감을 표하기도 했다.[2)]

> **용어 설명 1 ▷**
>
> • 맨스플레인: 남자(man)와 설명하다(explain)을 결합한 단어로, 대체로 남자가 여자에게 잘난 체하며 아랫사람 대하듯 설명하는 것.

TV 드라마와 영화

뉴스가 남성의 장르라면, TV 드라마는 예전부터 여성의 장르로 간주되었다. 특히 연속극은 주부들을 겨냥해 세제 광고가 붙어 '소프 오페라(soap opera)'로 불렸다. 그렇다면 여성들은 왜 드라마를 보는가. 모들레스키(Modleski, 1982)는 연애소설이나 연속극을 보는 여성들은 무시와 조소를 당하지만, 그럼에도 이러한 장르가 '여성들의 삶에 존재하는 생생한 문제와 불안'에 호소하며, '여성의 삶에 대한 불만족'을 공유하기에 본다고 분석했다. 김은진(2022)은 팬데믹 시기

2) 출처: 김어준의 뉴스공장 보는 사람들이 불편해하는 점, https://theqoo.net/square/3904336345

20~40년 전 드라마 〈전원일기〉를 보는 이들을 분석했는데, 주부들은 집 안에 홀로 갇혀 자녀를 돌보는 상황에서 가족과 이웃 공동체의 따뜻함을 되새기고, 어린 시절 자신을 돌아보고 향수에 잠기며, 저자극 드라마를 배경음악처럼 계속 틀어놓고 들으면서 안정감을 얻고 스스로를 위안하려 했다. 즉 드라마는 여성들이 직면한 상황을 견딜 수 있게 해주는 장르다.

TV 드라마가 여성이 향유하는 장르라면, 영화는 여성이 대상화되는 매체다. 카메라로 대상을 찍는 행위, 그리고 어두운 극장에서 영화를 보는 행위 자체가 '훔쳐보기'라는 욕구에 충실한 것이다. 멀비(Mulvey, 1975)는 극장에서 관객이 남성 배우와 카메라의 시선에 동일시하며, 영화 속 여성을 대상화하고 바라보게 된다고 말한다. 영화를 제작하고 보는 과정에서 '보는 이'는 남성, '보이는 이'는 여성으로 상정된다는 것이다. 김기덕의 〈나쁜 남자〉나 모니카 벨루치가 주연으로 등장한 〈말레나〉에서는 시선의 권력을 통해 남성의 시선이 어떻게 여성을 파괴하는지 그 내용뿐 아니라 영화라는 형식을 통해 잘 드러내고 있다. 영화 생산 구조에서부터 여성은 소수에 그치는데 2009년부터 2018년까지 10년간 개봉한 1,433편의 한국 영화 중 여성 제작자 비율은 11.2%, 프로듀서는 18.4%, 감독은 9.7%, 각본은 17.4%, 촬영은 2.7%에 그쳤다.

영화의 성평등 문제를 측정하기 위한 도구들도 개발되었는데, 그 중 대표적인 '벡델 테스트'는 여성 캐릭터가 남성보다 양적으로 적고 질적으로도 구색 갖추기에 그치는 경우가 많다는 것을 드러내는 척도다. 벡델 테스트는 1985년 미국의 여성 만화가 엘리슨 벡델이 만든 영화 성평등 테스트로, 단순한 세 가지 기준을 통과하면 된다. 첫째, 이름을 가진 여성 캐릭터를 최소 2명 포함할 것, 둘째, 그들이 서로 이야기를 나눌 것, 셋째, 남성에 대한 것 이외에 다른 대화를 나눌 것. 흥행 순위 30위권 한국 영화의 벡델 테스트 통과율은 조사를 시작한 2017년 34.5%에서 2018년 36.7%, 2019년 43.3%, 2020년 53.6%로 상승세를 이어가다가 코로나19 팬데믹을 통과하며 2021년 39.3%, 2022년 35.7%로 하락했으나, 2023년 41.4%로 상승했고, 2024년 역대 최고치(59.3%)를 기록했다(김효실, 2025).

카이스트 이병주 교수 연구팀이 2017~2018년 개봉한 할리우드 영화와 한국 영화 각각 20편씩 총 40편을 이미지 분석 시스템을 통해 분석한 결과에 따르면, 영화 속 여성은 남성보다 비중이 작고, 남성보다 젊으며, 여성 캐릭터는 슬픔, 공포, 놀람 등의 '수동적'인 감정을 더 표현했지만, 남성 캐릭터는 분노, 싫음 등의 '능동적'인 감정을 더 표현했다. 또 여성은 주로 가구와 화면에 등장하는 경우가 남성보다 1.2배 많았고, 남성은 자동차와 등장하는 경우가 여성보다 2배 더 많았다(김진수, 2019).

광고를 대가로, 거의 무료로 TV를 시청하던 시대와 달리, 팬데믹 이후 돈을 주고 볼거리를 구매하는 OTT 시대가 되면서 영상 콘텐츠는 스펙터클에 더 집착하게 되었다. OTT에 선정적이고 자극적인 볼거리가 넘쳐나면서, TV와 경쟁 관계에 있는 극장에도 인간적이고 감동적인 드라마보다는 규모가 크고 자극적인 스펙터클한 영화들만 살아남게 되었다. 이런 추세 속에 최근 국내외 영화제에서 여러 신예 여성 감독들[3)]이 활약했음에도, 그들의 영화는 자본의 투자를 받지 못하고 상업적 성공을 거두지 못했다. 스펙터클의 시대 인간에 대한 존중과 감정과 관계에 대한 것들은 소홀해지는 것이다. 이러한 상황에서 재미교포 여성 작가, 감독, 제작자들이 한국 여성 주인공을 내세워 미국 자본으로 성공을 거둔 〈파친코 1, 2(디즈니 플러스 시리즈, 2022/2024)〉와 〈케이팝 데몬 헌터스(2025)〉의 성공은 여러 의미를 가진다.

---

3) 〈벌새(2019)〉의 김보라 감독, 〈우리들(2016)〉, 〈우리집(2019)〉, 〈세계의 주인(2025)〉의 윤가은 감독, 〈남매의 여름밤(2020)〉의 윤단비 감독, 〈찬실이는 복도 많지(2020)〉의 김초희 감독, 〈같은 속옷을 입는 두 여자(2022)〉 등.

모성 신화

프로이트(Freud)와 에릭슨(Erikson) 등의 심리학자들은 유아기 아동의 성격을 결정하는 것은 어머니와의 관계라고 주장하며, 모든 인간의 정신적 문제의 근원을 어머니에게서 찾고 있다. 심지어 진화심리학자인 볼비(Bowlby)는 인간 아기가 일차적 애착을 형성한 존재는 어머니이므로 아기 보살핌은 어머니만이 할 수 있다는 '애착 이론'을 펼치기도 했다. 허디(Hrdy, 2010)는 〈어머니의 탄생〉에서 역사적, 생물학적, 진화론적, 사회문화적 고찰을 통해서, 헌신적인 모성애를 가진 어머니라는 개념은 생물학적 본능이 아니라 후대에 만들어진 허상에 불과하다고 주장한다. 미디어 속에도 헌신적 모성이 강요되거나 반대로 '맘충'처럼 묘사되어 무분별한 비난을 당하는 경우가 많다. 반면 봉준호 감독의 〈마더〉나 〈케빈에 대하여〉처럼 사회적으로 강요되는 모성이나 그 심리적 기제에 대해 문제를 제기하는 경우도 있다.

광고

광고는 꼭 필요하지 않아도 상품을 구매하도록 소비자의 허위 욕구를 자극하고 판매를 촉진한다. 그 때문에 광고는 실제로 필요하지도 않은 복잡한 기능이나 껍데기에 불과한 디자인, 더 나아가 그것을 사용하는 섹시하고 멋진 모델을 강조한다. 여성의 성적 매력이 각종 상품의 부록처럼 따라오거나, 혹은 상품보다 우선적으로 강조되는 것은 흔한 현상이지만, 그만큼 심각한 문제다.

광고의 젠더 문제는 너무나 만연해서 일일이 사례를 열거하고 비판하기 어렵다. 이러한 흐름에 대항하여 등장한 것이 여성의 권리 증진과 성평등을 추구하는 광고, 즉 '펨버타이징(Femvertising: Feminism+Advertising)'이다. 첫 번째 사례는 2013 칸 광고제 대상을 수상한 'Dove'의 캠페인 광고, '리얼 뷰티 스케치(Real Beauty Sketch)'다. FBI의 몽타주 전문가가 여러 여성의 얼굴을 보지 않고 설명만

듣고 몽타주를 그린다. 한 번은 여성 스스로 자기의 외모에 대해 묘사하게 하고, 또 한 번은 그 여성의 얼굴을 본 다른 이들에게 외모를 묘사하게 한다. 여성들은 자기 얼굴의 단점 위주로 묘사했기에, 모두 다른 이들이 묘사한 것을 듣고 그린 그림이 훨씬 아름답다. 여성들은 두 그림을 비교해 보고, 외모 강박으로 자신에게 가혹했던 스스로를 돌아보며 눈물 흘린다. 두 번째 사례는 P&G의 생리대 브랜드, 올웨이즈(Always) 광고이다. 먼저 성인 여성과 다양한 연령대의 남성들에게 '여자애처럼(like a girl) 할 것'을 주문합니다. 이를테면 '여자애처럼 뛰는 척을 해봐라', '여자애처럼 던지는 척을 해봐라', '여자애처럼 싸우는 척을 해봐라' 등을 요구했다. 사람들은 소극적이고 우스꽝스럽게 달렸고 힘없이 공을 던지는 시늉을 했으며 장난치듯 싸운다. 실제 10대 여자 이들에게 같은 주문을 했을 때 아이들은 최선을 다해 달리고 던지고 싸웠다. 그중 한 소녀는 '여자애처럼 달리라'는 말이 '최대한 빨리 달리라'는 말처럼 들렸다고 말한다. 이 광고는 우리가 얼마나 젠더 편견에 오염되었는지 보여준다.

미디어 속 여성 재현에서 나타나는 물신화

미디어 속 여성은 늘 사물화, 물신화되어 왔는데, 여기에는 '상품 물신성(commodity fetishism)', '성 상품화(Sex-Commercialization)', '성적 대상화(혹은 성적 객체화, sexual objectification)'가 결합한다. '상품 물신성'은 사회적 관계가 시장에서 교환되는 돈과 상품에 의해 결정되고 결국 상품이 물신숭배되는 것을 일컫는 용어다. 이 과정에서 성이 중요한 상품 중 하나가 되는데, 이를 '성 상품화'라고 한다. TV 프로그램이나 광고 등에서 여성들의 벗은 몸 등 성적 매력을 이용해 판매를 촉진하는 것도 이에 해당한다. 이런 성 상품화가 지속되면 결국 '성적 대상화', 즉 성적 욕구를 충족하기 위해, 사람을 인격이나 감정이 없는 물건처럼 취급하는 현상으로 이어진다. 대상화를 하는 사람과 당하는 사람은 지배와 피지배의 관계가 되며, 대상화된 개인은 자신의 의견이나 감정을 발언할 능력이 없는 존재로 취급된다.

2. 인터넷과 모바일을 통한 성폭력의 재현, 생산, 수용, 그리고 재생산

온라인 성폭력, 성 착취와 거대 성 산업

포르노그래피(소위 성인물)는 늘 여성에 대한 상품화와 혐오가 노골적인 콘텐츠이지만 보통 픽션이고 법의 경계선에서 논란이 있는 장르이다. 반면 한국 사회에서 1990년대 말부터 분명한 범죄인 소위 '몰카(불법촬영물)'가 포르노를 대체하게 되었다. 청소년 집단 성범죄 영상을 가해자들이 복제, 판매한 '빨간 마후라(1997)' 사건 이후 '몰카' 범죄가 급증해 '국산 야동(야한 동영상, 포르노)'이 '몰카'를 의미하는 단어가 되었다.

'빨간 마후라' 영상은 1997년 4명의 남자 고등학생이 15세 여중생을 집단 성폭행한 후 가정용 캠코더로 촬영, 복사해 청계천 등에 판매한 것이다. 이후 영상은 인터넷 p2p를 통해서도 유포되는 등 널리 퍼졌다. 게다가 당시 피해자는 음란물을 찍었다는 혐의로, 오히려 법원으로부터 보호관찰 2년을 명령받고 소년원에서 4개월을 보내야 했으며, 언론에 집요하게 시달렸다. 피해자는 이후에도 단란주점 업주에게 감금, 갈취당하는 등 어렵게 지내야 했다(주간동아, 2005).

디지털 시대가 되자 사진, 영상의 복제, 유포가 쉬워지면서 디지털 성범죄는 갈수록 심각해졌다. 모 연예인 비디오(1999)의 전국적 유통 사건이 디지털 시대의 위력을 보여주었다면, 국내에서 유통 일본 포르노물의 약 70%를 공급해 'S 웹하드'에 스카우트 된 '김본좌(2006)' 사건, 각종 성폭력 영상을 판매해 100억을 벌어들인 '소라넷(1999~2016)'은 여성에 대한 미디어 폭력이 거대한 수익을 창출할 수 있다는 본보기를 보여주었다. '소라넷'의 여러 사건, '버닝썬' 사건 등에서 볼 수 있듯, '몰카' 제작에는 술과 '데이트 강간약물(date rape drug)'이 이용되기도 한다. 버닝썬에서 여러 남성 연예인과 버닝썬 직원들은 약물을 사용해 정신을 잃게 한 여성들의 강간 사진과 영상을 카카오톡을 통해 공유, 유포했다. 이 영상들은 해외 음란물 사이트에도 널리 유포되었다(윤상근, 2020; 허진무, 2020).

용어 설명 1 ▷

- **'김본좌' 체포 사건**: 2006년 '디시인사이드' 이용자가 선정한 '올 한 해 인터넷 이슈 베스트 10'에서 2위를 차지했다. 많은 남성은 그의 체포에 반발했고 관련 기사 댓글에는 '지켜주지 못해서 미안해'라는 문구와 근조 리본이 달렸다. 이 사건으로 '지못미'라는 유행어가 생겨났고, 각종 패러디가 쏟아져 나왔다. 아래 패러디를 보면 그는 '의인'을 넘어 박해받는 예수로 그려진다.
- **소라넷**: 1999년 웹매거진으로 시작한 후, 2003년 '회원제 커뮤니티로 개편했다. 이후 회원이 길거리, 화장실, 목욕탕 등에서 '도촬'한 소위 '몰카', 리벤지 포르노(보복성 영상물), 유명인 합성 사진 등 각종 디지털 성폭력물, '스와핑'과 성매매 알선, 강간 모의, 윤간 제안 등의 메시지를 공유했다. 술과 약물을 이용해 여성을 속칭 '골뱅이'로 만든 후 강간할 '초대남'들을 모집하여 윤간하고, 아동, 청소년 성착취물을 유통하는 등 극악무도한 범죄의 온상이 된 '소라넷'은 무려 17년간 100만 명 이상의 회원을 유지하고 100억 원 이상을 벌어들이다가 '병원 능욕 사건(자세한 성폭행 인증 글과 사진 게시)', '왕십리 강간 모의 사건(경찰 신고)' 등이 이슈가 되어 2016년 4월 폐쇄되었다.
- **데이트 강간약물(date rape drug)**: 남성이 상대 여성의 음료수에 타서 저항하지 못하도록 한 뒤 강간하는 용도로 자주 쓰여 이러한 이름이 붙었다. 무색 · 무취 · 무미의 이 약물이 인체에 투여되면 15분 이내로 동공이 풀리고 몸이 떨리며 이내 정신을 잃는다. 투여 후 최대 24시간 이상 지나면 검출이 불가능해 범죄에 악용될 확률이 높다(최윤서, 2019).

영상을 이용해 여성에게 폭력을 가하는 또 다른 사례로 '보복성 영상물'을 들 수 있다. 이는 '보이는 자는 여성이고 보는 자, 즉 권력을 가진 자는 남성'이라는 시선의 권력 문제뿐 아니라, 성관계에 있어서 남녀 간의 권력 문제, 관계를 끝맺음할 수 있는 권리의 편향성을 잘 보여준다. 2019년 보복성 영상물에 고통받다가 언론과 사법부의 2차 가해로 결국 세상을 떠난 연예인 모씨의 사례는 가해자 개인을 넘어 이를 둘러싼 대중, 언론, 입법부, 사법부의 편향된 시각까지 드러낸다.

용어 설명 1 ▹

- **보복성 영상물**: 흔히 '리벤지 포르노'라는 용어가 사용되었지만, 피해자가 복수를 당할 만한 잘못된 행동을 했다는 뉘앙스가 있어 범죄를 정당화하고, 상업적 픽션인 포르노에 피해자가 자발적으로 출연했거나 상업적 이용도 괜찮다는 식으로 생각할 수 있다. '영상기반 성적 학대'(image-based sexual abuse), '디지털 성범죄', '이미지 성착취', '기술 매개 젠더폭력'으로 부르자는 주장도 있지만 이는 범위가 너무 넓다. 국립국어원이 제시한 '보복성 음란물'은 영어를 한국어로 바꾸었을 뿐이고, 여성가족부와 한국기자협회가 제시한 '보복성 영상물'이 그 중 나은 편이라 여기서 사용한다.

이후 텔레그램과 다크웹을 이용해 여성들을 성노예화하고 디지털 성 착취를 일삼는 범죄가 등장했다. 이는 'N번방', '박사방', '목사방'으로 갈수록 가해자, 피해자 연령대가 낮아지고 피해자 수는 늘어났으며 그 양상이 잔인해졌다. 특히 세계 최대 아동(12세 미만) 성 착취 사이트인 '웰컴투비디오'는 전 세계에 걸쳐 회원을 모집했고 223명의 한국인이 검거되었음에도 터무니없이 미약한 처벌로 국제적으로도 문제가 되었다.

'웰컴 투 비디오' 사건 경과

32개국 국제 공조수사를 통해 범죄자들을 검거했는데, 이 중 한국인은 223명으로 72%였다. 19세에 사이트를 만들고 22세에 체포된 운영자 손정우는 2년 8개월 동안 전 세계 128만 명의 회원에게 22만여 개(8TB)의 음란물 동영상을 유포해 약 4억 원 상당의 수익을 올렸지만, 1심에서 집행유예 판결이 났고, N번방 사건이 터지고 여론이 악화되자 2심에서 1년 6개월 형을 받았다. 한국의 다른 이용자들은 기소유예, 벌금형만 받았다. 반면 미국과 영국의 이 사이트 이용자들은 최대 22년 형을 받았고, 조사 중 자살한 이가 2명이다. 2018년 미국 연방대배심은 손정우에 대해 아동음란물 홍보, 배포 및 공모, 돈세탁 등 9건의 혐의를 적용해 기소했고, 범죄인 인도 조약에 따라 강제 송환을 공식 요청했다. 그러나 한국 법원은 송환을 거부했고, 현재 기소된 내용은 처벌이 끝나 신상 공개나 전자발찌 부착도 불가능하다.

〈표 3-1〉 디지털 성범죄의 유형[4)]

구분	예시
불법촬영	• 신체의 일부(치마 속, 뒷모습, 전신, 얼굴, 나체 등)나 특정 행위(용변 보는 행위, 성행위 등)를 촬영
유포, 재유포	• 동의하에 촬영한 성적인 촬영물, 동의 없이 촬영한 성적인 촬영물을 단체 대화방, SNS, 성인사이트, 커뮤니티 등에 동의 없이 유포
유포 협박	• 성적 촬영물을 유포하겠다는 협박
허위영상물 제작 및 유포 · 재유포	• 음란물에 유명인이나 일반인의 얼굴을 합성 · 편집 • 피해자의 일상적 사진을 성적인 사진과 합성 후 유포
소지 · 구입 · 저장 · 시청	• 불법촬영 · 유포물을 다운로드하거나 시청
유통 · 소비	• 성인 사이트 등 플랫폼 사업자 및 이용자, 피해를 확산시키는 재유포자 • 영리 목적으로 불법촬영물의 유포 방조 · 협력 및 공유 등의 방식으로 소비

4) 법제처 홈페이지 표 수정 요약. https://easylaw.go.kr/CSP/CnpClsMain.laf?popMenu=ov&csmSeq=1594&ccfNo=1&cciNo=1&cnpClsNo=1

아동 · 청소년 대상 성착취 · 그루밍	• 미성년 피해자가 스스로 촬영하여 전송해 준 촬영물 유포를 협박의 수단으로 삼아 좀 더 높은 수위의 촬영물을 요구 • 취약한 상황에 처한 피해자에게 접근해 성적 대화를 반복하거나 친밀감을 쌓은 뒤 성적 행위를 하도록 유인
성적 괴롭힘	• 사이버 공간 내에서 성적 내용을 포함한 명예훼손 또는 모욕 • 원치 않는 성적 이미지나 영상(링크) 제공 • SNS, 단톡방 등에서 성희롱(성적인 내용의 글을 담아 피해자의 일상 사진을 게시)

여기에서 알 수 있듯, 범죄 발생 자체보다도 더 큰 문제는 이에 대한 2차 가해 등 피해자가 아닌 가해자의 편을 드는 사법적 처벌과 사회적 분위기이다. 바로 2025년 6월 5일에도 대법원은 '웹하드 카르텔'의 핵심 인물이자 성 착취물을 유통해 350억 원의 불법 수익을 챙긴 양진호의 범죄에 5년 형을 확정했으나, 수익 중 한 푼도 몰수하지 않는다는 판결을 내려 이런 성 착취 수익 창출 구조가 유지될 수 있도록 만들었다(신다인, 2025).

'웹하드 카르텔' 사건

2018년 보도를 통해 드러난 '웹하드 카르텔'은 '웹하드 업체–헤비업로더–필터링 업체–디지털 장의 업체'가 한통속으로 가담해 불법 성착취물을 유통하고 500억 원대의 수익을 올린 조직적 범죄다. 양진호는 파일노리, 위디스크 등 웹하드와 필터링 업체를 운영하며 소위 '리벤지 포르노' 등 불법 동영상을 웹하드에 저장하고 이를 판매해 수익을 올렸다. 동시에, 디지털 장의 업체를 통해 성범죄 피해자들에게 삭제를 대가로 돈을 받았다. 피해자들은 이중 삼중의 착취와 고통을 당한 것이다. 견디다 못한 피해 여성들이 목숨을 끊자 영상 제목에 '유작'을 붙여 '유작 마케팅'을 펼치기도 했다. 2019년 검찰에 따르면 그가 관여한 성착취물 등 불법 영상은 약 388만 건에 달한다.

제2, 제3의 N번방이 계속 나와도 적극적으로 문제를 해결하려는 움직임은 보이지 않는다. 2024년 보도에 따르면 불법 음란물 사이트의 '놀*'의 월 이용자 수가 52만 명으로 이슈가 된 텔레그램 성 착취 방 '곳간'의 130배이며, '소라넷'과 비슷한 규모다(박상혁, 2024). '놀*'의 '직찍' 채널에서는 배우자나 애인, 지인 등 여성을 불법촬영하고 '인증샷'을 찍는 성 착취 영상이 하루에도 수십 개씩 올라온다. 또한 과거 '소라넷'처럼 배우자와 성행위를 시킬 외부 남성을 구하는 '초대남'을 구하는 성 착취 모집글이 올라온다. 이용자들은 '직찍' 채널에 피해자의 사진과 영상 등을 올리고 성적인 모욕을 가하며, 피해자의 신상을 유추할 만한 단서를 유포하기도 한다. 최근에는 '야코(야동코리아 RED)'가 최대 사이트로 떠오르고 있는데 매일 2,000만 조회수를 기록하는 '한국 대표 성인 콘텐츠 플랫폼'이라며 홍보하고 있다. 여기에 올라온 영상은 대부분 소위 '몰카', 혹은 홈캠을 해킹한 불법촬영물, 연예인을 대상으로 한 '딥페이크' 영상이며 미성년자를 대상으로 한 영상도 많다. 조회수를 보면 알겠지만 대부분의 남성들이 알고 있지만 모두 모르는 척하는 문제라는 점에서, 여성들의 피해는 영상 유출뿐 아니라 사람과 사회에 대한 신뢰 상실에까지 이르게 된다.

아프리카 TV, 게임 속 재현, 게임 이용 '온라인 그루밍'과 '통매음'

앞서 살펴본 사례가 불법적 성 산업이라면, 합법적 온라인 성 상품화 사례로 'SOOP(숲, 옛 아프리카 TV)'의 '엑셀 방송'을 들 수 있다. '엑셀 방송'은 여성 BJ(여캠)들이 성적 어필을 하고 받은 별풍선(후원금)을 엑셀로 실시간 공개해 경쟁을 유도하는 콘텐츠다. 재작년과 작년 'SOOP' 별풍선 상위 10위권 중 9명이, 올해는 1~8월 수익 상위 10위권 전원이 엑셀 방송 진행자였다. 이들은 '사이버 룸살롱'이라며 비판받고 있지만, 작년 'SOOP' 상위 10명의 세전 수익이 1,600억에 달할 정도로 거대산업이 되어 있다. 이들은 유튜브, 네이버 등도 빠르게 점령하고 있다(강도림, 2025). 2023년 방송된 넷플릭스 오리지널 드라마 〈마스크 걸〉의 주인공도 온라인 성인방송 BJ일 정도로 '여캠'은 이제 익숙한 산업이 되었다.

'여캠'보다 훨씬 대중적이며 다양한 수위와 방식으로 여성 차별과 혐오를 드러내는 장르가 게임이다. 게임 문화의 남성 편향성은 콘텐츠 속 여성 서사와 재현, 여성 게이머가 겪는 성폭력, 게임 업계 여성 노동자들이 겪는 여성혐오와 차별 등의 3중의 문제를 안고 있다. 우선 게임 콘텐츠 내 여성 재현을 통한 성 상품화나 혐오 관련 문제로는 최근 〈마비노기〉 소녀(10~17세 설정) 캐릭터 팬티 노출 논란[5], 〈서든 어택〉 여성 캐릭터 음란한 포즈 논란 등을 들 수 있다. 가장 심한 것으로는 2010년 무렵 일본의 강간 게임 〈레이프 레이〉[6]가 한국을 비롯한 전 세계에 유포되어 논란이 된 사례가 있다. 게임은 어린이부터 전 연령대가 즐기고 깊이 빠져 '몰입(flow)'하는 장르 특성상 '중독' 문제뿐 아니라 콘텐츠의 영향도 다른 미디어에 비해 더 클 수 있다.

다음으로 여성 게이머가 겪는 성폭력으로는 게임 채팅을 통해 이용자가 성적 언어 혹은 사진 등을 보내는 '통매음(통신매체 이용 음란죄)'도 빈번한데, 특히 〈롤〉 게임에 흔해 '롤매음'으로도 불린다. 이는 2022년 기준 신고만 1만 563건에 달한다. 최근에는 〈제페토〉(이용자 70%가 미성년자이고, 그중 7~12세 이용자가 50.3%, 2021년 닐슨코리아) 등 새롭게 등장한 메타버스 게임에서 아동 그루밍 성범죄가 빈번하다. 모바일 게임이 대중화되면서 여성이 게임 이용자의 반을 차지함에도 게임 내외의 성 상품화와 성범죄는 점점 심각해지고 있다. 그럼에도

5) 여성 이용자들의 항의로 게임사는 소녀 캐릭터의 팬티가 보이지 않게 수정했으나, 남성 이용자들의 반발이 극심했고 게임사는 즉시 원래대로 다시 수정했다.

6) 여성 캐릭터들(여학생, 여동생, 어머니까지)을 성폭행하고 임신시키고 낙태시키며 피해자들의 괴로워하는 반응을 '즐기는' 게임이다.

2005년 6월 이재명 정부는 20~30대 남성들의 오랜 요구에 맞춰 게임관리위원회를 폐지하고 사후관리만 시행하겠다고 발표해 앞으로가 우려되는 상황이다.

혐오의 놀이화, 섹스링(sex ring) – '단톡방', '패드립'과 '능욕 범죄', '스토킹 챌린지'

디지털 범죄는 소수 전문가나 특정인이 만들어 유통되는 매스미디어와 달리 다수 수용자가 만들고 유포한다는 점에서 문제가 더욱 심각하다. 특히 단톡방, 딥페이크 사건은 전국의 여러 중 · 고등, 대학교에서 벌어졌다는 점에서 여성을 대상으로 한 혐오와 공격이 대중화되었다는 것을 시사한다. '니 애미', '느금마(느그 엄마, 네 엄마)' 등의 패드립을 초등학생 때부터 사용하고, 중고생이나 성인이 되면 단톡방이나 텔레그램을 이용한 성희롱이나 딥페이크 범죄로 이어진다. 이들은 모두 '섹스링(sex ring, 특정 집단이 원(ring)처럼 둘러앉아 장난과 범죄의 경계를 넘나들며 저지르는 성범죄)'의 일종이며, 학생들은 이를 다 함께 즐기는 '놀이'로 인식한다는 점에서 죄의식도 없고 근절하기 어렵다.

> "느금마 김치찌개 장인" 언뜻 듣기에 칭찬 같죠. 하지만 이 표현은 상대 부모님을 욕하는 '패드립'으로 쓰이고 있었습니다. … "아버지 이름은 부르지 않냐"고 묻자 박군은 "이유는 모르겠지만 엄마 이름만 부른다"고 답했습니다. … "응 니 며느리", "SLD(생리대)나 챙겨라" 등 낯선 표현도 사용했습니다. "응 니 며느리"는 "응 니 애미"를 쓰지 말라고 지적하자 대신 쓰는 표현이었고요. 'SLD'는 '생리대'를 뜻하는 은어였습니다. 그 외 '니 와꾸(얼굴) 빻았다', '가슴 작다'도 있었습니다(편광현·김지아 · 최연수, 2019).

가장 친밀한 가족 중 주로 여성을 대상으로 한 '모욕'이라는 점에서 패드립은 여성혐오뿐 아니라 '지인 능욕'과도 연결된다. 지인 능욕은 친구나 회사 동료 등 지인의 사진이나 영상을 성적인 사진으로 편집해 게시하는 것이다. '능욕' 성범죄는 최근 딥페이크 기술을 만나 한 단계 진화했다. 이는 최근 디지털 성범죄 중 가장 널리 퍼져 있고 기존의 범죄와 양상이 다른 것이다. 2016년부터 공론화되었고 초기에는 대부분 합성 사진을 사고파는 형태였으나, 최근에는 '전 여친 제보, 반응 좋으면 집 주소 공개', '초등학생, 길 가다 보면 만지고 달아나도 됨' 등 더 많은 정보와 악질적인 소개 문구가 유포되고, 성폭력 댓글이 달리는 등 범죄 양상이 점점 더 악랄해지고 있다.

'능욕' 범죄는 그 이름에서부터 성적인 욕구를 충족하려는 목적보다는 주로 '여성'인 상대의 인격을 훼손하고 괴롭히려는 목적이 뚜렷하다. 명예훼손이나 성희롱과는 또 다른 새로운 형태의 범죄이다. 가해자들은 피해자가 수치스러워하거나 무서워하기를 바라며 '너를 찾아가겠다', '강간하겠다'는 말을 서슴지 않고 뱉는다. 가해자가 지인이라는 점에서 피해자의 정신적 피해는 더 클 수밖에 없다. '지인 능욕' 범죄는 텔레그램, 트위터, 디스코드 등 여러 SNS에서 끊이지 않고 일어나고 있다. 심지어 지인 능욕 피해자 규모는 'N번방', '박사방' 피해자 규모를 훌쩍 뛰어넘는다(추적단 불꽃, 2020).

최근 SNS에서는 어두운 골목길에서 남성이 일면식 없는 여성의 뒷모습을 응시하며 빠르게 뒤따라가는 장면의 영상 챌린지가 200만 회의 조회수를 얻는 등 유행하기도 했다. 이런 영상들은 해외에서 '틱톡' 챌린지로 시작되었고, 국내 대학 학생회, 소모임 등에서도 이를 모방한 패러디 영상을 제작, 게시했다. 고려대 전기전자공학부 '릴스' 제작 소모임은 '랜덤으로 아무 여자나 골라서 집까지 안전하게 데려다주기'라는 제목의 릴스를, 충북대 고고미술사학과 학생회는 '밤늦게 공부하면 위험하니까 학우 과방에 빨리 데려다주기'라는 자막이 달린 릴스를 게시했다. 한밭대 산업경영공학과, 장안대 실용음악과 계정에도 유사한 콘텐츠가 올라왔다. 모두 논란 이후 삭제되고 사과문이 게재됐지만, 경범죄 등으로 처벌받을 수 있는 분명한 범죄행위다(이아미, 2025).

댓글 공간의 권력과 혐오

혐오가 가장 대중적으로 드러나는 것은 온라인 댓글 공간이다. 인터넷, 소셜미디어 시대에 쌍방향 커뮤니케이션을 통해 공론장의 역할을 할 것으로 기대를 모았던 댓글 공간은 혐오, 특히 여성혐오의 공간으로 변한 지 오래다. 양혜승의 연구에 따르면 범죄뉴스 댓글 중 여성혐오 댓글이 2,303개로 이주민 혐오(871개), 노인 혐오 댓글(184개)에 비해 압도적이었다.[7] 혐오 댓글이 심각한 이유는 첫째 소수가 댓글을 장악했다는 점이다. 댓글 이용자는 방문자의 0.003%에 불과하며, 2022년 기준 지난 3년간 남성은 여성보다 댓글을 세 배나 더 많이 쓰는 것으로 나타났다(이버 데이터랩). 둘째, 기사를 읽지 않고 댓글을 다는 이들이 너무 많다. 〈NRK 베타〉는 기사 내용에 관한 퀴즈 풀어야 댓글 쓸 수 있는 실험을 9개월간 진행했는데, 맞힌 이용자는 1/3에 그쳤다. 즉, 악플러들은 다른 의견이나 정보를 받아들이기는커녕 읽어볼 생각도 노력도 하지 않는다는 것이다. 셋째, 혐오 댓글이 보편화되었다. 카이스트 이원재 교수팀의 분석에 따르면 '이태원 참사' 당일부터 열흘간 관련 기사 댓글 123만여 개 중 혐오 댓글이 58.27%였다.[8]

7) 양혜승 (2022). 여성, 이주민, 노인 혐오성 댓글에 대한 텍스트 마이닝 분석: 네이버 범죄뉴스를 맥락으로. 한국방송학보, 36(3), 5–45.

8) 국민일보는 카이스트 문화기술대학원 이원재 교수팀에 의뢰해 2021년 1월부터 지난 6월까지 포털 네이버 정치·사회 섹션 기사(이하 네이버 기사)에 달린 1억2114만여 개의 댓글과 '이태원 참사' 당일(10월 29일)부터 열흘 뒤인 11월 9일까지 '이태원' 내용이 들어간 기사(이태원 참사 기사)에 달린 댓글 123만여 개를 분석했다(김나래 외, 2022).

이러한 조사와 실험을 통해 혐오 댓글 문제는 설득과 토론으로 해결되지 않는다는 결론이 내려졌고, 해외 언론사들은 기사를 읽어야 댓글을 쓰게 하도록 장치를 만들거나, 댓글창을 폐지하고 기사와 1:1로 소통하게 하는 등의 방법을 마련하고 있다. 국내에서도 연예뉴스, 스포츠 뉴스 등은 이미 댓글창을 폐지했으나, 사고나 범죄 기사 등에도 어김없이 무관한 혐오 댓글이 달리는 상황이다. 예를 들어, 6월 5일 카이스트 폭발사고 기사 댓글 사례를 보면, 댓글 작성자의 성별 80% 이상이 남성이고, 댓글 20% 정도는 이미 운영기준 미준수 등으로 삭제된 상태다. 피해자가 여성이기 때문인지 여성혐오 댓글이 다수인데 다양한 방식의 혐오가 드러나 있다.

[그림 3-2] '카이스트 실험실서 폭발·화재··· 20대 여성 중상' 기사

출처: 서울신문 (2025.6.5). 기사 중 댓글.

무심코 내뱉는 혐오 발언은 '미세차별(microaggression, 눈에 잘 띄지 않을 정도로 미세하고 만연한 차별)'로, 그 하나만 살펴보면 심각하지 않게 보이고 따라서 대응하기도 어렵지만 그것이 사회적으로 용인되고 소수자에게 지속적으로 가해진다면 상당한 피해를 보게 된다. 여성혐오는 지역, 세대, 장애인, 외국인혐오와 항상 같이 간다. 따라서 〈일베(일간베스트)〉, 〈디씨(디시인사이드)〉, 〈펨코(에펨코리아)〉 등을 통한 지금 젊은 세대의 혐오는 가부장제에 의한 여성혐오를 넘어 극우 파시즘의 준동으로 분석된다(강한들, 2025). '상상된 착취'에 기반에 자신의 몫을 빼앗아 갔다고 여겨지는 타자에 대한 증오와 혐오로 연결되는 것이다(최원형, 2019).

3. 결론

이 장에서는 여러 미디어 속 젠더 문제를 크게 레거시 미디어와 디지털 미디어로 나누어 살펴보았다. 이 외에도 미디어 생산과 수용 과정에서 다양한 젠더 문제가 존재한다. 우선 생산 조직 내에서 창작력과 카리스마를 발휘하는 자리는 남성, 보이지 않는 곳에서 살림살이와 뒷바라지를 하는 자리는 여성으로 나뉘는 구조가 여전하다. 예를 들어 감독의 예술인 한국 영화계에서 감독은 남성, 여성은 제작/프로듀서나 작가,[9] 방송계에서 감독 역할을 하는 PD는 남성, 작가는 여

9) 백델 테스트에서는 여성 배우 비중의 문제를 제기하고 있지만, 실제로 여성 비율이 더 낮은 것은 제작 분야다. 2020~2024년 한국 상업영화 핵심창작인력 성비를 보면, 주연 배우의 24.3%, 제작자의 30.2%, 프로듀서의 23.5%, 각본가의 32.3%, 감독의 13.5%, 촬영감독의 0%가 여성이다(백현지, 2025).

성인 경우가 많다. 특히 방송작가, VJ, 아나운서, 리포터, 기상 캐스터 등 저임금 비정규직에는 여성들의 비중이 크다. 영화, 방송, 공연, 출판 등 여러 문화, 매체 수용자 대부분이 여성인 현재에도 핵심 생산 인력은 남성, 돈을 쓰는 수용자는 여성으로 나뉘는 것도 주목할 만한 부분이다. 미디어, 문화 수용자는 '빠순이'에서 '팬덤'으로 명칭은 바뀌었지만, 수동적인 '호구'로 취급받는 것은 여전하다. 여기에서 아이러니하게도 남성 배우, 가수들의 인기, 수입과 입김이 여성보다 훨씬 커지는 현상까지 발생한다. 거의 유일하게 남성 수용자의 비율이 높은 게임 업계의 경우, 재현과 생산의 젠더 문제는 훨씬 심각하다. 앞서 살펴보았듯이 게임 콘텐츠 속 여성 상품화와 혐오는 심각한 정도지만, 이에 대해 목소리를 내거나 냈다는 오해만으로도 여성 노동자들을 해고하는 '사상 검증'이 발생한다.

게임업계 '사상 검증'

여성 성우가 '소녀들은 왕자가 필요하지 않아'(Girls Do Not Need A Prince)라고 적힌 티셔츠를 입은 사진을 SNS에 올렸다는 이유로 해고된 2016년 게임업체 넥슨의 '클로저스 성우 교체 사건' 이후 게임 업계 페미니즘 사상 검증이 본격화되었다. '림버스 컴퍼니' 개발사 '프로젝트 문'은 2023년 여성 일러스트레이터가 과거 에스엔에스에 페미니즘을 지지하는 활동을 했다는 이유로 그를 해고했다. 게임 속 여성 캐릭터 신체 노출이 적다는 남성들의 항의에서 비롯된 일이었다. 여성 노동자들은 채용 면접에서 "너 페미냐"는 질문을 받기도 하고, '낙인' 찍히는 순간 업무상 배제, 부당해고 등의 인사상의 불이익을 겪고 있다. 남초 커뮤니티에 신상정보까지 공개되며 사이버불링을 당하기도 한다. 2023년에는 고 노무현 대통령의 죽음을 희화화하는 대사가 넥슨의 '블루아카이브'에 등장하기도 했는데, 업계 안팎에선 게임업체들이 과대표된 일부 남초 커뮤니티 여론과 목소리 큰 일부 '고래 유저'(과금을 많이 한 유저)에 지나치게 경도된 탓에, 이런 일이 발생하고 있다는 해석이 나온다. 게임 이용률은 남성(75.3%)이나 여성(73.4%) 모두 비슷(한국콘텐츠진흥원 '2022 게임이용자 실태조사')한데, 어째서 페미 검증 논란을 비판하는 여성 이용자들의 목소리에는 왜 귀 기울이지 않느냐는 비판이 점점 거세지고 있다.

출처: 장수경 · 채운태 · 오세진 (2023); 이하나 (2024).

이러한 상황에서 우리의 문제 인식과 그에 대한 대처는 미흡하다. '매노스피어'(manosphere)와 '인셀'(Incel: Involuntary celibate, 비자발적 금욕주의자) 문화를 현실감 있게 다루어 전 세계적으로 화제가 된 드라마 〈소년의 시간〉의 경우, 한국에서의 반응은 상대적으로 조용하다. 2025년 에미상 8개 부분을 수상한 〈소년의 시간〉과 함께 3개 부문을 수상한 의학 드라마 〈더 피트〉에서도 '인셀' 문제는 비중 있게 등장하고 있다. 그러나 〈소년의 시간〉을 학교에서 교재로 활용하는 영국, 프랑스, 여성혐오, 폭력, 착취에 대한 문제 제기가 오히려 '남성혐오'와 '갈라치기'로 매도되는 한국의 사회적 분위기 속에서 전 세계적 고민마저 큰 반향 없이 묻혀 버렸다.

용어 설명 1 ▷

- **매노스피어**: 다양한 수준의 여성혐오 및 폭력에 관여하는, 주로 온라인을 기반으로 느슨하게 연결된 반여성 커뮤니티이다. 네 가지 하위 영역이 있다. 첫째, 남성인권활동가(Men's Rights Activists: MRA)는 인터넷 등장 전부터 존재해왔으며 법적 · 정치적 분야에서 남성의 권리에 관심을 갖는다. 이혼이나 양육비 등의 안건에서 남성이 불리하다고 주장한다. 둘째, 자기 길을 가는 남성(Men Going Their Own Way: MGTOW, 믹타우)은 여성과의 상호작용 자체를 회피한다. 이들은 미투운동에 참여한 여성들을 꽃뱀으로 본다. 또 "아내가 아닌 여성과는 절대 단둘이서 식사하지 않는다"고 했던 미국 전직 부통령 마이크 펜스의 이름을 딴 '펜스룰'을 신봉한다. 셋째, 픽업 아티스트(Pickup Artist)는 게임처럼 여성을 조종해 원하는 대로 성관계를 맺을 수 있다고 생각한다. 넷째, 인셀은 '비자발적 독신자(Involuntary Celibate)'의 줄임말로, 자신이 매력이 없어서 여성과 성관계를 맺지 못한다고 믿는 남성을 뜻한다(김진경, 2025).

미디어를 통한 혐오와 갈등은 점점 심화되고 있으며, 이는 미디어 밖으로 확대되고 있다. 이런 상황에서 우리가 할 수 있는 일은 무엇일까. 이에 대한 한 가지 실마리는 '또래 괴롭힘(bullying)'이라는 용어를 처음 사용한 노르웨이 심리학자 올베우스(Olweus)의 '학교폭력 예방 프로그램'(Olweus Bullying Prevention Program: OBPP)에서 찾을 수 있다. 그의 '가해 원형'에 따르면 집단적 폭력과 괴롭힘에서 가장 주목해야 할 것은 가해자-피해자 관계가 아니라 '방관자'들의 역할이다(이정환, 2023). 암묵적인 방관이나 지지가 가해자의 권력 기반이며, 그 권력을 무너뜨릴 힘도 방관하는 다수에게 있다는 것이다. 미디어 속 혐오와 괴롭힘은 이 다수의 숫자가 무한히 확장된다는 점에서 더욱 심각하다. 혐오의 고리를 끊기 위해서는 누군가를 괴롭히는 게 더 이상 멋진 일이 아니라 부끄러운 일임을 깨닫게 만드는 것이 핵심이다. 여성혐오는 결국 장애인, 노인, 지역, 계급, 학력 등 모든 부분의 혐오로 퍼져나간다. 니묄러(Niemöller)의 글 '처음 그들이 왔을 때'는 나치가 특정 집단을 하나 둘 덮쳤을 때 본인은 해당하지 않아 침묵했던 이가 결국 "그들(나치)이 나에게 닥쳤을 때, 나를 위해 말해줄 이들이 아무도 남아 있지 않았다"고 읊조리는 파국적 결말을 경고한다.

혐오 발언과 가짜 뉴스(자신의 이익을 위해 의도적으로 배포하는 허위 정보)는 표현의 자유에 포함되지 않는다. 지금은 잘못된 것을 강하게 규정하고 배제하는 태도가 필요하다. 법적, 자율적 규제 외에 버틀러(Butler)가 저서 〈혐오 발언〉에서 제안한 '대항 발언(모욕적인 발언에 대한 저항적 전유나 재수행, 정치적 실천으로서 맞받아치기, 전복하기, 해체하기 등)'이라는 맞대응도 중요한 실천방안이 될 수 있을 것이다.

읽을거리 & 볼거리

1. 〈소년의 시간〉 (필립 바란티니 감독, 2025, 넷플릭스)

2025년 방영된 4부작 넷플릭스 오리지널 영국 드라마로, 동급생 케이티를 살해한 혐의를 받는 13세 제이미와 그를 둘러싼 어른들의 이야기를 담은 시리즈다. SNS를 기반으로 확산하는 청소년들의 인셀화 문제를 담아내며 전 세계적인 화제를 모았다.

2. 〈폭싹 속았수다〉 (김원석 연출, 2025, 넷플릭스)

2025년 방영된 16부작 넷플릭스 오리지널 한국 드라마로, 1950년대 제주에서 태어난 '당차고 요망진 반항아' 애순이와 '팔불출 무쇠' 관식이의 일생을 사계절로 풀어낸 시리즈다. 가부장적 문화와 가난한 상황 속에서 똑똑한 문학소녀 애순과 그 딸 금명의 일생을 중심으로, 우직하고 다감한 남편이자 아버지인 관식의 인생도 중요하게 그려냈다.

3. 〈케이팝 데몬 헌터스〉 (메기 강 감독, 2025, 넷플릭스)

2025년 방영된 넷플릭스 오리지널 미국 애니메이션 영화다. 케이팝 슈퍼스타 루미, 미라, 조이가 비밀 능력을 이용해 팬들을 초자연적 위협으로부터 보호하며 활약한다.

4. 〈어글리 시스터〉 (에밀리 블리치펠트 감독, 2025)

2025년 개봉한 노르웨이 바디 호러 영화. 신데렐라의 '못생긴' 의붓 자매 '엘비라'가 코를 수술하고 발을 자르며 예뻐지지만 결국 파국으로 가는 이야기다. 외모가 곧 경쟁력이자 권력인 세태를 신랄하게 풍자. 2024년 개봉한 바디 호러 영화 〈서브스턴스〉와 같이 볼만하다.

5. 〈며느라기 1, 2〉 (이광영 연출, 2020, 2022)

2020년, 2022년 방영된 드라마로, 시즌 1에서는 결혼과 시집살이, 시즌 2에서는 출산과 육아를 둘러싼 가정과 직장의 문제들을 다룬다.

6. 〈모범택시 1, 2〉 (SBS TV 드라마, 2021, 2023)

2021년, 2023년 방영된 드라마로, 시즌 1의 5~8화에서는 디지털 성범죄 카르텔('위디스크' 사건) 사건을 다루고, 시즌 2의 11~14화에서는 버닝썬 사건을 다룬다.

생각하기

1. 〈소년의 시간〉을 시청한 후, '인셀' 문제에 대해 생각해 보자.

2. 〈며느라기 1, 2〉를 시청한 후, 결혼과 출산, 육아를 둘러싼 우리 사회의 여러 걸림돌과 이의 해결법에 대해 생각해 보자.

3. 〈어글리 시스터〉나 〈서브스턴스〉를 보고 외모 지상주의의 사회적 압박과 자신의 내면화 정도를 점검해 보자.

4. 디지털 성범죄 카르텔과 이를 둘러싼 우리 사회의 인식의 문제에 대해 생각해 보자.

CHAPTER 05

청년, 사랑과 연애 새로고침

1. 청년과 말라버린 '연애 세포'
2. '4B 운동'과 '탈연애선언' 그리고 젠더
3. '0.78명', 우리 시대 '금명이'들의 선택
4. 신자유주의 시대의 청년, 사랑과 연애를 '새로고침'하기
5. 더 나은 '사랑'은 더 나은 '사람'이 되기

1. 청년과 말라버린 '연애 세포'

다 너다
세상은 온통 너를 향한 길이고
너를 위한 노래고
너의 빛깔로 눈부시다

광장에 있는 많은 사람이
너 한 사람으로 보인다
길 가 핀 모든 꽃에 네가 보인다[1)]

아침에 눈을 떠 만나는 세상이 온통 그 누군가로 가득 차 보이는 때가 있다. 떠돌던 모든 언어가 노래가 되고, 한 줄기 햇살에도 눈이 부시는, 그리하여 살아 숨 쉬는 모든 존재가 오직 한 사람으로만 이어지는 나날! 사실 누구나 살면서 한 번쯤은 그런 시간을 꿈꾼다. 설렘과 기대 속에서 누군가를 만나 서로의 마음을 확인하고, 상대의 어깨에 기대어 같은 곳을 바라보며 함께 걸어가는 상상, 우리는 그것을 기꺼이 '사랑'이라고 부른다. 하물며 그 시간이 20대의 나를 찾아와 준다면 그것만큼 찬란한 행운도 없을 것이다. 하지만 안타깝게도 그런 행운의 시간은 쉽게 오지 않는다. 이른바 낭만적 '사랑'과 황홀한 '연애'가 행복한 '결혼'으로 연결되는 삶의 기획은 모두의 희망일 수는 있지만 보편적 현실이 되기는 점점 더 어려워지고 있다. '너에게' 가는 길은 까마득하고, 누군가 '나에게' 오는 길도 끊어진 것은 아닌지 두려워지는 요즘이다.

끝없는 경쟁과 불확실한 미래 속에서 고군분투하는 우리 시대의 청년들에게도

1) 이종화 (2018). 연못 위 구름다리. 밥북. p.136. 「너에게」 중 일부.

이제 사랑과 연애 그리고 결혼은 더 이상 '자연스럽고 당연한' 경험이 아니다. 최근 여러 조사와 기사들은 신자유주의 시대를 살아가는 청년들이 '연애' 자체를 부담으로 느끼거나, 아예 관계를 맺지 않는 경향이 확산하고 있음을 보여준다.

2023년 한국일보가 한국리서치와 실시한 〈절반 세대 연애 · 결혼 · 출산 인식 조사〉에 따르면, 무려 4명 중 3명꼴인 74%가 '현재 연애를 하지 않고 있다'라고 답했다. 연애를 하지 않는 이유는 '적당한 상대를 만나지 못해서(86.1%)'라는 답이 가장 많았고, '연애의 필요성을 못 느껴서'라는 답도 51.8%에 달했다. 이는 연애 상대를 만나려는 시도 자체가 많지 않은 것으로 추정된다(한국일보, 2023.6.13).

절반 세대

1970년대 100만 명이었던 출생아 수가 2002년 통계집계 사상 처음으로 40만 명대로 감소했다. 2002년에 태어난 그 절반의 인구가 이제 성인이 되어 사회에 나오게 되었는데 이들(2001~2004년생)을 '절반 세대'라고 명명하고 있다.

출처: 한국일보 창간기획팀 (2023). 절반 세대가 온다. 현암사.

한때 '결혼은 선택, 연애는 필수'가 상식이었지만, 이제 연애마저 선택의 영역으로 들어섰다. 단지 개인적 취향이 아니라, 사회 · 경제적 변화 속에서 청년들의 일상에서 연애는 점점 뒷전으로 밀려나는 분위기다.

2025년 전국 미혼 남녀 천 명을 대상으로 벌인 조사에서도 응답자의 71.7%가 '현재 연애를 하지 않고 있다'라고 답했다. 차이가 있다면 몇 년 전만 해도 연애하지 않는 이유가 주로 '상대를 만나지 못해서'였다면, 이제는 '연애 자체에 대한 관심이나 필요성을 느끼지 않는다'라는 응답이 가장 많았다는 점이다. '연애와 개인 삶 중 무엇이 더 중요하다고 생각하는가?'라는 질문에도, '둘 다 균형을 맞춰야 한다'라는 비율보다 '개인의 삶이 더 중요하다'가 더 높게 나왔다(제주방송, 2025.7.13).

캠퍼스의 연애 풍경도 크게 다르지 않아 보인다. 2024년 연세대학교 신문에 따르면, 설문조사에 응한 500여 명 중 실제 '연애 중'이라고 응답한 학생은 38.3%에 불과했다. 연애를 아예 해본 적이 없다고 답한 인원도 26.7%에 이르며, 자발적으로 연애를 하지 않는다고 응답한 비율은 전체 33%였다(연세춘추, 2024.5.19). "대학만 가면 연애할 수 있다면서요. 우리 대학교 학생 26.7%가 모태솔로"라는 기사 제목은 입시를 위해 유예했던 연애에 대한 로망이 정작 대학에 와서도 번번이 좌절되는 요즘 대학의 씁쓸한 단면을 대변한다.

물론 '연애'가 대학생들이 수행해야 할 유일한 과업이라고 말하기는 어렵다. 과거에도 모든 대학생이 캠퍼스에서 연애했던 것은 아니다. 그때도 취업을 위해 연애를 포기하거나 유예하는 대학생들이 있었다. 하지만 20대 중 62%가, 그중 대학생들은 51%가 연애를 하고 있다는 2016년 조사 결과(대학내일20대연구소, 2016.6.23)와 비교하면 현격히 낮은 수치인 것은 부정할 수가 없다. 한때 인터넷 신조어에 불과했던 '모태 솔로'라는 단어를 요즘은 모르는 청년이 없고, 연애 경험이 없는 사람을 일컫는 '마법사'나 '연못남(연못녀)'도 더 이상 낯선 단어가 아니다.

과연 연애의 시대는 저물어가는 것일까. 연애가 청춘의 '유일한' 관심사인 것도 문제 있지만 '연애 고시'라는 단어처럼 연애가 또 하나의 스펙으로 인식되는 최근의 분위기도 그리 바람직해 보이지는 않는다. 강의실에서 만난 대학생들에게 연애는 안 하느냐 물어보면 가장 많이 나오는 답이 "연애세포가 다 죽었어요(말랐어요)"이다. 생물학적으로 그런 것이 실재하는지도 의문이지만, 설령 있다고 해도 죽은 것은 '연애 세포'일 뿐이다. 청년들의 '사랑'에 대한 욕망, 그 자체가 사라졌을 리는 없다. 인간은 사랑 없이는 살 수 없고, 사랑 안에서만 행복으로 한발 더 나아갈 수 있다. 우리는 평생에 걸쳐 사랑을 찾아다닌다. 누군가를 사랑하고 사랑받고자 하는 욕망은 거의 본능에 가깝다. 인류가 생존하고 공동체를 이루어 온 역사 자체가 사랑이라는 이름의 호혜적 돌봄과 협력 덕분에 가능했음에 동의한다면, 사랑은 인간의 가장 기본적인 사회적 조건이기도 하다.

연세대 조사 결과를 보면, '연애가 필요하다'라고 응답한 비율도 66.2%에 달한다. 즉 절반 넘는 응답자가 여전히 연애를 원하고 있다는 뜻으로 해석 가능하다. 그러므로 요즘 청년들은 '사랑'을 포기하거나 '안' 하는 것이 아니라, 연애가 힘들고 어려워 '못' 하고 있을 가능성이 더 크다. 학업이나 취업 등으로 여유가 없어서, 경제적 부담이 커서, 타인과 친밀한 관계를 맺는 것이 익숙하지 않아서 등 저마다의 이유로 연애의 길에 선뜻 발을 내딛지 못하는 것이다.

'연애 = 사랑', '연애의 끝 = 사랑의 끝'?

그런데 여기서 잠시 생각해 보자. 연애에 대한 욕망과 사랑에 대한 욕망은 다른 것일까. 물론 특별한 경우가 아니라면 연애는 사랑하는 사람과 한다. 사랑하니까 보고 싶고, 목소리가 듣고 싶고, 손잡고 싶고, 안고 싶다. 사랑하는 사람과 더 많은 시간을 보내고 싶어서 같이 커피를 마시고, 맛집을 찾아다니고, 영화를 보고, 여행을 떠난다. 이처럼 사랑의 시간과 연애의 시간은 중첩될 때가 많다. 그래서 얼핏 연애 세포가 죽었다는 말은 사랑에 대한 욕구나 기대가 사라졌다는 말과 동일하게 들리기도 한다. 하지만 엄밀히 따지면 '연애=사랑'은 아니다. 연애는 '못' 할 수도 있고, '안' 할 수도 있다. 하지만 사랑을 포기하는 것은 애초에 불가능하기 때문이다.

인문학자 고미숙에 따르면, 사랑이란 '윤리적 선택의 문제'가 아니라 '생명의 원초적 동력'이다. 사람이 살려면, 특히 행복하게 살아가려면 사랑이라는 열정의 불꽃 속을 관통해야 하며 에둘러 가는 길은 없다(고미숙, 2012: 36). 오직 그 뜨거운 열정의 한가운데를 가로지르는 것이 생명을 가진 존재들이 나아갈 길이라는 이야기다. 저자는 사랑과 연애가 일면 비슷해 보이지만 구분할 필요가 있음을 다음과 같이 설명한다. 사랑이 다양한 관계를 망라하는 보편적인 명칭이라면, 연애(戀愛)는 1920년대에 수입된 신조어로 'Love'의 일본식 번역어다. 사랑이 수많은 의미의 생산이 가능한 용어라면, 연애는 남녀 사이의 이성적 관계라는 의미로 압축된다(고미숙, 2012: 27).

그의 지적대로 사랑은 연애보다 훨씬 더 다양한 대상과의 관계를 아우른다. 예를 들어 우리는 커피를 사랑하고, 축구를 사랑하고, 겨울 바다를 사랑한다. 부모님을 더 사랑하지만, BTS도 동시에 사랑할 수 있다. 차은우를 많이 사랑하지만 MT에 가면 '동기 사랑! 나라 사랑!' 구호에 맞춰 어깨를 건다. 심지어 스승의 날이면 "교수님! 사랑해요~!"를 외치기도 하지 않는가.('◡') 때때로 사랑은 시간과 공간의 제약도 뛰어넘는다. 상대가 나를 몰라도 혼자서 사랑할 수 있고, 안타깝게 사랑하는 존재가 세상을 떠나도 나의 사랑은 끝나지 않고 이어지기도 한다. 해외로 어학연수 떠난 애인이 그립지만 떨어져 있다고 해서 사랑하는 마음이 하루아침에 없어지지는 않는다.

반면에 연애는 반드시 특정한 대상과 배타성을 전제로 한다. 나와 상대가 동시에 같은 감정을 느낄 때 비로소 연애는 시작된다. 고백은 먼저 할 수 있지만 '우리 오늘부터 1일!'이라는 선언은 혼자 할 수 없다. '짝사랑'은 있어도 '짝연애'라는 말은 어색한 이유도 여기에 있다. 만약 내가 A와 연애하는데, 내 동기인 B도 A와 연애를 하고 있다면 그때부터 독점적 관계를 둘러싼 갈등이 발생한다. 즉, 우리가 익히 알고 있는 낭만적인 연애는 '두 사람 간의 독점적 관계를 전제로 이루어지는 사랑의 한 형식'일 뿐이다. 그래서 '연애의 끝=사랑의 끝'이라는 공식은 절반만 사실이다. 누군가와의 연애는 끝났지만 긴 세월 그 사랑을 잊지 못하는 이들도 있고, 새로운 인연을 만나면 또 다른 사랑이 시작된다.

그러므로 지금 당장 연애를 못 하고 있다고 해서 너무 실망하거나 좌절할 필요는 없다. 사랑은 서른에 시작될 수도 있고 마흔에 찾아올 수도 있다. 캠퍼스에서의 '달달한(?)' 연애만이 우리가 살면서 만날 수 있는 유일한 사랑의 모습은 아니다. 우리는 지나치게 사랑을 단순화하는 건지도 모른다. 성숙한 사랑은 단순히 끌림이나 설레는 감정 그 이상이다. 그 사람의 성격을 좋아하고 그가 가진 가치관을 존중하며, 그가 자신이 원하는 목표를 향해 나아갈 수 있도록 조력하고 헌신하는 과정을 거쳐야 비로소 완성된다. 소위 '케미(스트리)'가 맞나 안 맞나, 혹은 MBTI 유형 같은 것에만 기대서는 온전히 판단할 수 없는 영역이 바로 사랑이다.

그럼에도 청년들이 한 번의 연애에 실패하는 순간 사랑의 가치마저 쉽게 포기하려는 것은 아마도 낭만적 사랑과 연애에 대한 환상이 우리 사회 전체를 지배하는 강력한 이데올로기로 작동하고 있기 때문일 것이다. 사랑과 연애에 대한 인식은 결혼과 출산에도 지대한 영향을 미치고 있다.

2. '4B 운동'과 '탈연애선언' 그리고 젠더

앞에서 우리는 연애를 바라보는 요즘 청년들의 인식에 대해 알아봤다. 이는 비단 20대에 한정된 현상은 아니다. 조사 연령대를 확대한 때도 유사한 결과가 나왔다. 인구보건복지협회가 실시한 〈2022년 청년의 연애, 결혼 그리고 성 인식〉 조사에 따르면, '연애를 하고 있지 않다'에 응답한 65.5% 가운데 70.4%가 '자발적으로 연애를 하지 않는다'라고 답했다. 해당 조사는 만 19~34세 비혼 청년들을 대상으로 실시되었는데, 30대가 포함되었음에도 응답자의 29.1%가 연애 경험 자체가 없다고 밝혔다(연합뉴스, 2022.9.27). 그리고 연애에 대한 대학생들의 인식은 지방이라고 해서 크게 다르지 않다. 〈연세춘추〉의 협조를 얻어 부산대학교 신문사가 벌인 설문조사에서는 자발적으로 연애하지 않는 비율이 55.4%에 달했다. 하지만 응답자의 58%가 여전히 연애가 필요하다고 응답했고, 그 이유로 '심리적 안정과 정서적 지지를 얻기 위해서'를 들었다(채널PNU, 2024.8.29). 이처럼 최근 들어 대학생을 포함한 청년들이 연애의 필요를 이야기하면서도 막상 실전 연애 앞에서 주저하거나 거부하는 것은 보편적 현상으로 보인다.

그런데 여기서 우리가 놓치지 말아야 할 부분이 있다. 같은 청년 세대 안에서도 성별로 차이가 있다는 점이다. 인구보건복지협회 조사(2022)를 보면, 연애에 대한 부정적 태도는 공통적이지만 자발적 비연애 비중이 남성은 61.4%인데 반해 여성은 무려 82.5%에 달한다. 왜 여성들이 더 많이 자발적 비연애를 선택하고 있는 것일까? 여성이라고 연애에 대한 기대나 성적 욕망이 없지는 않을 것이다. 연애 경험에 대한 불만족 수치도 차이가 있는데 여성(20.0%)이 남성(13.3%)보다 높았다. 이를 두고 앞에서와는 반대로 '여성이 연애에 대한 기대가 크니 그만큼 실망도 커서 그렇다'라는 식으로 단순하게 해석하는 것 역시 위험하다.

젠더 간의 이런 인식 차이는 우리 사회의 차별과 불평등에서 기인했을 가능성이 크다. 개인의 경험은 자신이 속한 시대의 맥락과 사회적 상황에서 벗어날 수 없다. 사랑과 연애도 예외가 아니다. 사람들이 자유롭고 평등하지 않은 사회에서 남녀의 연애만이 평등할 수는 없다. 불평등한 사회에서의 불평등한 연애에 대한 여성 청년들의 반응을 단적으로 보여주는 대표적인 사례가 바로 '4B 운동'과 '탈연애 선언'이다.

용어 설명 1 ▷

- **4B 운동 :** 영어 알파벳인 'B'와는 상관이 없고, 한국어를 소리 나는 대로 하여 영어의 '비'(B)를 사용한 용어다. '4B'는 '비연애', '비성관계', '비혼' 그리고 '비출산'을 의미한다. '4B 운동'은 여자로 태어난 사람들에게 전통적으로 당연하게 기대되는 것들에 대해 '못 하는 것'이 아니라, '안 하는 것'이라고 선언하는 것이다. '4B 운동'은 남성중심주의적 가부장제적 가치에 기반해 구성한 '여자의 역할과 의무', 즉 남자를 만나서 연애하고, 결혼하고, 출산하는 여자의 의무와 역할이 마치 '자연스러운 것'이라는 가치를 탈자연화하면서, 여자이기 이전에 한 인간으로서의 자유로운 삶을 살겠다는 선언이다(강남순, 2020: 6).
  참고로 B는 한자 '비(非)', 즉 뒤에 따라오는 모든 행위(연애, 성관계, 결혼, 출산)를 하지 않는다는 의미다.

2015년 '페미니즘 리부트' 이후 젊은 여성들의 온라인 커뮤니티를 중심으로 확산한 '4B 운동'은, 강남역 여성혐오 살인 사건, 미투 운동, 교제 폭력, 성별 임금 격차, 불법촬영, 경력 단절 등과 같은 일련의 사회적 사건과 상황에 대한 여성들의 적극적인 목소리로 해석될 수 있다. "넌 왜 연애 안 해?"라는 질문에 "왜 꼭 해야 하는데?"를 되묻기 시작한 여성들은 기존의 연애가 강요해 온 '이상적인 여성성'을 거부하고, 성관계에서도 평등과 안전을 추구한다.

그런데 이 '4B(非) 운동'에 대해 최근 해외에서도 관심이 급증하고 있다고 한다. 특히 미국 대선이 트럼프 전 대통령의 승리로 끝난 뒤 구글에서 4B 운동 단어 검색량은 5,000% 이상 폭증했고, '4B movement'라는 단어로 미국 SNS에서 확산하고 있다. 뉴욕타임스나 워싱턴포스트, CNN 등 현지 주요 매체들도 이 현상을 앞다투어 보도할 정도다(한국일보, 2024.11.17). 한편 BBC와의 인터뷰에서 한국의 한 젊은 여성은, 기존의 4B 원칙에 '비소비'(여성 착취를 행하는 기업의 상품을 소비하지 않는 것)와 '비돕비'(비혼 여성이 서로를 돕는 것)가 더해진 6B

개념을 설명하기도 한다(BBC코리아, 2025.1.21). 하지만 이런 세계의 주목이 마냥 반갑지만은 않다. '4B 운동'은 최악의 취업난, 그로 인한 청년들의 치열한 생존 경쟁, OECD에서 가장 높은 남녀 임금 격차, 여성혐오 문화 등 우리 사회의 부끄러운 현실 속에서 탄생했기 때문이다. 물론 한국의 모든 여성 청년이 이 운동에 동의하거나 실천하는 것은 아니다. 그럴 필요도 없다. 다만 '4B 운동'이 남성 전체에 대한 거부는 아니며, 여전히 남아 있는 가부장제적 문화를 해체하려는 데에 더 큰 목적을 둔다는 사실은 염두에 두어야 한다.

또 하나의 연애 거부 운동이라고 할 수 있는 '탈연애 선언'은 프로젝트팀탈연애선언이라는 단체가 2019년 '세계 여성의 날'을 맞이해 광화문광장에서 벌인 '정상 연애 장례식'을 통해 널리 알려지게 되었다. 이들이 벗어나고자(脫) 했던 것은, 이른바 '정상 연애 이데올로기'다. 연애면 연애지 정상과 비정상이 따로 있나 의아하겠지만 우리 사회에서 '모든 사람'의 연애가 다 인정받는 것은 아니다.

용어 설명 2 ▹

- **탈연애 선언** : 선언에는 '연애라는 이름으로 강요되는 관계적 독점 거부', '이성애중심주의 반대', '정상연애 중심주의 반대', '성소수자 및 성판매 여성들에 대한 혐오 반대', '데이트폭력 규탄' 등의 내용이 담겨 있다(투데이신문, 2019.4.23).
- **정상 연애 이데올로기** : 이성 간의 독점적 · 배타적 관계만을 '정상'으로 규정하고 그 외의 다양한 사랑의 형태를 비정상적이거나 일탈로 간주하는 사회적 믿음 체계

우리 사회에서 정상으로 여겨지는 연애는 이성애 연애이고, 연애 내에서 성역할 구분도 뚜렷하다. 동성 사이의 만남과 장애인의(장애인과의) 연애를 우리 사회가 어떤 시선으로 바라보는지 생각해 보자. 독점적 연애에서 벗어나자는 말도

'아무나 만나자'라는 얘기는 아니다. 이성애를 기본으로 한 '정상 연애 – 정상 결혼 – 정상 가족'으로 이어지는 규범화된 틀을 넘어, 사랑의 다양한 형태를 사유하자는 제안이다. 따라서 탈연애 선언을 '연애 그 자체를 하지 말자'라는 주장으로 오해하면 안 된다. 서로를 소유하고 집착하거나 정해진 성별 역할을 강요하는 연애에서 벗어나, 자신이 원하는 연애를 상대방과의 소통을 통해 자유롭게 해 보자는 데에 초점을 둔다. 즉 연애의 시기와 연애 대상, 연애의 방식 및 연애의 중단과 지속 여부 등의 범위와 내용을 좀 더 넓고 다양하게 확장하려는 운동이 바로 '탈연애 운동'이다. 같은 시기 신촌과 관악 등 대학가에서 진행한 한 설문조사에서도 '탈연애를 해 보고 싶은 생각이 있다'라는 항목에 남성은 8%, 여성은 50%가 '그렇다'라고 응답했다(중앙일보, 2019.9.20).

우리 시대의 청년 중 유독 여성들이 더 많이 연애를 거부하는 현상 뒤에는 '여성다움'을 강요하는 성차별적 고정관념과 편견 외에, 연애 과정에서 발생하는 동의 없는 성관계, 스토킹과 폭력 등에 대한 두려움, 불법촬영에 대한 불안 등이 원인으로 작동한다. 인구보건복지협회의 조사에서도 '성적 동의 없는 성관계를 경험한 비율'이 여성의 경우 남성보다 두 배 이상 높게 나타났다. 여성들에게 연애는 가슴 설레는 일인 동시에 두려움의 대상이다. '연애 경험이 있는 사람들의 데이트폭력 경험' 비율 역시 여성이 더 높다. 청년들이 이성과의 만남을 꺼리는 이유는 그 밖에도 다양하겠지만, 여성들은 특히나 더 만남과 헤어짐에 이르는 전 과정에서 '안전'을 걱정한다. 좋은 사람이라고 믿었지만 관계가 깊어지면서 폭력을 경험하게 될까 두려운 것이다. 실제로 언론에는 남성의 구애를 거절하거나 헤어지자고 말했다는 이유만으로 살해되었다는 뉴스가 하루가 멀다고 올라온다. 그럼에도 범죄에 대한 성별 통계조차 정확하게 이루어진 적이 없다.

〈한국여성의전화〉가 2024년 한 해 동안 '언론에 보도된 사건'들을 분석한 결과, 남편이나 애인 등 친밀한 관계의 남성에 의해 살해된 여성은 최소 181명이다. 살인미수 등을 포함하면 555명으로 이는 전년 대비 23.6%가 증가한 수치다. 2021년 '스토킹 처벌법'이 시행됐지만 여전히 많은 여성이 목숨을 잃는다. 이별 통보를 한 전 여자 친구를 폭행하고, 160통 넘는 전화와 400통 가까운 문자메시지를 보내 괴롭힌 것을 두고도 '그렇게 좋다는데 좀 받아주지'라는 댓글이 달리는 문화 속에서 여성들이 아무런 두려움 없이 연애를 선택하는 것은 결코 쉬운 일이 아니다. 최근 급증하고 있는 스토킹을 비롯해 성폭력(강간), 상대방의 정서를 억압하거나 조롱하는 행위나 가스라이팅, 외모와 행동, 인간관계 통제, 경제적 폭력, 불법촬영 및 유포 협박 등을 모두 포괄하는 용어가 바로 '교제 폭력'이다. '교제 폭력'은 단순히 현재 연인관계에서 일어나는 폭력만을 뜻하지 않는다. '사랑'이라는 이름으로 잘못 포장되어 가해지는 모든 폭력을 포괄한다. 여기서 말하는 '교제'는 좁게는 연애를 목적으로 만나고 있거나 만난 적이 있는 관계에서부터 넓게는 맞선, 부킹, 소개팅, 채팅 등을 통해 연애의 가능성을 인정하고 만나는 관계까지 포괄하며, 사귀는 것은 아니나 호감을 가지고 있는 상태까지 포함한다.

사랑과 연애를 이야기하면서 폭력을 함께 언급해야 한다는 사실이 씁쓸하다. 하지만 이는 외면할 수 없는 현실이다. 디스토피아 소설 『시녀 이야기』(1985)로 유명한 캐나다 작가 마거릿 애트우드(Margaret Atwood)는 가부장제 사회에서 "남성은 여성이 자신을 비웃을 것을 두려워하지만, 여성은 남성이 자신을 죽일 것을 두려워한다"(강남순, 2020: 33)고 말한다. 폭력과 거리가 먼 대부분의 남성에게는 다소 억울하고 불쾌하게 들릴 수도 있겠지만, 이 문장의 요점은 일상 속 폭력에 대한 여성들의 두려움이 단순히 과장이나 엄살이 아니라, 실재하는 공포임을 이해하고 공감하는 데 있다.

강의실에서 젠더기반폭력(Gender Based Violence: GBV)에 대해 언급할 때면

'모든 남성이 그런 것은 아니다'라는 말이 꼭 등장한다. 100% '맞말'이다. '일부' 남성의 일탈 행위로 인해, 대다수 남성들이 비난받는 것은 매우 부당하다. 그래서 해외의 남성권리운동가들은 '#NotAllMen'이라는 구호를 SNS에서 공유하기도 한다. 그런데 과연 그것으로 충분할까? 미국의 정치철학자 아이리스 매리언 영(Iris Marion Young)은 우리가 그동안 개별 행위자에게 책임을 물어왔던 방식이 사회구조적 부정의에 대한 책임으로 연결되기는 어렵다고 생각한다. 대신 그가 제안하는 책임의 관점은 '사회적 연결 모델(social connection model)'이다. 영(Young)에 따르면, 정치적 책임 모델은 "자신의 행위를 통해 어떤 부정의한 결과를 가져온 구조적 과정에 기여한 모든 이들"이 책임을 갖는 것으로 간주한다(서원주, 2022: 72). 쉽게 설명하자면 어떤 문제, 예를 들어 사회 빈곤이나 인종주의, 성차별 등이 반복적으로 발생하고 있다면 그것은 구조적 과정이며 모두가 이에 대한 책임이 있다. 이것은 모두가 가해자라는 얘기가 아니라, 모두 함께 그런 부정의를 제거할 책임이 있다는 이야기다.

'교제 폭력'도 마찬가지다. 우리가 사는 세상이 정의롭지 못함에 동의하는 남성이라면, 단순히 '나는 때리지 않는다'에서 한발 더 나아가야 한다. 사랑하는 사람을 함부로 대하거나 폭력을 가하는 남성들에게 당장 중단할 것을 요구할 책임이 있다. 여성 청년들이 모든 남성과의 연애가 안전하고 평등하다고 느낄 수 있으려면, 우리 사회가 무엇을 할 수 있고 또 해야 하는지 깊이 고민해야 한다.

3. '0.78명', 우리 시대 '금명이'들의 선택

이제 잠시 휴대 전화를 꺼내 검색창에 그냥 '0.78명'을 입력해 보자. 아마 다른 단어를 덧붙이지 않아도 비슷한 내용의 언론 보도가 줄지어 뜰 것이다. "한국 출산율 0.78명까지 추락"(조선일보), "한국 출산율 0.78…서울 0.59 더 쇼크"(중앙일보), "악! 합계출산율 0.78명…침몰하는 대한민국"(농민신문), "0.78명 출산율 0.8명도 깨져 역대 최저 세계 꼴찌"(매일경제), "지난해 출산율, 초유의 0.78명...출산은 행복 아닌 고통(한국일보) 등, 통계청 발표를 기해 2023년 2월 22일 하루에만 미처 다 열거할 수 없을 정도로 많은 기사가 쏟아졌다. '추락', '쇼크', '악!', '침몰', '고통'… 기사 제목만 훑어봐도 마치 한편의 재난영화를 보는 느낌이다. 출산율 하나에 언론은 왜 이렇게까지 호들갑을 떨었을까? 전문가들은 인구를 유지하는 데 필요한 최소 출산율을 2.1명으로 본다. 2023년 OECD 가입국 중 합계출산율이 1명 밑으로 떨어진 나라는 우리나라가 유일했다. 2023년 합계출산율은 0.72명으로까지 떨어졌고, 2024년 부산광역시의 합계출산율은 0.68명이다.

한국 출산율을 들은 미국 대학교수가 "대한민국 완전히 망했네요, 와!"라며 양손으로 머리를 부여잡는 EBS다큐멘터리의 한 장면은 인터넷 '밈'이 된 지 오래다(시사IN, 2024.1.10). 급기야 미국 뉴욕타임스는 칼럼에서 한국을 흑사병 창궐로 인구가 급감했던 14세기 중세 유럽으로 비유하면서 '한국은 소멸하는가'를 묻는다(한겨레, 2024.7.9). 그런데 일찍이 국제통화기금(IMF) 총재 크리스틴 라가르드(Christine Lagarde)는 결혼도 출산도 하지 않으려는 한국을 진단하면서 '집단자살 사회'라고 명명한 바 있다(중앙일보, 2017.10.25). 출산율만 두고 보면 대한민국은 '집단자살'을 향해 달려가는 '망한' 사회이며, 이대로 가면 조만간 '소멸'할 수도 있는 위험에 직면해 있다.

사실 대학생들에게 우리 사회의 저출생 문제는 아직 현실로 느끼기에는 먼 주제일 수 있다. 하지만 적어도 앞으로 살면서 느낄 일상의 행복도와 매우 밀접하게 연관된다는 점에서 결코 무시할 수 없는 이슈다. 반드시 결혼해야 행복해진다는 식의 말을 하려는 게 아니다. 오히려 그 반대다. 경제적으로 여유 있는 청년들이 결혼도 먼저 하고, 더 많이 하며, 아이들의 웃음을 지켜보면서 행복하게 늙어갈 가능성도 더 크다는 이야기다.

2023년 11월 한국은행이 펴낸 〈경제전망 보고서〉에 따르면, 한국의 초저출산은 청년들이 느끼는 높은 '경쟁압력'과 고용 · 주거 · 양육 측면의 '불안'과 연관된 것으로 나타났다. 말하자면 청년들의 '연애 세포'를 말려버린 주범이 '경쟁압력'과 '불안'인 셈이다. 보고서를 보면 지난 20년간 비정규직이 늘면서 양질의 일자리를 향한 취업 경쟁이 과거보다 심화했고, 고용 불안의 정도에 따라 결혼 의향도 크게 차이가 났다. 취업을 못하거나 취업하더라도 비정규직인 경우 결혼 의사가 낮았으며, 공공기관 근무자나 공무원은 상대적으로 높았다. 그리고 경쟁 압박에 대한 체감도가 높은 청년일수록 희망자녀수 역시 낮은 것으로 나타났다(한국은행, 2023: 59-60). 우리나라 MZ세대는 다른 나라 MZ세대와 비교해 생활비에 대한 우려와 불안이 큰 것으로 나타났는데, 양육 불안(양육 환경, 양육 비용)도 저출산에 영향을 미쳤다. 육아휴직을 제대로 쓸 수 없는 비정규직일수록 출산율이 낮다. 실제로 300인 이상 대기업에서 출산한 여성의 76.6%가 육아휴직을 이용하는 반면에, 5인 미만 기업에서는 1.3%로 이용률이 극히 미미하다. 그리고 2021년 기준, 여성의 육아휴직 이용은 65.2%인데 반해 남성은 4.1%에 불과했다. 사랑해서 결혼했고 아이를 낳았는데 이런 통계를 보면서 여성들은 무슨 생각을 할까? 아이를 키우기 위해서는 경력 단절을 감수해야 하는 현실 속에서도 여성들이 기꺼이 결혼과 출산을 선택할까?

보고서가 발표된 같은 해에 〈시사IN〉이 조사한 내용을 보면, 결혼과 육아에 대한 여성 청년들의 생각을 알 수 있다. 20대의 경우 남성 64.6%가 결혼할 의향이 있다고 말했지만, 여성은 52.7%가 없다고 답했다. '결혼은 반드시 해야 한다'라는 인식에 대해서도 성별 격차가 나타났다. 20대 여성은 무려 86.1%가 결혼은 필수가 아니라고 답했는데 이는 남성(60.1%)보다 높은 수치다. 연애도 결혼도 필수가 아닌데 출산이 필수일 리 없다. '자녀는 반드시 낳아야 한다'라는 문항에 대해서도, 20대 여성은 86.3%가 '그렇지 않다'라고 답했다. 설문 중에 '결혼을 하면 나의 사회적 성취를 이루기 어렵다'라는 항목이 있었는데, 20대 여성(47.5%)은 20대 남성(31.5%)보다 높은 비율로 동의했다. '자녀가 생기면 나의 사회적 성취를 이루기 어렵다'라는 항목에 이르면 차이는 더욱 뚜렷해진다. 20대 여성의 68.7%가 그렇다고 응답했지만, 남성은 37.3%에 그쳤다(시사IN, 2023.3.15).

우리 사회는 오랫동안 아이, 노약자, 아픈 사람을 돌보는 책임을 국가가 아닌 개별 가정의 몫으로 남겨 두었다. 그리고 그 가정 안에서 돌봄노동을 수행해 온 이들은 대부분 여성이었다. 그러한 어머니의 희생을 바로 옆에서 지켜봐 온 딸들에게, 어쩌면 '난 엄마처럼 살지는 않을 거야!'라는 외침은 굳이 배우지 않아도 터져 나오는 선언인지도 모른다. 중요한 것은 엄마들도 그런 딸을 야속하게 생각하기는커녕 오히려 응원한다는 점이다. 얼마 전 화제가 되었던 드라마 〈폭싹 속았수다〉(2025)에서 엄마 애순은 남편 관식에게, "나는 우리 금명이가 날아올랐음 좋겠어. 상을 차리는 사람이 아니라 상을 막 엎는 사람이 되었음 좋겠어!"라고 이야기한다. 드라마 속 금명이와는 세대가 다르지만, 지금의 20대 여성들 역시 그런 엄마의 응원과 지지 속에서 성장한 이들이다. 드라마 대사처럼 '날아오르지는' 못할지라도 적어도 주저앉는 삶을 선택하지 않을 것임은 충분히 예상 가능하다.

그러므로 더 이상 결혼이나 가족을 위해 자신의 인생을 희생하지 않겠다는 청년 여성들의 생각을 '이기적'이라고 마냥 비난할 수는 없다. 이들은 자녀를 위해 희생하지 않는 대신, 자녀에게 기대지도 않는다. 실제로 '자녀가 없으면 노후가 쓸쓸할 것 같다'라는 문항에 20대 남성은 55.7%가 동의했지만, 여성의 동의는 31.3%에 불과했다. 여가 시간에 대한 태도 역시 다르다. '여가 시간에는 가급적 혼자 보내고 싶다'는 질문에 20대 여성의 80.5%가 '그렇다'고 답했다. 이는 청년 세대의 라이프스타일 전반에서 새로운 변화가 일어나고 있음을 보여주는 대목이다. 〈시사IN〉은 이러한 흐름을 분석하면서, 많은 청년이 '연애-결혼-출산'이라는 전통적 생애 모델을 거부하는 이유로 과중한 불안감, 자신감 결여, 리스크 회피 성향, 남녀 간 젠더 인식 격차, '할 거면 제대로 해야 한다'는 강박, 그리고 경쟁에 대한 피로감 등을 꼽았다. 얼마나 정확한 분석인지는 청년 당사자들의 판단에 달려 있겠지만, 적지 않은 청년들이 그중 한두 가지쯤은 자신의 이야기로 느낄 가능성이 크다.

이런 맥락에서 볼 때, '0.78명'은 더 이상 단순한 인구지표가 아니다. 자신들의 삶을 압박하는 경쟁도, 불평등도 감내하지 않겠다는 청년 세대의 조용한 선언이자 결과다. 사랑과 연애, 결혼과 출산을 오롯이 개인의 선택으로만 돌려놓고 경쟁에서 패배한 책임도 개인에게 전가하는 사회에서, 우리의 '금명이'들과 그 금명이들을 사랑하는 청년들은 더 이상 희생과 헌신의 이름으로 자신들의 삶을 채우지 않을 것이다. 그러니 이제부터라도 상대의 삶을 존중하면서 나란히 걸어가는 법을 새롭게 고민해야 한다.

그런데 청년들이 새로고침해야 하는 우리 시대의 사랑법은 과연 어떤 모습일까? 사랑을 정의한다는 것은 과연 가능한 일일까? 나의 삶을 존중해줄 사람을 어떻게 알아볼 수 있을까? 프러포즈는 어떻게 해야 할까? 나란히 걷는 것은 언제까지 가능할까? 사랑이 끝난 것은 무엇으로 알 수 있을까? 막상 사랑과 연애를 새로고침하겠다고 마음먹지만, 질문들이 꼬리에 꼬리를 문다. 사랑과 연애에 대해 이미 많은 이야기를 나누었는데 왜 여전히 이런 질문들이 남는 것일까?

아마도 앞에서 근거로 제시했던 설문조사들의 태생적 한계 때문인지도 모른다.

흔히들 세상에는 세 가지 거짓말이 있다고 말한다. '거짓말', '새빨간 거짓말' 그리고 '통계'가 그것이다. 사실 통계는 인간 삶에 대한 또 하나의 그럴듯한 거짓말에 불과할 수도 있다. 표본의 한계가 있고, 숫자는 현실의 복잡한 결을 다 담아내지 못하기 때문이다. 그럼에도 반복적으로 나타나는 수치들은 청년들의 일상과 변화를 읽어내는 중요한 단서가 된다. 설령 통계가 거짓말이라 할지라도, 그 안에는 분명 시대의 공기와 청년들의 숨결이 스며 있다. 결국 우리가 주목해야 할 것은 숫자 그 자체가 아니라, 그 숫자 속에 숨은 이야기들인지도 모른다. 지금까지 통계와 설문을 통해 청년 세대의 연애 풍경을 살펴보았다면, 이제부터는 사랑과 연애를 둘러싼 실제적 갈등들을 통해 건강한 연애와 성숙한 사랑의 모습에 대해 성찰해 보자.

4. 신자유주의 시대의 청년, 사랑과 연애를 '새로고침'하기

대학에 들어온 뒤, 누군가에게 고백이란 걸 해 본 적 있다면 어떤 말로 마음을 표현했는지 떠올려 보자. 아직 고백의 경험이 없더라도 "혹시 나 … 너 사랑하냐?"(〈상속자들〉, 2013)는 드라마 대사만은 부디 목록에서 제외하길 바란다. 우리는 '김탄'이나 '차은상'처럼 살지 않는다. 현실 속 사랑과 연애는 때로는 처절하고 때로는 구차스럽기까지 하다. 다음은 1992년생 청년의 생생한 고백이자 증언이다.

> 캠퍼스의 낭만을 꿈꿨다. 사랑 속에서 허우적거리며 젊음을 낭비해 보고 싶었다. 덧없이 지나치고 말지라도 원 없이 사랑하고 싶었다. 하지만 나는 가난했다. 다른 사람들의 사랑을 보면 꼭 영화 같았다. 한없이 낭만적인 사랑을 꿈꿨다. (중략) 어려서는 사랑 그 자체를 사랑했다. 돈 때문에 못하는 건 결혼이지 연애는 아니라고 생각했다. 돈보다 중요한 것은 교감이라고 믿으며 어설프게 돌진했다. 하지만 청춘의 사랑은 계급이 성벽처럼 둘러싸고 있었다. 나는 생활비와 교제비 사이의 균형을 찾지 못했다. 먹는 게 다 돈이고 입는 게 다 돈이었다. 선물에는 정성만큼 값어치도 필요했다. 구애는 곧 적자재정이었고, 연애와 생계, 가슴과 배의 갈등에서 나는 늘 후자의 손을 들어주었다. 사람 만나는 게 다 돈이었다. 사랑은 가슴이 시키고 섹스는 맨몸으로 하는 것이지만 연애를 맨입으로 할 수는 없었다. (중략) 관계의 시작은 무료일지 모르나 관계의 유지에는 적지 않은 돈이 들었다. 학식만 먹고 데이트하기는 어려웠다. (중략) 적어도 연애를 안정적으로 하려면 상대는 물론 그 상대에게 쏟을 사랑과 시간과 돈, 이 연애 삼각형 중에서 최소한 두 가지는 갖춰야 각이 나왔다(나호선, 2022: 22-24).

낭만적 사랑을 꿈꾸며 '한때 뜨거웠던' 청년은, '사랑과 시간과 돈'이라는 '연애 삼각형'을 갖추지 못해 '장렬하게 연애 전선에서 이탈'했다. 학식과 자판기 커피로는 연애가 불가능함을 깨달은 그는 '이 시대 청춘의 사랑은 불황기의 구직과 닮았다'고 말한다(나호선, 2022: 32). "만약 사랑이 산업이라면 원치 않는 실업과 마찬가지로 원치 않게 사랑을 단념당한 삶은 일종의 산업재해와 같다"라는 저자의 말은 많은 청춘에게 어떤 통계 자료나 이론보다 절실하게 다가온다. 그렇다면 소위 '연애 실업자'인 지금의 청춘들은 무엇을 하고 있을까? '누구나 사랑을 말하지만 아무나 사랑할 수 없는 시대', '사랑이 산업이 되고 연애가 스펙이 되는 세상' 한복판에서, 시간도 돈도 가지지 못한 청춘들이 선택한 것은 다름 아닌 '남의 연애를 구경하는 것'이다.

'나는 솔로' 대신 '나는 절로'

흔히 '연프'로 불리는 연애 예능 프로그램은 과연 몇 개나 될까? 놀랍게도 2022년에만 30개 가까운 연애 리얼리티 예능이 쏟아졌다. 많아도 너무 많다. OTT 서비스 플랫폼의 등장과 함께, 초다채널 시대가 되면서 바야흐로 연애 프로그램 전성기를 맞고 있다. 많은 프로그램 중 '나는 솔로', '돌싱글즈', '솔로지옥', '환승연애', '하트시그널' 등은 관심이 없는 사람들에게도 익숙하다. 틀면 나오니 모르려야 모를 수가 없다. 한때 '먹방'이 휩쓸던 자리를 '연프'가 차지한 느낌이다. 그런데 강의실에서 학생들에게 연애 예능 프로그램에 대한 생각을 물어보면, '아예 안 본다'는 학생도 있지만 의외로 많은 학생들이 '공감'과 '재미'를 이야기한다.

연애 리얼리티 프로그램의 인기는 청년들이 연애하지 않는 비연애 시대의 흥미로운 초상이기도 하다. 전문가들은 연애가 더는 안전하지 않다는 불안감, 전통적 성 역할에 대한 거부감, 깊어진 젠더 갈등 등을 비연애의 이유로 꼽는다. 여성은 폭력이나 불법촬영이 두려워서, 남성은 옛날처럼 '열 번 찍어 안 넘어가는 나무 없다'고 했다가는 스토커가 되기 십상이니 연애가 녹록하지 않다. 이처럼 연애를 안 하거나 못하는 현실에서 남들의 연애를 구경하는 안전한 방식으로, 연애와 사랑에 대한 갈망과 욕구를 대리 충족하는 것이 연애 리얼리티 붐의 이유이다(중앙일보, 2022.12.1). 한마디로 현실에서의 연애가 어렵고, 두렵고, 위험하니 남의 연애를 보면서 사랑을 배운다는 이야기다.

사실 드라마나 영화를 보는 이유도 별반 다를 바 없기에 굳이 연애 예능을 비난하거나 멀리할 필요는 없다. 다만 『이토록 두려운 사랑』(2018)의 저자 김신현경은 그런 프로그램들이 '보여주지 않는 것들'에 대해서 젊은이들이 한 번쯤 생각해 볼 필요가 있다고 말한다. '썸을 타고, 어장 관리를 하며, 쿨하게 헤어지는 것은 이 세대의 유행어를 넘어서 연애 생활의 윤리'가 되었다. 그런데 '연애의 가장 강력한 우군은 소비문화'이다(한국일보, 2023.2.25). 김신현경의 지적대로 '돈을 쓰지 않는 연애'를 상상하기는 어렵다. 매력적인 외모를 가꾸는 데도, 카페에서의 만남이나 야외 드라이브에도 돈이 든다. 그러나 '데이트 비용을 둘러싼 갈등'이나, 섹스를 둘러싼 청년 세대의 현실적 고민은 연애 예능 프로그램 속에서는 좀처럼 드러나지 않는다.

2023년 결혼정보회사 〈가연〉이 실시한 설문조사에 따르면, 20대의 1인당 평균 데이트 비용은 하루 7만 4천7백 원이었다. 2023년 서울 주요 대학가 원룸 평균 월세가 보증금 천만 원 기준 59만 9천 원임을 고려하면 절대 만만치 않은 액수다. 같은 해 최저시급이 9,620원인데 데이트 한 번의 비용이 하루 노동의 대가에 가까운 수준이다. 그런데 흥미로운 것은, 남성 평균 비용이 9만 400원이고 여성은 5만 9천 원으로, 남성이 여성보다 약 3만 원가량 더 지출한다는 점이다. 왜 이런 차이가 발생할까? 수업 시간에 이 질문을 던졌을 때, 한 여학생은 "여성의 화장품이나 의상, 외모 관리 비용은 조사에 포함되지 않았을 것"이라고 지적했다. 일리가 있는 해석이다. 하지만 오늘날 남성들 역시 외모 관리에 적지 않은 시간과 비용을 들이고 있음을 고려하면, 이 차이를 단순히 '여성의 꾸밈 비용'으로만 설명하기는 어렵다.

또 하나 눈여겨볼 대목은 '모텔비' 문제다. 오직 남성이라는 이유로 연애 비용을 더 많이 감당해야 하는 연애는 남성으로서도 불평등하게 느껴지는 것이 당연하다. 다행히 요즘은 대부분 데이트 비용은 나누어 부담하는 것이 자연스럽다고 여긴다. 그런데 유독 '숙박비'만큼은 여전히 남성이 내야 한다는 의견이 많고, 남성 중에서도 적지 않은 이들이 동의하는 이유는 무엇일까? 아마도 그동안 성적 관계에서 남성이 '주도자'로, 여성은 '수용자'로 위치 지어져 온 문화와 관련이 있는지도 모른다. 여전히 많은 이들이 무의식적으로 성적 관계를 남성의 '책임' 혹은 '리드'로 간주하기 때문에, 모텔비는 남성이 부담해야 한다는 오래된 통념이 유지되는 것은 아닐까? 그런 전형적인 '성 각본(sexual script)'을 따르지 않는 청춘들도 있지만, 서로에게 주어진 성 역할을 익숙하게 생각하고 충실히 수행하는 이들도 많다. 김신현경에 따르면, '성 각본'은 남성이 여성에게 먼저 다가가고, 고백하고, 여성이 이에 응하면 사귀게 되고, 사귀는 과정에서 남성이 보호자 역할을 자처하고, 여성은 감정노동을 하게 되는 일련의 과정이 미리 짜인 각본을 따르는 배우의 연기와 같다는 개념이다(김신현경, 2018: 64).

이에 더해 연애나 결혼과 같은 친밀한 관계에서 여성이 수행하는 감정노동과 관련해 최근에는 '맨키핑'이라는 용어도 등장했다.

용어 설명 1 ▷

- 맨키핑(mankeeping, 남자 관리): 맨키핑은 '남자(man)'와 '돌봄 · 관리(keeping)'를 합한 신조어로, 이성애 연인 관계에서 여성이 남성의 감정적 요구를 채워주기 위해 수행하는 불균형한 감정노동을 의미한다. 서울 스탠퍼드대 연구팀이 2024년 발표한 연구 '맨키핑에 관한 이론화: 남성 우정의 침체와 젠더 불평등의 구조적 구성요소로서 여성의 관련 노동'에서 이 용어를 처음 도입했다. 여성이 가족(in) 내 감정적 유대를 도맡는 것을 지칭하는 '킨키핑(kinkeeping)'을 변용한 개념이다. 예를 들면 남성의 사회적 소통과 네트워크를 뒤에서 지원하는 것이 맨키핑이다. '그 친구에게 연락해봐', '이 친구랑 만나봐'라고 하거나, '어머니한테 전화해'라고 안내하는 것이 대표적이다. 또한 다른 이들로부터 남편이나 남자친구를 향한 지지를 끌어내는 것 역시 맨키핑에 해당한다. 친구로부터 감정적 지지를 받지 못하는 남성이 여성으로부터 지나치게 많은 감정적 지원을 받는 것, 여성이 남성에게 소통법과 감정 표현법을 가르치는 것까지도 맨키핑의 예시다(경향신문, 2025.10.3).

안타깝게도 이런 인식은 성적 관계를 거래나 역할 분담의 문제로 환원시키며, 평등한 관계로서의 '동의' 개념을 가린다는 점에서 비판적으로 성찰할 필요가 있다. 보호와 보살핌, 지지와 격려는 함께 실행할 때 더 큰 힘이 된다.

한편, 현대 서구에서의 사랑 문화를 분석한 감정사회학자 에바 일루즈(Eva Illouz)는 오늘날 사랑의 문화는 '로맨스의 상품화'와 '상품의 낭만화' 현상을 제외하고는 이해할 수 없다고 지적한다. 실제로 우리는 연애에 돌입하면 끊임없이 상품을 구입하고, 소비하며, 그 상품들에 낭만성을 부여한다. 커플링이 대표적이다. 솔직히 많은 이들이 막걸리보다는 전망 좋은 레스토랑에서 마시는 와인이 더 낭만적이라고 느낀다. 프러포즈를 위해 카페를 빌리고, 해외여행 상품을 구매하는 일련의 행위들이 모두 여기에 속한다. 누군가를 사랑하는 일이 낭만적이면 안 될 이유는 없다. 또 사랑하는 사람에게 멋지게 보이고 싶은 것은 당연한 욕망이다. 하지만 상대에게 '보이는 나'만큼 존중해야 하는 대상이 바로 '본연의 나'다. 타인을 사랑하려면 최선을 다해 자신을 먼저 사랑해야 한다. 그래서 사회가 정해놓은 각본을 무작정 따라가기보다는 자신과 상대방이 가장 만족스럽고 행복하게 느껴지는 데이트 방법을 찾아내는 것이 중요하다.

그리고 '돈' 말고도 연애 프로그램이 보여주지 않는 것이 또 하나 있는데 바로 '섹스'다. 김신현경의 표현에 따르면, '연애 관계에서 데이트 코스의 정석인 만나서 영화 보고 밥 먹고 차 마시고 모텔이나 호텔 가기에서 모텔의 문 앞에서 멈춰 그것을 비추지 않고 돌아선다. 많은 젊은 여성들이 압박으로 느끼는 남성 파트너의 성적 욕망 충족이나 많은 젊은 남성들이 곤혹스러워하는 성관계의 합의 표시에 대해 이 프로그램들은 시치미를 뚝 뗀다.' 그래서 그는 '연애 리얼리티 프로그램이 보여주는 연애 말고 보여주지 않는 연애 경험에 대한 이야기, 재현, 해석'이 절실히 필요하다고 강조한다.

연애 경험에 대한 재현과 해석이란 과연 무엇일까? 어렵게 생각하지 않아도

된다. 예를 들어 '라면 먹고 갈래?'라는 문장의 의미 변화와 확장이 여기에 해당한다. 원래 영화 〈봄날은 간다〉(2001)에 등장한 여주인공 은수의 대사는 '라면 먹을래요?'였다, 그런데 또 다른 대사 '자고 갈래요?'와 합쳐지면서 요즘은 '라면 먹고 갈래요?'로 유통된다. 그런데 혹시 이 질문을 성관계에 대한 은유가 아니라 사실로 알아듣고, 말 그대로 맛있게 라면'만' 끓여주거나 라면'만' 먹고 가버리는 사람은 없을까? '에이 설마~'싶겠지만 '넷플릭스 보고 갈래?'라는 말을 성관계하자는 간접적인 제안이 아닌, 헤어짐이 아쉬워서 좀 더 시간을 같이 보내자는 의미로 이해하는 이도 있을 수 있다.

『사랑에도 동의가 필요해』(2020)의 저자 양동욱은, 청춘들은 눈빛과 스킨십 같은 몸짓언어만으로도 상대와 충분히 성적인 의사소통을 할 수 있다고 말하지만, 성관계하기 위해 상대에게 다가갔을 때 상대가 가만히 있으면 그것은 동의한다는 뜻일까? 라고 질문한다. 눈여겨봐야 할 점은 상대가 성관계 제안(언어적, 비언어적 모두)을 할 때, 그 제안에 동의 또는 거절을 표하는 방법으로 '가만히 있기'를 언급한다는 점이다. '가만히 있기'는 동의의 표현으로도, 거절의 표현으로도 사용되고 있었다(양동욱, 2020: 72-73). 드라마 〈청춘기록〉(2020)에서 등장하는 '우리 이제 19금으로 갈까'라는 말도 헷갈리는 것은 마찬가지다. 그 수위가 키스까지인지, 애무까지인지, 성관계까지인지 확실하지 않다. 아래는 양동욱이 청춘들과 어떤 방법으로 성관계 제안과 응답을 하면 효과적일지 토론했을 때 가장 많은 호응을 끌어낸 내용들이다(양동욱, 2020: 80-81).

〈표 5-1〉 성관계 제안

성관계 제안	성관계 제안에 대한 동의	성관계 제안에 대한 거부
• "나 하고 싶어. 너는?" • 찡긋, 눈빛 신호를 보낸다. • '이잉~큐~' 애교를 부린다.	• 조용히 탈의한다. • "그래"라고 말한다. • 필요한 물품(콘돔)을 꺼내 보여준다.	• "아, 쫌!" • "다음에 하자." • "오늘 몸이 안 좋아."

어떤가? '나라면 저렇게 표현했을 것 같다'싶은 내용이 있는가? 실제 강의실 토론에서 가장 효과적인 표현 방법을 구성원들에게 묻자, 새내기 연인은 말로 직접적으로 표현하기(우리 할까? /좋아/하기 싫어)를, 오랜 연인은 연인들끼리 신호 또는 암호 정하기(네오가 프로도를 만나고 싶대/그래, 만나자) 등을 추천했다고 한다. 물론 위의 표현들은 정답도, 유일한 답도 아니다. 중요한 것은 누가 먼저 제안했는가가 아니라, 어떻게 서로의 언어를 만들어가는가다. 서로의 속도와 방식에 귀 기울이는 그 과정 자체가 바로 건강한 '동의(consent)'의 시작이다.

문제는 성관계의 제안도 거절도 일단 누군가를 만나야 가능하다는 점이다. 그래서 연애 예능 프로그램을 보는 대신에, 요즘은 SNS나 다양한 온라인 플랫폼을 통해 관계를 맺는 청년도 많다. 최근에는 소개팅 애플리케이션(앱)을 이용해 직접 만나기도 하고, 이른바 '썸'을 통해 본격적인 사랑의 가능성을 타진하기도 한다. 사랑과 연애에 대한 열망이 남아 있기에 연애를 포기하기보다는 새로운 방식으로 만남의 기회를 늘여가는 것이다.

사랑을 배우고 싶어 하는 청년 중에는 '나는 솔로'에 과몰입하기보다 '나는 절로'처럼 몸을 움직이는 경험에 눈을 돌리기도 한다. '나는 절로'는 전통적인 템플스테이에 미혼 남녀의 '만남'을 접목한 프로그램이다. 참가자들은 선명상과 사찰 음식 만들기, 불멍 체험 등을 하면서 일상의 경쟁에서 잠시 벗어나 자신과 타인을 함께 돌아보는 시간을 가진다고 한다.

꼭 '나는 절로'가 아니어도 좋다. 사랑하고 싶다면 부지런히 발품을 팔아 정보를 모으고 직접 참여해야 한다. 중요한 것은 행사의 종류나 형식이 아니라, 타인을 만나는 그 '현장성' 속에서 관계를 배우는 태도다. 사랑은 화면 너머에서 '관찰'되는 것이 아니라, 서툴고 낯선 만남 속에 직접 '경험'하는 과정 안에서 제대로 배울 수 있다. 그리고 참으로 다행하게도 시인이 노래한 '너에게' 가는 길은 아직 청춘들에게 열려 있다.

5. 더 나은 '사랑'은 더 나은 '사람'이 되기

안타깝게도 우리 시대의 사랑은 더 이상 영화나 드라마처럼 낭만적이지 않다. 연애는 부담스럽고, 관계는 복잡하다. 그래서 사랑은 때때로 두렵기조차 한 대상이다. 하지만 그럼에도 사람들은 여전히 사랑을 꿈꾼다. 사랑은 인간이 서로를 돌보며 연결되는 가장 근본적인 사회적 힘이기 때문이다.

21세기 사랑의 고전으로 꼽히는 『사랑의 기술』(2016)의 저자 에리히 프롬(Erich Fromm)은 '사랑은 인간의 실존 문제에 대한 해답'이라고 이야기한다. 에덴에서 추방된 이후, 인간은 자신의 생명이 덧없이 짧으며, 원하지 않아도 태어났고, 원하지 않아도 죽게 되며, 자신이 사랑하던 사람들보다 먼저 죽게 되리라는 사실을 인식한다. 자신의 고독과 분리에 대한 인식, 자연 및 사회의 힘 앞에서 무력함에 대한 인식, 이런 모든 인식으로 인해 인간의 실존은 견딜 수 없는 감옥이 된다. 결국 인간 실존이 가진 근원적 감정은 '불안'이다. 그리고 자연과 신으로부터 분리된 경험과 죄책감이 만든 이런 불안을 해소하는 유일한 해답은 오직 '사랑'뿐이다(에리히 프롬, 2016: 23-25). 프롬(Fromm)의 말이 맞다면 인간으로 사는 한 불안할 수밖에 없고, 그 불안에서 헤어나기 위해서라도 우리는 끊임없이 사랑을 배우고 실천해야 한다.

'연애 불능의 시대'라 불릴 만큼 청년 세대의 사랑이 어려워진 것은 사실이지만 그것이 사랑의 종말을 의미하지는 않는다. 오히려 지금은 '좋은 사랑'을 배우고 연습해야 할 때다. 타인을 존중하는 태도와 평등을 바탕으로 한 사랑, 서로의 삶을 지탱해 주는 연대의 사랑이야말로 청년들이 새롭게 배워야 할 사랑의 언어다.

그렇다면 '좋은 사랑'은 어떻게 배울 수 있을까. 만약 지금까지의 연애가 힘들었다면, 혹은 다가올 사랑이 두렵다면, 잠시 멈춰 서서 나만의 사랑의 의미를 진지하게 물어야 한다. 사랑은 내게 어떤 모습으로 남아 있는가? 나는 앞으로 어떤 사랑을 꿈꾸고 있는가? 이 물음에도 정답은 없다. 사랑에 대한 정의는 사람마다 다르고, 그 다양성만큼 사랑의 언어와 방식 또한 서로 다르다.

강의실에서 학생들이 말하는 사랑의 정의를 들어보면 흥미롭다. 누군가에게 사랑은 '타이밍'이고, 누군가에게는 '아낌없이 주는 나무'이며, 또 다른 누군가에게는 '함께 비를 맞는 일'이다. 똑같은 대답은 단 한 번도 없었다. 그만큼 사랑은 다양하고 언제나 새롭게 정의된다. 그래서 모든 연애는 나와 다른 사랑의 정의를 배우고 해석해 가는 과정이다. 상대가 사랑을 어떻게 표현하는지 읽어내고, 내가 어떤 방식으로 마음을 전달할지를 배워가는 일이다. '말하지 않아도 마음을 알아줄 것'이라는 믿음은 아름답지만, 현실의 사랑을 지탱하기에는 부족하다. 사랑은 대화이고, 표현이며, 꾸준한 확인이다. 말로 전하고, 눈빛으로 응답하며, 손으로 이어지는 작은 행위들이 쌓일 때 비로소 사랑은 현실이 된다.

『All about Love』에서 벨 훅스(Bell Hooks)는 '사랑은 감정이 아닌 행동이다'라고 말한다. 감정은 예고 없이 찾아왔다가 사라지지만, 행동은 의지와 선택의 결과로 지속된다. 사랑의 감정은 '느껴서'가 아니라 '행하기에' 존재한다. 솔직하게 마음을 나누고, 존중과 배려로 상대를 돌보며, 기다림과 신뢰로 관계를 지켜내는 모든 순간이 사랑의 행위이자 사랑의 학습이다(벨 훅스, 2015: 44-46). 그가 사랑을 '명사'가 아닌 '동사'로 이해해야 한다고 주장한 이유도 여기에 있다.

우리 시대의 청년들이 사랑 앞에서 힘든 이유는 사랑이라는 이름 안에 수많은 감정이 뒤섞여 있기 때문이다. 설렘과 두근거림만이 아니라 의심과 두려움, 질투와 서운함, 초라함과 치졸함까지도 사랑의 일부다. 이러한 사랑의 복잡함을 외면하지 않고, 그 속에서 서로의 진심을 배우려는 태도야말로 성숙한 사랑으로 나아가는 첫걸음이다. 결국 사랑을 '새로고침'한다는 것은 나에게 맞는 관계의 방식을 새로 써 내려간다는 뜻이다. 무엇보다 중요한 것은 누군가를 사랑하기에 앞서, 나 자신을 이해하고 존중하려는 데서 좋은 사랑은 시작된다.

그러니 사랑이 아무리 어렵고 두렵더라도, 기대를 잃지 말자. 지금 저 멀리 어디선가 '나에게' 열심히 오고 있는 사람이 있음을 믿어보자. 그를 위해서라도 우리는 좋은 사람이 되기 위한 노력을 멈추면 안 된다. 우리 모두 이번 생은 처음이지만, 이번 생애 더 나은 '사랑'을 하기 위해서는 더 나은 '사람'이 되어야 한다.

읽을거리 & 볼거리

1. 『사랑과 연애의 달인, 호모 에로스』(고미숙, 2012, 북드라망)
사랑과 연애에 대한 인문학적 접근으로, 많은 공감을 불러일으켰던 책이다.

2. 『나는 좋은 사랑을 할 수 있을까』(한채윤, 2025, 이매진)
사랑의 실체를 성, 젠더, 권력의 관점에서 다시 묻는 책. 사랑 안의 불평등과 자율성의 문제를 날카롭게 짚으면서 '좋은 사랑'이란 무엇인지 진지하게 성찰한다.

3. 『배정원의 사랑학 수업』(배정원, 2023, 행성B)
수강신청 3초 만에 마감되는 세종대 인기 강의 '성과 문화'를 바탕으로 연애와 섹스에 관한 실용적인 조언을 담은 책이다.

4. 『사랑에도 동의가 필요해』(양동옥, 2020, 헤이북스)
연애와 성관계 속 '동의'와 책임의 문제를 다루며, 성적 자기결정권과 관계 윤리에 대해 생각하게 한다.

5. 〈다큐S프라임, "사랑의 법칙: 로맨스가 필요해"〉(2023, YTN사이언스)
정보의 홍수 속에서 사랑의 진정한 가치를 잃어버리곤 하는 현대인들을 위해 현명하게 사랑하는 법을 알아보고, 사랑의 가치를 높일 수 있는 방법을 살펴본다.

6. 〈EBS다큐프라임, "사랑의 과학 1부 – 매력"〉(2019, EBS)
우리는 어떤 이성에게 끌리는지, 사랑에 빠지면 우리 뇌는 어떤 변화가 생기는지, 사랑이 오래 유지되려면 어떤 요소가 충족이 되어야 하는지를 과학적 실험과 다양한 실험을 통해 알아본다.

7. 〈다큐멘터리K인구대기획, "초저출생 3부 – 2030 시대현상소"〉(2023, EBS)
왜 아이를 낳지 않는 사회가 되었을까? 소셜 데이터를 통해 본 저출생의 이면에 자리 잡은 2030세대의 심리적 · 문화적 요인에 대한 분석한다.

더 생 각 하 기

1. '사랑해'의 반대말은 무엇일까? 떠오르는 답을 적고, 그렇게 생각한 이유에 대해 함께 이야기를 나누어 보자.

2. 연인과의 100일이 다가오고 있다. 상대에게 어떤 선물을 하고 싶은지 적고, 이유를 설명해 보자.

3. 상대에게 성관계하자고 제안(혹은 상대의 성관계 제안을 거절)할 때 어떻게 표현하면 좋을지에 대해 토론해 보자. 모둠에서 나온 내용들 가운데 가장 효과적인 표현 방법을 소개해 보자.

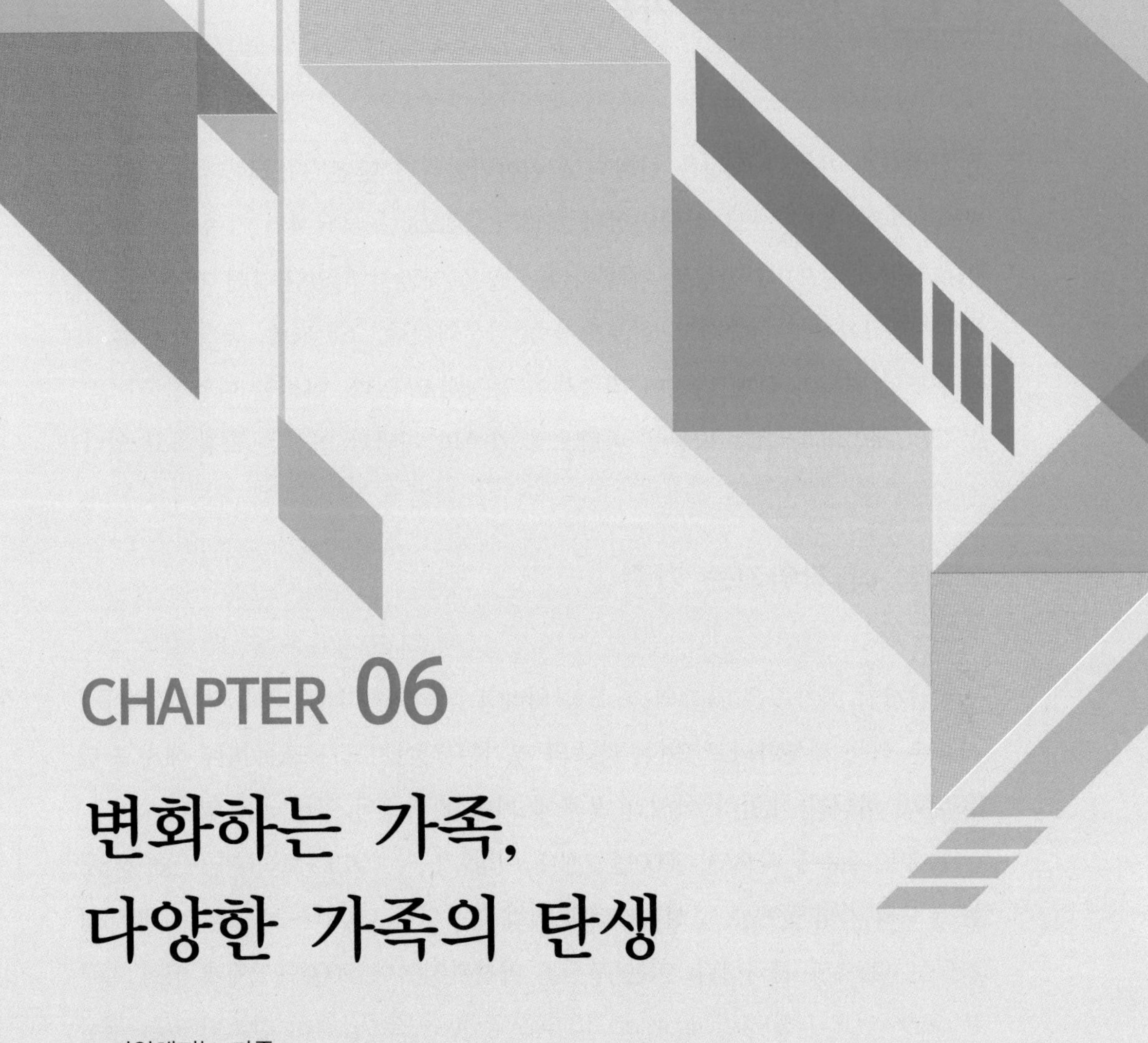

CHAPTER 06

변화하는 가족, 다양한 가족의 탄생

1. 다양해지는 가족
2. 가족 가치관의 변화
3. 여성에 대한 최후의 구속, 모성 이데올로기
4. 가족 내 권력과 불평등의 문제, 가정폭력
5. 새로운 가족의 탄생을 기대하며

1. 다양해지는 가족

현대사회 가족의 특징을 한마디로 이야기하라면 단연 '다양화'라고 말할 수 있다. 가족의 전형으로 인식되었던 자녀와 부모로 구성된 4인 가족은 더 이상 전형적이지 않으며, '전형적 가족'이라는 말은 옛말이 되었다. 1인 가구는 이제 3가구 중 1가구로 급증했고, 한부모가족, 다문화가족, 조손가족, 동거가족 등 가족구조의 변화와 함께 다양한 가족들이 등장하고 있다. 이러한 다양한 가족의 등장은 개인의 존엄과 평등을 바탕으로 가족의 개념과 인식을 확장하고 있다.

점점 더 작아지는 가족

지금까지 핵가족은 가족의 최소 단위라고 인식되었다. 그러나 현대사회에서 가족은 더욱 세분화되고 있다. 가족의 크기는 작아지고 구조는 단순해지고 있을 뿐만 아니라 개인의 이해와 욕구에 기반한 가족이 구성되고 있다.

통계청 자료에 따르면, 2000년 2세대 이상 가구는 69.1%로 10가구 중 7가구는 부모와 자녀 등으로 구성된 2세대 이상 가구였다. 그러나 2024년 2세대 이상 가구는 42.1%에 불과하다. 이는 부산도 마찬가지이다. 2000년 2세대 이상 가구는 73.9%였으나 2024년 40.4%로 10가구 중 4가구로 급격히 감소하였다. 평균 가구원수 역시 2000년 3.1명에서 2024년 2.2명으로 감소하고 있어 가족의 소인화, 소가족화 현상이 뚜렷이 나타나고 있다. 이러한 2세대, 3세대 가구의 감소와 함께 한국사회 가족의 가장 주목할 만한 변화가 바로 1인 가구의 증가이다.

1인 가구는 2000년 15.5%에서 2024년 36.1%로 크게 증가했고, 특히 부산의 경우 2000년 13.8%에서 2024년 37.2%로 빠르게 증가하고 있다. 2050년에는 전국 39.6%, 부산 39.9%로 10가구 중 4가구는 1인 가구가 될 것이라고 예측하고 있다.

〈표 6-1〉 세대별 가구 구성 및 가구원 수 (단위: 가구, 명)

구분		전체	1세대 가구	2세대 가구	3세대 가구	4세대 이상 가구	1인 가구	비혈연 가구	평균 가구원수
2000	전국	14,311,807	2,033,763	8,696,082	1,176,337	21,961	2,224,433	159,231	3.1
	부산	1,120,186	130,368	735,489	91,698	1,174	154,237	7,220	3.2
2010	전국	17,339,422	3,027,394	8,892,224	1,062,607	12,769	4,142,165	202,263	2.7
	부산	1,243,880	208,241	658,845	75,826	619	290,902	9,447	2.7
2020	전국	20,926,710	3,893,435	9,201,530	759,548	5,384	6,643,354	423,459	2.3
	부산	1,405,037	273,820	604,157	48,998	217	455,207	22,638	2.3
2024	전국	22,294,419	4,282,138	8,781,648	601,975	3,297	8,044,948	580,413	2.2
	부산	1,470,562	296,865	556,340	37,314	135	547,517	32,391	2.1

출처: KOSIS, 인구총조사.

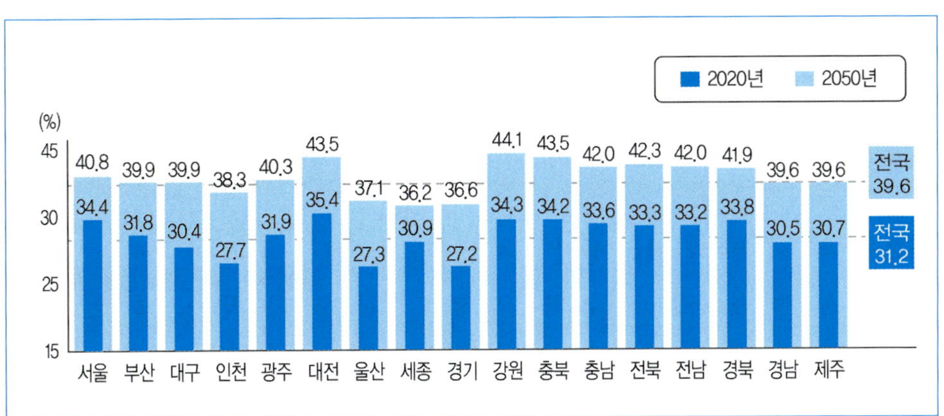

[그림 6-1] 시도별 1인 가구 구성비(2020년, 2050년)

출처: 통계청, 장래가구추계.

1인 가구, 낭만과 외로움 사이

1인 가구의 증가는 소비, 주거, 산업, 사회문화 등 다양한 영역에 큰 영향을 미치고 있다. 4인 가족 중심이던 주택시장은 1~2인 가족 중심으로 소형화되고 있으며 1인용 세탁기, 1인용 밥솥 등 소형 가전제품도 늘어나고 있다. 더불어 혼밥, 혼술 등 혼자서 하는 것이 유행을 넘어 일상으로 자리잡고 있으며 1인 가구의 삶을 보여주는 방송도 여전히 인기 있다. 대표적인 방송이 '나 혼자 산다'이다. 혼자서도 잘 사는 현대인들의 모습을 보여주고 있지만 한편, 1인 가구를 지나치게 낭만화시킨다는 우려 또한 지울 수 없다. 1인 가구는 과연 '나 혼자 산다'에 나오는 사람들처럼 자유롭고 행복한가?

혼자 사는 것에는 자발성과 비자발성이 동시에 존재한다. 이는 연령별 1인 가구의 증가 현상을 통해 발견할 수 있다. 1인 가구의 증가를 연령별로 살펴보면, 청년층의 1인 가구 증가와 고령층 1인 가구의 증가 현상이 뚜렷하게 나타난다. 이러한 현상은 2052년으로 가면 더욱 심해진다.

청년층 1인 가구 증가는 본인의 학업이나 취업으로 인한 타 지역으로의 이동과 관련이 있다. 문제는 이러한 과정적 1인 가구가 지속되는 현상에 있다. 취업난으로 직장을 구하기 어려운 20~30대들은 가정을 꾸릴 경제적인 여건이 되지 않아 결혼을 포기하거나 미루는 현상이 나타나고 있다. 스스로의 선택에 의해 결혼하지 않는 사람들도 있지만 결혼 비용의 부담 때문에 결혼할 엄두를 내지 못하는 사람들도 20~30대에서는 어렵지 않게 발견할 수 있다. 미혼 및 비혼, 만혼에 따른 1인 가구의 증가는 '화려한 싱글', '골드 미스'로 명명되는 자유롭고 풍요로운 삶에 대한 개인의 자발적 선택이라기보다 오히려 '삼포세대', '오포세대'로 상징되는 20~30대의 열악한 경제적 상황, 절망과 연결되어 있다고 보는 것이 더욱 합리적이다.

70대 이상의 고령층 1인 가구의 증가는 더욱 문제이다. 노인 1인 가구의 증가는 배우자의 사별이나 가족의 해체, 부모-자녀 관계의 변화 등에 기인하는 경향이 있다. 따라서 돌봄에서 배제된 노인 1인 가구의 증가는 '고독사'와 연결되어 있다. 홀로 외롭게 맞이하는 죽음을 의미하는 '고독사'는 1인 가구 증가 속에서 사회적 이슈로 떠올랐다.

무엇보다 이러한 고독사는 만성적 빈곤 상태에 있는 고령층을 넘어, 가족의 해체를 경험한 중장년층, 취업이나 학업으로 인해 타 도시에서 혼자 외롭게 살고 있는 청년층으로까지 확대되고 있다.

1인 가구의 증가는 가족보다는 개인적 삶의 추구, 자율성과 유연성을 내포하고 있지만, 한편 정서적 결핍, 경제적 빈곤과도 연결되어 있다. 따라서 가족 구성원의 사회적 고립을 예방하고 가족의 기능을 회복하기 위한 마을단위 공동체 가족을 비롯한 사회적 가족, 대안적 가족에 대한 욕구는 지속적으로 증가할 것이다.

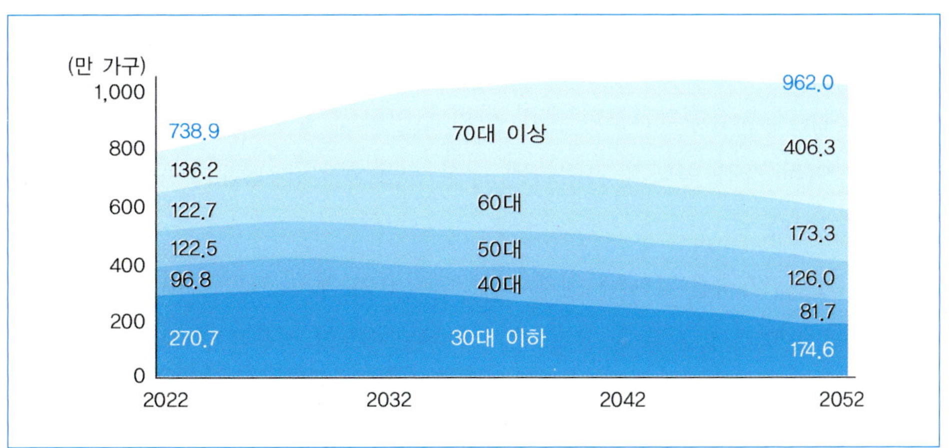

[그림 6-2] 1인 가구 연령별 규모(2020~2052년)

출처: 통계청. 장래가구추계.

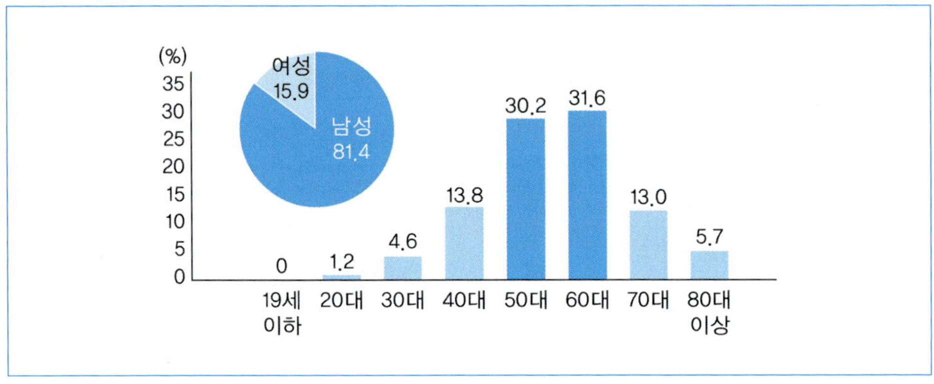

[그림 6-3] 성별, 연령대별 고독사 현황(2023년)

출처: 보건복지부. 고독사 사망자 실태조사; 중앙일보(2024.10.18).

다양한 가족의 등장

가파르게 상승한 이혼율과 저출생, 고령화 등 인구학적 변화는 가족의 다양성으로 나타나고 있다. 한부모가족, 다문화가족, 1인가족, 조손가족, 동거가족 등 전통적인 가족관계 외에 다양한 가족유형이 나타나고 있다. 이러한 다양한 가족은 새롭게 등장했다기보다 우리 사회에 이미 존재하고 있으나 인정되지 않고 있는 여러 가지 형태의 가족들에 대한 수용성이 증가했다고 보는 것이 더 타당할 것이다.

특히, 한부모가족은 2000년 전체 가구 대비 8.2%에서 2020년 10.1%로 증가했다 2024년 9.3%로 감소했다. 부산 역시 한부모가족의 비율은 2000년 10.2%에서 2010년 11.6%로 증가했으나 2024년 9.8%로 감소했다. 이는 부부가구나 1인 가구 증가에 따른 가구 수 증가에 따라 전체 가구 대비 한부모가족의 비율이 감소하는 현상으로, 2세대 가구 중 한부모가족의 비율은 빠르게 증가하고 있다.

2세대 가구 내 한부모가구 비율은 2000년 13.4%였으나 2024년 23.7%로 증가했고, 부산의 경우 2000년 15.6%에서 2024년 25.8%로 크게 증가해 전국에 비해서도 높게 나타나고 있다.

〈표 6-2〉 한부모가구 현황 (단위: 가구)

구 분		전체 가구	2세대 가구	한부모가구			
				계	부+ 미혼자녀	모+ 미혼자녀	조부 또는 조모+ 미혼손자녀
2000	전국	14,311,807	8,696,082	1,169,079	219,997	903,857	45,225
	부산	1,120,186	735,489	114,413	21,256	90,499	2,658
2010	전국	17,339,422	8,892,224	1,662,273	347,448	1,246,690	68,135
	부산	1,243,880	658,845	144,388	29,625	109,500	5,263
2020	전국	20,926,710	9,201,530	2,107,450	506,649	1,529,784	71,017
	부산	1,405,037	604,157	150,935	32,648	113,398	4,889
2024	전국	22,294,419	8,781,648	2,084,075	497,583	1,518,574	67,918
	부산	1,470,562	556,340	143,758	30,288	108,654	4,816

출처: KOSIS. 가구총조사.

이혼의 지속적 증가와 가족의 경제적 기반 약화는 부모세대의 부양은 물론 자녀돌봄 기능 또한 위축시키고 있다. 이에 따라 자녀 돌봄을 부모세대로 전가시키는 사례도 증가하면서 손자녀와 동거하는 조손가구 또한 증가하고 있다. 통계청 자료에 따르면, 2000년 45,225가구였던 조손가구는 2024년 67,918가구로 급증했고 부산지역 역시 2000년 2,658가구에서 2024년 4,816가구로 증가했다. 조손가구는 경제적 어려움과 손자녀의 양육부담을 동시에 안고 있어 돌봄 공백을 메우기 위한 지역사회 기반의 돌봄 네트워크 형성이 필요하다.

또한, 다문화가족의 증가 또한 가족이 다양화되고 있음을 보여주는 중요한 지표 중 하나이다. 외국인주민현황조사에 따르면, 결혼이민자(한국국적을 취득하지 않은 결혼이민자와 혼인귀화자를 포함)는 2006년 90,489명에서 2023년 414,578명으로 증가했고, 다문화가족 자녀 역시 2006년 44,258명에서 2023년 289,886명으로 크게 증가했다.

다문화가족의 증가와 함께 다문화가족 내 이혼 · 사별의 증가, 재혼가정의 증가 등 가족형태는 더욱 다양화되고 있으며 그 결과 가족원의 사회 · 경제적 어려움, 자녀양육 문제 등 다양한 과제들이 등장하고 있다. 무엇보다 다문화가족 자녀들이 증가하면서 이들의 차별과 배제의 문제도 사회적 문제로 대두되고 있다.

2. 가족 가치관의 변화

가족구조의 변화와 더불어 여성의 고학력화, 경제활동의 증대, 정보화, 성평등 인식 확산 등의 사회적 변화는 전통적 가족에 대한 가치관에도 변화를 주었다. 가족주의 가치관이 점차 약해지면서 가족보다는 개인의 삶과 선택이 중요한 요소가 되었다. 결혼은 필수가 아닌 선택으로 인식되고 있으며 결혼연령이 높아지고 비혼의 비율도 증가하고 있다.

결혼은 개인의 선택

부계 혈연 중심의 가족주의 가치관이 지배적이던 한국사회에서 결혼은 일반적으로 모든 사람들이 해야 하는 당위적인 것으로 인식되었고 결혼을 하고 자식을 낳아 길러야 완전한 성인이 된다고 생각했다. 따라서 소위 말하는 결혼적령기 이후에도 결혼하지 않고 있는 사람들은 문제가 있는, 비정상적 사람들로 간주되었다.

그러나 현대사회에서 개인들은 가족을 통한 결속과 유대의 욕구뿐만 아니라 독립성과 자율성의 욕구도 가지고 있다. 따라서 구속적인 결혼이나 혈연적 유대보다는 독신이나 동거 등 보다 유연한 결혼 및 가족관계를 선호하는 경향이 나타나고 있다. 한국사회에서도 결혼과 가족은 선택의 영역으로 변화하고 있다.

통계청 KOSIS, 사회조사에 따르면, '결혼을 반드시 해야 한다'는 비율은 2010년 19.6%로 높은 비율을 차지하고 있었으나 2024년 16.4%로 감소했다. 반면, '해도 좋고 안 해도 좋다'는 응답은 2010년 32.1%였으나 2024년 41.5%로 크게 높아졌다. 특히, 이는 여성의 경우 더욱 뚜렷하게 나타나고 있다. '반드시 해야 한다'는 응답은 2010년 17.8%였으나 2024년 14.0%로 낮아졌고, '해도 좋고 안 해도 좋다'는 응답은 2010년 38.2%에서 2024년 46.8%로 증가했다.

가족 구성과 해체에 있어 개인적 판단과 선택이 중요해지면서 초혼 연령 또한 지속적으로 상승하고 있으며 미혼 및 비혼의 비율도 동시에 증가하고 있다. 2000년 남성의 평균 초혼 연령은 29.3세, 여성의 평균 초혼 연령은 26.5세였다. 그러나 2024년 남성의 평균 초혼 연령은 33.9세, 여성의 평균 초혼 연령은 31.6세이다. 이는 결혼 연령대가 20대 후반에서 30대 초반으로 이동하고 있음을 의미한다. 이러한 결혼 연령의 상승과 미혼 비율의 증가는 특정연령대를 일컬어 '결혼적령기'라고 하던 사회적 관습이 변화하고 있음을 또한 보여준다.

이러한 현상은 2030세대의 결혼가치관의 변화와 함께 이들 세대가 가진 취업의 어려움, 고용의 불안정성, 결혼비용의 증가와도 연결되어 있다. 고용불안과 소득양극화는 개별가족의 경제적 기반을 약화시키고 있으며, 특히 청년층의 고용불안정성은 결혼을 미루는 요인이 된다. 여기에 더해 주택비용 상승과 결혼비용의 증가는 결혼 자체를 어렵게 한다.

빈곤 · 저학력 청년은 취업 · 결혼도 늦어... 정책 지원 필요

청년들의 졸업 · 취업 · 분가 · 결혼 등 주요 생애사 이행 시기에 빈곤 경험과 학력이 큰 영향을 미치는 것으로 나타났다.

2일 한국보건사회연구원이 공개한 '청년 이행경로 변화의 파급효과와 인구사회정책적 함의' 보고서에 따르면 청년의 빈곤 경험과 저학력은 4가지 생애사(졸업 · 취업 · 분가 · 결혼)의 이행 시기를 늦추는 요인으로 작용했다.

출처: 뉴시스 (2025.9.3).

가족에 대한 주관적인 의미 부여와 관계의 질이 결혼생활의 지속 여부를 결정하는 주요 근거로 작용하면서 이제 가족은 평생을 함께해야 하는 운명공동체라기보다 상호 신뢰와 배려를 바탕으로 한 관계 지향적 공동체로 변화하고 있다. 따라서 결혼과 이혼, 재혼 모두 개인의 선택이 보다 중요해지고 결혼관계를 지속하기 위해서는 서로의 끊임없는 노력이 필요하다. 결혼에 대한 서로의 만족감이 유지되지 않을 경우 관계는 단절될 수 있음을 인정할 필요가 있다. 따라서 결혼과 이혼 및 재혼은 전 생애 한번 경험하는 생애사적 사건이기보다 개인의 취향과 선택에 따라 언제든지 선택 가능한 삶의 방식으로 수용되고 있다(김혜영, 2008).

이혼인 듯 이혼 아닌 졸혼[1)]

현대사회에서 결혼 및 가족에 대한 가치관은 끊임없이 변화하고 있지만 현재

1) 본 저자(김혜정)의 경남도민일보 칼럼(2016.7.6) '이혼인 듯 이혼 아닌 졸혼을 권하다'의 내용을 재구성함

의 노년층에게는 이 변화가 아직 생소하다. 부부와 자녀로 이루어진, 소위 말하는 정상가족에서 벗어나는 것이 쉽지 않다. 따라서 불평등한 가족 관계, 만족스럽지 못한 부부관계를 변화시키지 못한 채 '자녀들 다 결혼시켜 놓고 이혼해야지'라는 말을 반복하며 관계를 지속하게 된다. 견고한 전통적 가족체계 속에서 생겨난 '과부', '애미 없는, 혹은 애비 없는 자식'이라는 편견과 낙인에서 자유로울 수 없는 것이다.

그러나 언젠가부터 '해혼(解婚)', '졸혼(卒婚)'이라는 말이 심심찮게 나오고 있다. 결혼(結婚)이 부부의 연(緣)을 맺어주는 것이라면, 해혼은 혼인관계를 푸는 것이다. 갈등과 불화로 부부가 갈라서는 것이 아니라 결혼 역시 하나의 과정으로 보고 그것을 완료하고 자유로워진다는 뜻의 해혼은 인도에서는 낯설지 않은 문화이다. 같은 현상으로 최근 일본에는 늘어나고 있는 졸혼은 부부가 이혼하지 않은 상태에서 서로 일정기간 떨어져 자유롭게 살아가는 것을 말한다. 부부는 시간을 정해 만나고, 나머지 시간에는 각자의 삶을 사는 것이다. 결혼의 틀은 유지하되 각자 자유롭게 사는 방식인 셈이다.

사실 우리가 졸혼이라고 명명하지 않았을 뿐 현실적으로 졸혼의 형태를 유지하는 부부는 주변에서 많이 볼 수 있다. 남편은 농촌에, 아내는 도시에 따로 거주하면서 평소 각자 생활을 하다 집안에 대소사가 있을 때만 보는 부부도 있고 손자 양육을 핑계로 아내가 자식 집에서 거주하는 부부, 한 집에 살아도 서로 독립적으로 지내는 소극적인 졸혼도 적지 않다.

함께 살면서 서로의 생활에 깊숙이 개입하는 기존의 결혼에서 벗어나 자녀가 독립한 뒤 한 달에 한두 번 정기적으로 만나 안부를 묻는 졸혼은 가족이라는 관계망을 유지한 채 따로 각자의 삶을 향유하는 방법이기도 한 것이다. 이혼을 하기에는 그간의 정이 무섭고, 자식들도 있고, 이혼에 대한 사회적 통념이 여전히 신경 쓰인다면 졸혼이 그 대안이 될 수 있지 않을까?

〈디어 마이 프렌즈〉라는 드라마에 나오는 신구와 나문희의 삶이 졸혼의 한 방식이라고 본다면, 그렇게 떨어져 지내면서 서로를 이해하게 되고 오랜 삶의 방식을 변화시키는 계기가 될지도 모른다. 결국 이혼이라는 극단적 선택에 앞서 부부가 갈등을 해결하고 관계를 회복하는 좋은 계기가 될 수도 있다. 30~40년 살면서 결혼 의무를 다한 부부가 각자 따로 살며 서로 친구처럼 지켜보는 것도 좋은 관계일 수 있다.

3. 여성에 대한 최후의 구속, 모성 이데올로기

모성 이데올로기와 죄책감

'모성 이데올로기(motherhood ideology)'는 아이를 낳고 기르는 것이 여성의 본질적 정체성이며, 더 나아가 자녀의 성장에 대해 어머니가 일차적인 책임을 진다는 '엄마 역할'에 대한 사회적 신념체계이다(조숙 · 정혜정 · 이주연, 2015; Hattery, 2001). 모성 이데올로기는 출산이라는 여성의 생물학적 특성과 연결함으로써 강력하고 근본적인 규범으로 작동해 왔다.

이러한 규범은 여성이 여성으로 존재하는 것이 아니라 어머니로 존재할 때 초인적인 힘을 발휘하게 되는 신화를 만들어냈고 신화적인 존재인 어머니, '모성'은 여성에 대한 억압의 기제로 작동해왔다. 모성의 이름으로 여성의 희생과 의무를 강요하는 논리는 현재도 유효하게 작동되고 있다.

〈모성애의 발명〉에서 엘리자베트 벡 게른스하임(2014)은 모성애가 근대 이후 산업현장과 분리된 가족제도 안에서 아동의 발달을 위해 인위적으로 만들어진 것이라고 주장한다. 여성만이 양육과 돌봄의 적임자라는 '모성 신화'는 남성이 노동에 몰입할 수 있도록, 또한 훈육된 노동자로 양성될 수 있도록 여성이 무상으로 돌봄을 수행해야만 자본주의가 원활히 돌아갈 수 있기 때문에 작동되는 것이라고 보았다.

그리고 이러한 모성 이데올로기는 여성의 사회적 참여와 연결되면서 '모성 박탈(maternal deprivation)'로 확장되었다. '모성 박탈'은 어머니가 부재하거나 어머니와 보내는 시간이 부족할 경우 자녀, 특히 영유아기 아동의 정서적 · 심리적 발달에 문제가 발생한다고 보는 것이다.

〈아내가뭄〉의 저자인 애너벨 크랩(2016)은 미국 여성을 대상으로 한 2006년 연구 결과, 전일제 근무를 하는 엄마들이 1976년 전업주부 엄마들보다 아이와 일대일로 보내는 시간이 더 많음에도 불구하고 시간이 부족하다는 죄책감을 가지게 된다고 지적했다.

실제로 오늘날 엄마들은 다양한 이유로 자녀에게 죄책감을 느끼며 살아간다. 일하는 엄마는 자녀와 함께 보내는 시간이 부족하다는 생각에 죄책감을 느끼고, 비취업 엄마는 하루 종일 자녀와 지내지만 질적으로 좋은 양육을 하지 못한다는 생각에 자신을 책망한다.

여성들이 직업을 가지고 사회로 나가기 시작하면서 한편에선 여성들이 사회로 나가면 안 되는 이유를 만들어냈다. '모성 이데올로기'와 '모성 박탈'은 어쩌면 여성도 남성과 같이 직업을 가지고 사회적 활동을 하는 사회에서 여성에게 가할 수 있는 최후의 구속으로 작동한 셈이다.

슈퍼맘과 맘충

케이트 버틀러(Kate Butler, 2010)는 한국에서 강력하게 작동하는 모성 이데올로기가 여성이 자신의 영역을 가정으로 한정시키거나 노동시장에 진입한 경우에도 '슈퍼우먼 신드롬'에 스스로를 가둘 가능성을 배제할 수 없다고 하였다.

이러한 우려는 현실로 나타나고 있다. 이 시대 엄마들에겐 '모성애'와 '자기개발'이라는 두 가지 과제가 주어져 있다. 자기 성장을 해야 하는 동시에 아이가 훌륭하게 성장할 수 있도록 서포터해야 한다. 각종 TV 프로그램과 육아서는 여성들에게 '프로맘(Pro Mom)', '슈퍼맘(Super Mom)'이 될 것을 요구한다. 여성에게 자신의 일을 하는 전문가로서의 엄마를 요구하면서도 아이의 욕구와 심리를 정확하게 파악하고 발달단계에 맞춰 완벽한 지원을 해주는 엄마도 동시에 요구하고 있다. 이 두 가지를 동시에 잘 할 수 있을까? 모성 이데올로기는 이 두 가지를 동시에, 그리고 완벽하게 할 수 있다고 말하고 있다. 그리고 그 과정에서 여성들은 '이러다 사회에서 도태되는 것은 아닐까?' 안절부절하고 '아이를 제대로 키우고 있는 것일까?', '내가 너무 이기적인 엄마는 아닐까?' 죄책감에 시달린다.

우리 사회 모성 이데올로기가 가져온 '슈퍼우먼 콤플렉스'는 아이러니하게도 '맘충'이라는 또 다른 엄마의 정체성을 만들어냈다. '맘충'이란 단어는 자녀 사랑을 핑계로 몰지각한 행동을 하는 엄마를 비하하는 뜻으로, 엄마를 뜻하는 '맘(Mom)'과 '벌레 충(蟲)'자가 결합된 것이다. 문제는 이러한 맘충이라는 명명이 비단 몰지각한 행동을 하는 엄마에 한정되는 것이 아니라 자녀를 동반한 엄마 모두를 지칭하는 단어가 되어 가고 있다는 것이다.

조남주의 소설 『82년생 김지영』(2016)이라는 책에서 김지영 씨는 유모차를 끌고 커피 한잔 들고 공원에 갔던 날 서른 전후의 직장인 일행으로부터 '나도 남편이 벌어다 주는 돈으로 커피나 마시면서 돌아다니고 싶다. 맘충 팔자가 상팔

자야'라는 말을 듣는다. 아이 양육을 위해 직장을 포기해야 했던 김지영 씨는 졸지에 남편이 벌어다주는 돈으로 커피나 마시는 '맘충'이 되어 버린다.

김지영 씨가 직장을 포기하지 않았다면, 워킹맘의 삶을 살았다면 그때는 '슈퍼맘'이 되지 못하는 자신을 자책해야 했을 것이고, '어린 아이를 떼어놓고 자기 발전을 위해 살아가는 이기적인 엄마'라는 비판을 듣게 되었을 것이다. 한국사회의 모성 이데올로기는 여성에게 슈퍼맘이 되거나 맘충이 될 것을 요구하고 있는 셈이다.

"죽을 만큼 아프면서 아이를 낳았고 내 생활도, 일도, 꿈도, 내 인생, 나 자신을 전부 포기하고 아이를 키웠어. 그랬더니 벌레가 됐어. 난 이제 어떻게 해야 돼?"

– 조남주 (2016). 『82년생 김지영』 중에서

4. 가족 내 권력과 불평등의 문제, 가정폭력

일반적으로 가정폭력은 가족 내에서 발생하는 모든 형태의 폭력과 방임, 유기를 포함한다. 남편과 아내, 부모와 자녀, 형제자매 및 기타 동거가족을 포함한 가족 구성원 중의 한 사람이 다른 가족 구성원에게 의도적으로 물리적 힘을 사용하거나 정신적 학대를 통하여 고통을 주는 행위를 말한다. 다시 말해, 가정폭력의 개념 속에는 신체적, 성적 상해를 가하는 학대 행위 및 심리적, 정신적 고통을 주는 비신체적 학대, 자아존중감을 해치는 언어폭력, 그리고 적극적으로 부양의무를 이행하지 않는 방임과 유기까지 포함된다.

이러한 가정폭력은 일반적으로 배우자에 대한 폭력, 아동에 대한 폭력이 다수를 차지하고 있다. 대부분의 가정폭력 행위자는 남성이며 남편에 의한 아내의 폭력은 자녀에게 동시에 가해질 수 있다는 점에서, 폭력에 대한 학습을 통해 재생산된다는 점에서 더욱 문제시된다.

그러나 가정폭력은 생각보다 우리 주변에서 흔하게 발생한다. 실제로 2022년 전국 가정폭력실태조사 결과에 따르면 지난 일 년 동안 배우자로부터 신체적 · 성적 · 경제적 · 정서적 폭력 중 하나라도 경험한 비율은 7.6%로 나타났다. 그러나 폭력 발생 이후 '어디에도 도움을 청한 적 없다'는 비율은 92.3%로 매우 높게 나타나 폭력에 따른 대응이 적절히 이루어지고 있지 않음을 알 수 있다.

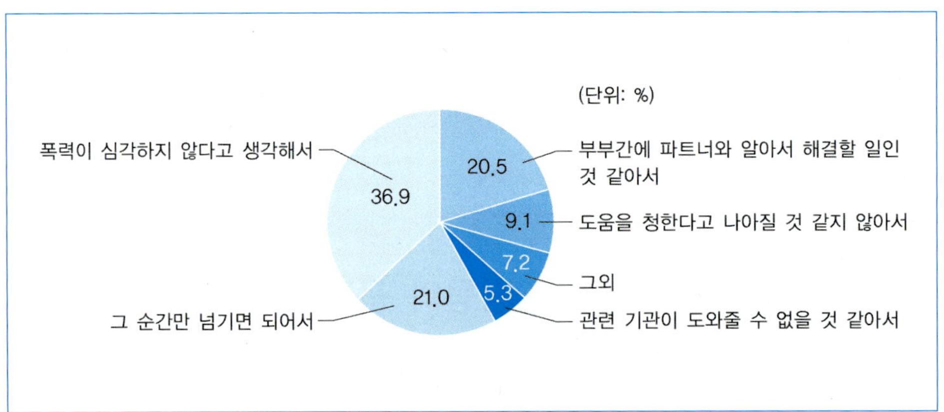

[그림 6-4] 폭력 발생 이후 도움을 요청하지 않은 이유(2022년)

출처: 여성가족부. 전국가정폭력실태조사.

가정폭력의 원인으로 가해자의 성격적 특성, 알코올이나 약물 중독, 가해자의 아동기 폭력 경험, 경제적 어려움 등 다양한 요인이 거론되고 있으나 여성주의자들은 본질적으로 가정 내 권력(power)과 불평등(inequality)이 주요하게 영향을 미치고 있다고 보고 있다.

가정은 작은 사회체계 중 하나이며 구성원들이 상호작용하는 장이다. 따라서 가족 구성원 간의 상호작용 속에서 권력의 불균형, 불평등의 현상은 발생할 수 밖에 없다. 특히, 남성 중심의 가부장적 가족 규범이 강하게 작동하는 한국사회에서 가족 내 권력의 불균형, 젠더 불평등 현상은 뚜렷하게 나타난다.

한국사회의 가부장적인 태도와 남성 중심적 사고는 배우자를 동등한 개체로서 인식하고 존중하는 것이 아니라 소유물로 인식하고 가해자 자신의 통제에 따라야 한다고 믿는다. 따라서 자신의 통제에서 벗어난다고 인식하기 시작하면 손쉽게 가정폭력으로 이어지게 된다.

또한, 가정폭력은 사회 전반적인 여성 인권 수준, 성평등 인식, 관련 법과 제도 등과도 연관되어 있다. 여성이나 아동에 대한 인권 의식이 낮은 사회, 가부장적 문화가 지배적인 사회, 폭력에 대한 법과 제도가 마련되어 있지 않은 사회에서 가정 폭력은 증가하게 된다.

사회적인 권력구조나 의사결정 등에서 소외되어 있는 장애여성, 다문화가정 여성이 배우자로부터 폭력을 경험할 가능성이 더 높다는 사실은 가정 내 폭력이 가정 내 권력의 집중과 사회구조의 문제와 어떻게 연결되어 있는지 잘 보여준다. 결국, 가정폭력은 단순히 개인적 요인이나 특성에 기반한 현상이라기보다는 권력과 불평등이라는 구조적인 성격을 내포하고 있다.

따라서 가정폭력은 더 이상 사적인 문제가 아니라 공적인 개입이 필요한 사회적 문제이다. 그러나 여전히 우리 사회에서 가정폭력은 사적인 문제로 인식되고 있다. 현행 가정폭력처벌법은 가해자를 형사 처벌하기보다 보호 처분함으로써 가정폭력에 대한 강력한 방지 효과를 가지지 못하고 있으며, 무엇보다 피해자를 제대로 보호하지 못하고 있다.

실제로 국회 행정안전위원회 소속 기본소득당 용혜인 의원실이 경찰청으로부터 받은 자료를 보면, 지난해 전국에서 접수된 112 신고 중 경찰이 정식으로 수사에 나선다는 의미의 '입건' 단계로 넘어간 사건은 전체의 6.1%(10,924건)에 불과했다. 나머지 93.9%(168,999건)는 '범죄'로 인정되지 않고 '종결 처리'됐다. 하루 평균 492건 중 462건이 '없던 일'이 되고 만 것이다(경인일보, 2025.7.13).

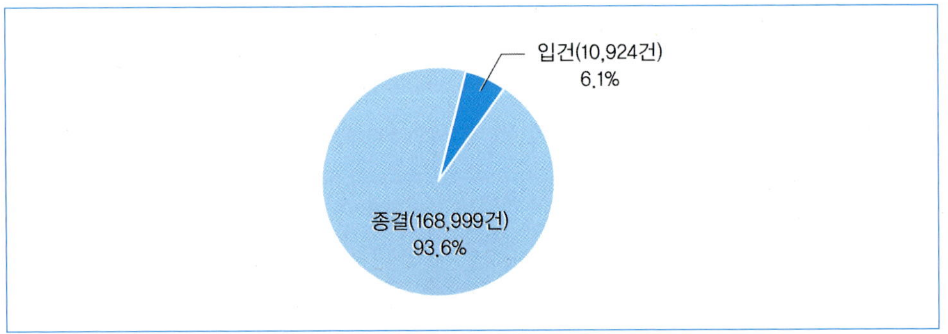

[그림 6-5] 2024년 전국 가정폭력 112신고 건수와 처리결과

출처: 용혜인 국회의원실; 경인일보 (2025.7.13).

수많은 가정폭력 사건이 수사도 개시되지 않은 채 종결되는 주된 이유는 가정폭력의 '반의사불벌' 조항에 있다. 형법에 따라 폭행, 협박 등은 피해자가 가해자의 처벌을 원치 않는다고 밝히면, 가해자를 처벌할 수 없다.

가족의 구조와 가치관이 달라지고 있고 집안일은 집안 내에서 스스로 해결해야 한다는 전통적 가족주의 관념 또한 변화하고 있다. 여성은 더 이상 남성의 소유가 아니며 부부간의 평등한 의사결정과 상호존중, 배려와 신뢰를 토대로 하지 않고는 더 이상 가족이 유지될 수 없다. 따라서 폭력에서 벗어나고자 하는 개인의 노력과 함께 이웃과 지역사회가 방관하지 않고 적극적으로 개입하고 공공 기관의 도움을 요청해야만 가정폭력의 문제는 해결될 수 있다. 가정폭력은 가족 내 문제가 아니라 학습되고 다음 세대로 전이된다는 점에서 사회와 연대하여 이를 해결해 나가는 노력이 필요하다.

5. 새로운 가족의 탄생을 기대하며

인터넷으로 세상 어디든 갈 수 있는 지금, 우리는 세상의 다양한 문화를 공유하고 나와는 다른 방식으로 살아가는 다른 나라 사람들의 이야기를 쉽게 접하며 살아간다. 그 덕에 사람들은 다양한 가족의 형태가 있을 수 있다는 것을 알게 되었다. 양부모와 자녀로 구성되어 있지 않은 가족이라 할지라도, 더 나아가 반드시 혈연으로 구성되어 있지 않은 가족이라 할지라도 가족이 될 수 있고, 이러한 가족의 테두리 안에서 가족의 정을 충분히 나눌 수 있다고 생각하게 되었다.

이러한 가족은 '대안가족', '공동체가족', '사회적 가족' 등 새로운 용어로 불리고 있다. 이 같은 가족 유형은 혈연, 결혼, 입양을 기반으로 한 전통적인 가족의 개념에서 벗어나 사회적 관계 또는 이웃 등 사회적 신뢰를 기반으로 한 사회적 가족의 일종이라 할 수 있다.

앞서 언급한 것처럼 가족 규모의 축소, 세대 구성의 변화, 가족의 소인화 등 가족 구조가 단순화되면서 가족 내 돌봄, 교육, 정서적 지지 등 가족 기능은 점차 약화되고 있다. 가족 가치관도 함께 변화하면서 가족 구성원 개인의 자율성과 독립성이 증가하는 만큼 개인의 고립과 정서적 결핍도 동시에 경험하게 된다. 특히, 노인 1인 가구의 증가는 노인 돌봄 부담이 심각한 가족문제뿐만 아니라 사회문제로 대두될 가능성을 내재하고 있다.

이러한 문제의 하나의 대안이 바로 '대안가족', '공동체가족', '사회적 가족' 등 새로운 가족이 될 수 있다. 최근 등장하고 있는 셰어하우스, 홈셰어링, 공동부엌 등 공동체 형태의 사회적 가족 또한 새로운 가족의 모습이라 할 수 있다. 셰어하우스는 거주하는 사람들이 개인적인 공간은 별도로 사용하고 공동의 공간을 함께 쓰는 방식이다. 공동의 공간을 중심으로 거주하는 사람들의 교류가 자연스럽게 이루어진다. 특별한 날 혼자일 때, 아프거나 급하게 누군가의 도움이 필요할 때, 이러한 공동체 형태의 사회적 가족은 돌봄의 대안이 될 수 있을 것이다.

이러한 새로운 가족의 형태는 '끈끈한 가족애'를 갖고 살아가기보다는 필요에 의해 모인 공동체에 더 가깝다. 가족이 하나의 공동체가 아니라 개인이 공동체를 이루었기 때문에 가족이 되는 것이다. '한 집에 사는 피로 이어진 사이'라는 전통적인 형태의 가족에서 벗어나 조금 불편하지만 이러한 공동체를 형성하고자 하는 사람들은 점점 더 많아지고 있으며, 변화하는 가족의 부정적 이면을 메워주는 대안이 될 수 있을 것이다.

읽을거리 & 볼거리

1. 『부모됨의 뇌과학』 (첼시 코나보이, 코쿤북스, 2024)
   모성이 의무도 운명도 아니라는 것을, 부모됨의 의미를 뇌과학을 통해 새롭게 탐구하고 있다.

2. 『한국 영화에 재현된 가족 그리고 사회』 (강성률, 성균관대학교 출판부, 2018)
   가족과 여성, 젠더 그리고 세대의 문제를 영화를 통해 분석하고 있다.

3. 『이상한 정상 가족』 (김희경, 동아시아, 2017)
   가부장제를 근간으로 한 한국의 가족주의와 정상가족 이데올로기를 비판하고 있다.

4. 『모성애의 발명』 (엘리자벤트 벡 게른스하임, 이재원 역, 알마, 2014)
   결혼 파업, 임신 파업, 출산 파업, 모성애를 둘러싼 현대 가족의 문제를 이야기하고 있다.

5. 〈어느 가족〉 (고레에다 히로카즈 감독, 2018)
   핏줄로 엮이지 않았지만 상호 배려하고 존중하며 살아가는 가족에 대해 생각해 보게 한다.

6. 〈툴리〉 (제이슨 라이트맨 감독, 2018)
   일, 육아, 사회적 기대 등 다중 역할을 수행해야 하는 여성의 현실과 부부 간 돌봄의 불균형에 대해 보여주고 있다.

7. 〈가족의 탄생〉(김태용 감독, 2006)
   가족이 어떻게 새롭게 재편되고 구성되는지 보여주는 영화이다.

1. 가족이 개별화되고, 1인 가구, 한부모가구, 조손가구 등 다양한 가족의 등장이 한편으로는 정서적 결핍과 경제적 빈곤으로 이어지고 있다는 비판에 대해 생각해 보자.

2. 졸혼은 이혼으로 가는 하나의 과정에 불과한 것인지, 부부에서 친구로 새로운 관계를 형성하고 회복하는 과정이 될 수 있을지 토론해 보자.

3. 모성애는 태생적으로 여성에게 주어지는 것인지, 사회화된 것인지 토론해 보자.

4. 혈연으로 구성되지 않은 대안가족, 사회적 가족의 가능성에 대해 생각해 보자.

CHAPTER 07

젠더와 노동

1. 평등한 채용: 직무 수행에 필요한 조건인가?
2. 노동시장 참여에 성별 차이가 있는가?
3. 성별 직종 분리가 있는가?
4. 임금 격차: 합리적인 차이인가?
5. 조직 문화: 관행이라고 치부되거나 불합리하지 않은가?

1. 평등한 채용 : 직무 수행에 필요한 조건인가?

아르바이트를 구해 봤거나 취업을 준비하는 구직자들이라면 구직 공고 검색을 하고 서류 및 면접시험 등을 경험했을 것이다. 한 재단에서 「채용절차법」(「채용 절차의 공정화에 관한 법률」 약칭, 2020년 시행) 제정 2년을 맞아 청년 대상으로 '불쾌한 면접'에 대한 설문조사를 실시하였는데, 채용 면접 중 불쾌감을 느낀 응답자(68%) 중 '본인 출신 지역이나 연애, 결혼 등을 언급할 때' 불쾌했다는 응답이 가장 많았고, 불쾌한 면접 미경험자(32%) 중에서는 '본인 용모, 키, 체중 등 신체조건을 언급'하면 가장 불쾌할 것 같다는 응답이 가장 많았다고 한다. 본인 출신 지역이나 용모 등 불쾌하다고 언급된 질문 내용의 공통점은 '직무 수행에 필요하지 않은 개인정보'라는 것이다.

고용노동부도 온라인 취업포털 구인 광고의 주된 위반 사례들을 발표했는데, 대표적인 사례가 이력서 등에 '직무의 수행에 필요하지 않은 개인정보', 즉 혼인 여부, 출신 지역 및 가족 학력 · 직업 정보를 요구하거나, 채용서류 반환 청구 기간이 지난 경우에도 채용서류를 파기하지 않는 등이었다(고용노동부 보도자료, 2024.7.21).

이뿐만 아니라 고용노동부는 「남녀고용평등법」(「남녀고용평등과 일 · 가정양립 지원에 관한 법률」 약칭)에 근거하여 2022년 9월부터 약 한 달간 주요 취업포털에 올라온 14,000개 구인 광고 중 성차별적인 모집 · 채용 광고로 의심되는 업체의 문구들을 확인했다. 그 결과 성차별적 채용공고는 아르바이트 모집 업체가 가장 많았고(78.4%), 직종별로는 서비스직, 무역 유통, 교육, 생산제도, 영업 등 대부분 직종에서 성차별적 공고가 있었다. 그리고 아래와 같은 구체적인 사례를 명시했다(고용노동부 보도자료, 2023.2.1).

172cm 이상 훈훈한 외모의 남성 / 주방(남), 홀(여) /
남자 사원 모집, 여자 모집 / 여성 우대, 남성 우대

그렇다면 위 채용공고는 성차별적일까? 동법 제2조, 제7조에 의하면 '직무의 성격에 비추어 특정 성이 불가피하게 요구되는 경우'를 제외하고는 차별이 될 수 있고, '근로자를 모집 · 채용할 때 그 직무 수행에 필요하지 않은 용모 · 키 등의 신체적 조건 등'을 요구하면 안 된다. 그러므로 위 사례들 또한 '직무의 수행에 필요하지 않은 특성'을 명시하여 차별적이라 볼 수 있다.

실제로 2025년 한 프로야구 구단에서 올린 구장 안내소 아르바이트 채용 요건이 논란이 되었는데, 이는 '여성, 항공과 재학생 또는 졸업생, 관련 업무 경험자'였다. 이 요건이 구장 안내소 업무의 수행에 필요한 것인가 하는 논란이 일자 채용 담당자는 '서비스 전문성을 키우기 위해 전공자 제한을 두었'고 '성별 제한은 여태껏 해당 분야에서 남성이 근무한 적이 없어서 올린 것뿐'이라고 설명했다.

면접 과정에서도 성별에 따라 다른 질문을 받게 된다. 최근 한 여성 프로축구리그 감독에 의하면, 감독이 되기 위해 면접을 볼 때마다 거의 첫 번째로 받는 질문이 "4명의 아이를 둔 엄마로서 톱 클럽의 감독이 가능하다고 생각하느냐"는 질문이었다고 한다. 2022년 한 금융기관에서 면접위원들이 여성 지원자에게 한 '키가 몇인지', '**과라서 이쁘다'라는 외모 평가 발언이 사회적 논란이 되었고, 이 외에도 면접 시 남자 친구, 결혼, 출산 계획 등 사적 영역에 대한 질문, 차 심부름 등 성차별적 상황에 대한 대처 등은 여성 구직자에게는 평범하기까지 하여 면접 대비 예상 질문리스트에도 빠지지 않는다.

2023년 비서직 면접시험 중 남성 지원자에게 '비서로 남성을 뽑을 것 같나요'

라는 질문이 성차별이라는 국가인권위원회 판단이 있었다. 이에 대해 채용기관은 '성차별을 하려고 한 것이 아니라 지원자가 이 업무에 임할 각오가 되어 있는지 확인하고자 질문했을 뿐'이라는 입장을 냈다.

만약, 기업의 인사 분야에 AI를 도입하면 이런 문제가 개선될까? 2018년 유명 글로벌기업에서 개발한 인공지능 채용 프로그램에서 남성 지원자가 여성 지원자보다 지속적으로 높은 점수를 받았고, 국내에서도 널리 사용되는 생성형 AI에서는 의사는 남성, 간호사는 여성과 같은 방식으로 특정 직업에 성별을 할당했다. 이렇게 현실을 기반으로 만들어지는 기술은 현실의 인식을 크게 벗어나기 어려우므로 신기술을 적용하더라도 주의를 기울여야 한다.

위에 언급된 사례들은 채용 과정에서 발생하는 성별에 기반한 차별로서, 직무 수행에 필요하다고 보기 어려운 것들이다. 구직의 첫 관문인 채용공고, 면접시험에서부터 차별을 없애는 것이 상식적인 일자리의 시작점이다.

2. 노동시장 참여에 성별 차이가 있는가?

한국의 노동시장 참여에서 나타나는 특징 중 꾸준히 언급되는 것은 성별 고용 격차와 성별 임금 격차가 크다는 것이다. 최근에는 여성들의 고용률이 남성에 비해 높아지고 임금 격차도 줄어드는 추세라고 하는데, 이러한 최근 노동시장의 추세를 통계자료 중심으로 자세히 살펴보자.

우선 성별 고용률을 보면(그림 7-1), 여성 고용률의 경우 2000년 47.0%였지만 2015년 처음으로 50%를 넘어 2024년에는 54.7%였다. 반면 남성 고용률은 꾸준히 70%를 넘었으나 코로나19 당시인 2020년 60%대로 잠시 내려갔다가 이듬해 바로 70%를 회복했다. 성별 고용률 격차는 16.2%p인데, 2000년 성별 격차가 23.8%p(남성 70.8%, 여성 47.0%)인 것과 비교하면 성별 고용률 격차는 장기적으로 감소하는 경향을 보인다.

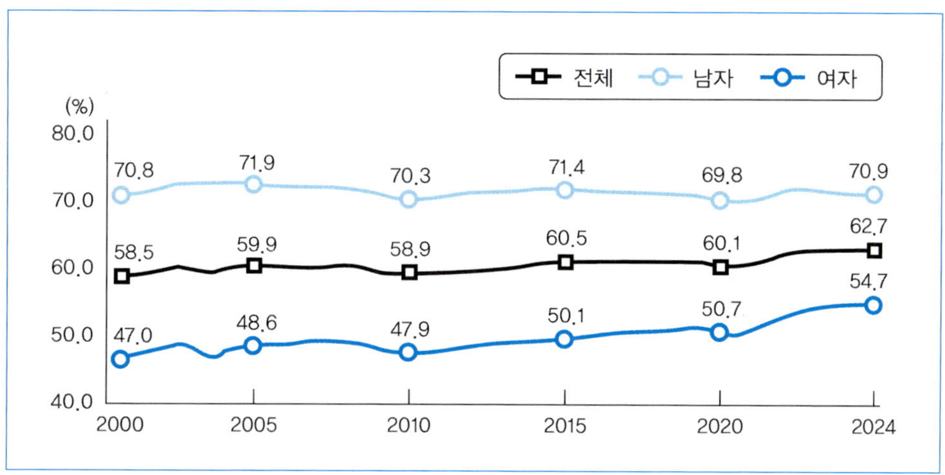

[그림 7-1] 성별 고용률

출처: 통계청. 경제활동인구조사; 통계청 (2025). 2024 한국의 사회지표(17) 재인용.

*고용률=(취업자 수÷15세 이상 인구)×100

전반적으로 여성 고용률이 높아지고 남성 고용률은 비슷한 수치를 유지하는 현상에 대해, 한국개발연구원(KDI)은 국내 산업 특성상 전반적으로 건설업과 제조업 중심으로 고용 여건이 둔화되고 있으므로 해당 산업 종사자 비중이 높은 남성의 감소세가 지속되었다고 분석했다(내일신문, 2025.5.15). 이 분석에 따르면 업종별 고용 여건의 차이가 성별 고용률에 영향을 미친 것으로 볼 수 있다.

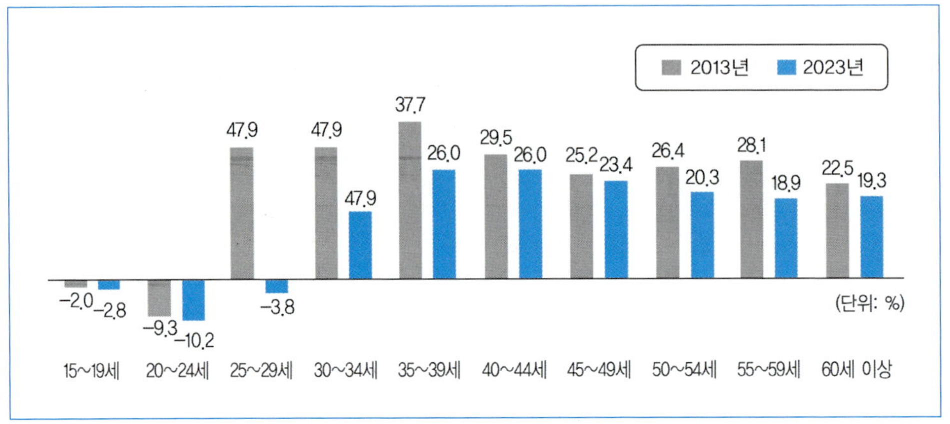

[그림 7-2] 연령별 성별 고용률 격차

출처: 통계청. 경제활동인구조사; 여성가족부, 고용노동부 (2025). 2024 여성경제활동백서 재인용.

구체적으로 연령대별 고용률 격차를 중심으로 살펴보면(그림 7-2), 20대 여성 고용률은 남성에 비해 상대적으로 높다. 최근 노동시장은 코로나19 이후 여성 고용률 중심으로 개선되고 있다. 2022년 이후 여성 고용률도 둔화하는 흐름을 보이기도 했으나, 여성 취업자 증가율, 고용률 등 모든 지표에서 남성에 비해 증가하였고, 전체 여성 고용률 중 특히 25~39세의 증가가 두드러졌다(정성미 외, 2025).

전체 평균에서는 여성 고용률이 남성에 비해 낮지만, 20대에서는 여성 고용률이 오히려 높은 현상에 대해 군 복무 기간의 영향 등이 거론되기도 하고, 팬데믹 이후 의료 · 돌봄 등 AI 영향이 덜한 산업으로 몰리는 여성과 자동화 위기에 직면한 기술 · 금융 분야 일자리를 찾는 남성이라는 성별 특성으로 분석하는 논의도 있다(포춘코리아, 2025.8.26). 그러나 군 복무 기간이 짧아지는 추세임에도 2013년 대비 2023년 20대 성별 고용률 격차가 좀 더 확대되었음을 고려한다면 다양한 논의가 필요하다.

그렇다면 이러한 성별 고용률 격차가 줄어드는 현상이 실제 취업 현장에서는 어떨까?

[그림 7-3] 연령대별 여성 고용률을 보면, 소위 'M자형 곡선'이 여전함을 알 수 있다. 여성의 경제활동 참여가 늘어나고 성별 격차가 줄어드는 추세임에도 여성에 대한 노동시장 참여가 출산과 육아에 의해 크게 영향을 받는 현실이 드러난다. [그림 7-2]에서 볼 수 있듯, 20대 여성 고용률은 남성에 비해 높지만 30대 이후부터는 역전되는 현상이 바로 이 'M자형 곡선'으로 나타난다. 이 'M자형 곡선'은 OECD 회원국 중에서도 도드라지는 현상인데, 비슷한 상황이었던 일본의 경우 점차 개선되고 있지만 한국에서는 여전히 나타나고 있다.

결혼 및 출산 연령이 높아지는 추세이므로 M자형 곡선이 좀 더 완만해지고 그 최저점이 2010년 기준 30~34세(53.0%)에서 2024년에는 40~44세(65.2%) 구간으로 이동하는 변화가 보이지만, 'M자형 곡선'에 여전히 주목하는 이유는 여성의 취업에 결혼과 출산의 영향이 크다는 점을 알 수 있을 뿐 아니라 결과적으로 남녀 근속연수의 격차, 나아가 승진과 임금 격차, 더 나아가서는 연금 가입률과 연금 수급액까지 영향을 미치기 때문이다.

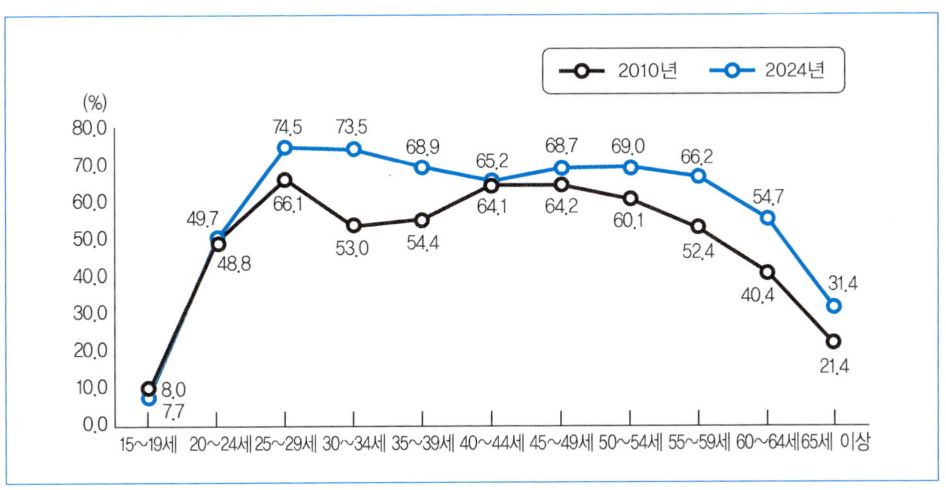

[그림 7-3] 연령대별 여성 고용률

출처: 통계청. 경제활동인구조사; 여성가족부 (2025). 2025 통계로 보는 남녀의 삶 재인용.

여성의 대학진학률이 남성을 앞서 있는 현실에서, 취업에서 중요한 요소인 인적자본(교육, 훈련, 건강 등), 특히 교육 정도는 성별 고용률과 어떤 관련이 있을까? [그림 7-4]를 보면 교육 정도별 고용률의 성별 격차는 완화되고 있으나, 2023년 기준 '대졸 이상' 성별 고용률 격차는 16.0%p이고, '고졸 이하' 성별 고용률 격차는 15.8%p로서 동일한 교육 정도라고 하더라도 15%p 이상의 성별 고용률 격차가 계속 유지되고 있다.

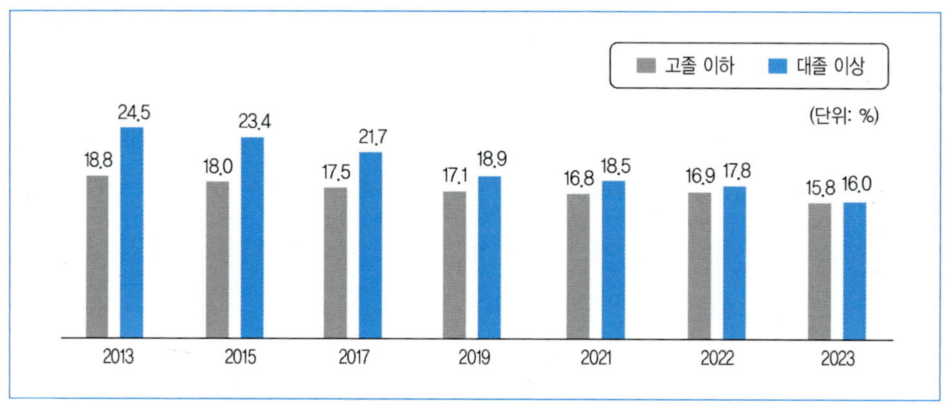

[그림 7-4] 교육 정도별 성별 고용률 격차

출처: 통계청. 경제활동인구조사; 여성가족부 (2025). 2024년 여성경제활동백서 재인용.

또한 여성이 상대적으로 일찍 노동시장에 진입한다고 해도 비정규직으로 입직하는 경우가 많아 일자리의 질은 떨어진다. 여성들이 비정규직으로 입직하는 경우가 상대적으로 많아서이다(경향, 2025.9.22). 2013년과 2024년 사이 20대 남성 정규직은 11만4000명 감소한 반면, 20대 여성 정규직은 19만 명 감소했다. 그런데 같은 연령대의 비정규직은 남성이 19만 4000명 증가하는 동안 여성은 26만 명 증가했다. 여성 고용률이 남성보다 높다지만, 많은 수의 여성이 정규직인 아닌 비정규직으로 고용된 것이다. 20대 남성의 비정규직 비율은 40%인 데

비해 20대 여성의 비정규직 비율은 45.9%이다(동아일보, 2025.7.15).

3. 성별 직종 분리가 있는가?

교육부와 한국직업능력연구원이 발표한 〈2023년 초 · 중등 진로교육 현황조사〉 결과(표 7-1)를 보면, 성별로 구분되는 선택을 확인할 수 있다. 교사의 경우 여학생은 26.9%가, 남학생은 14.8%가 희망 직업으로 선택했고, 운동선수의 경우 남학생은 33.3%가, 여학생은 4.9%가 희망 직업으로 꼽았다.

〈표 7-1〉 학생의 희망 직업(성별) – 상위 5개 (단위: %)

	초등학생		중학생		고등학생	
	남	여	남	여	남	여
1	운동선수 (21.8)	교사 (8.7)	운동선수 (8.9)	교사 (11.2)	컴퓨터공학자/소프트웨어 개발자 (6.1)	간호사 (9.0)
2	크리에이터 (8.6)	의사 (7.8)	교사 (7.1)	의사 (7.1)	교사 (5.6)	교사 (7.0)
3	의사 (6.4)	가수/성악가 (5.9)	의사 (5.2)	시각디자이너 (4.3)	CEO/경영자 (3.6)	뷰티디자이너 (4.4)
4	요리사/조리사 (5.1)	제과제빵원 (5.5)	경찰관/수사관 (4.6)	뷰티디자이너 (3.6)	경찰관/수사관 (3.5)	생명과학자 및 연구원 (4.1)
5	프로게이머 (4.6)	운동선수 (4.9)	컴퓨터공학자/소프트웨어 개발자 (4.2)	약사 (3.4)	건축가/건축공학자 (3.3)	의사 (3.1)

출처: 교육부 · 한국직업능력연구원 (2023). 2023년 초 · 중등 진로교육 현황조사.

이렇듯 희망 직업이 성별로 구분되는 것을 볼 때, 그리고 어렸을 때 나는 어떤 직업을 갖고 싶었는지, 주위 어른들은 내가 어떤 직업을 갖기를 원했는지를 교차해서 생각해 보면, 순수한 개인의 선호나 역량 등을 고려한 직업 선택을 넘어 우리 사회에는 여전히 성별로 바람직하다고 생각하는 직업 구분이 있음을 알 수 있다.

『직업을 때려치운 여자들』이라는 책에는 소위 사회가 말하는 여자들이 하기 좋은 4가지 직업에 종사하는 여성 인터뷰 내용이 나온다. 이 4가지 직업은 교사, 간호사, 승무원, 방송작가인데, 'K-도터'들이 선택하는 대표적인 여성 집중 직종들이다. 저자들은 개인들의 진로 선택이 사실은 사회구조적 맥락 속에서 이루어지고 있음을 드러내고 있는데, 특히 여성들이 선택하는 직업군은 우리 사회가 여성에게 요구하는 돌봄의 속성을 많이 갖고 있으며 이러한 특성이 부각될수록 이 직업의 전문성을 인정받기 어렵다는 점을 강조한다. 성별에 구애받지 않고 누구나 자기가 하고 싶은 일을 자유롭게 선택할 수 있기를 바라면서 말이다.

많이 개선되기는 했지만, 아직도 여성이 많은 직종, 남성이 많은 직종으로 구분되는 것이 현실이다. 특정 직종이나 부서 내에서 수평적으로 성별에 따라 분리되는 현상을 '유리벽'이라고 하는데, 구체적으로 민원응대 및 서비스, 돌봄 등의 특성을 가지는 직종에 여성이 집중되고, 남성은 기획, 영업, 전문 기술의 특성이 있는 직종에 집중되는 것으로 나타난다. 최세림 · 정세은(2019)의 연구에 의하면, 여성 비율이 높은 직종일수록 임금, 근로시간, 근로시간 강도가 낮았지만 상대적으로 요구 학력과 훈련, 타인에 대한 책임 수준이 높은 편이었고, 남성 비율이 높은 직종의 경우 사고위험에 노출되는 빈도, 신체 불편에 노출되는 빈도가 높았다고 한다. 또한 여성 직종에 대한 저평가보다 직무 내 성별 임금 격차가 더 중요한 요인이기는 하지만 다른 조건이 동일할 경우 직종 내 여성 비율이 10% 높으면 평균임금이 1.4% 하락하는 것으로 나타났다.

이처럼 성별 직종 분리는 성별 임금 격차에 영향을 미치는 요인 중 하나로 분석되고 있어 각 분야에서 이를 개선하기 위한 노력을 하고 있다. 대표적인 남성 집중 직종인 자동차 공장의 사례를 보자. 미국 자동차회사 제너럴모터스의 캐나다 법인인 GM 캐나다 오샤와 조립공장에서는 2019년 18~20% 정도였던 여성 비율이 2021년 신규 고용에서는 절반 정도로 증가했다. 당시 GM은 다양성 전략을 지지하고 있었고 여성 조합원 확대에 힘쓰고 있던 캐나다 최대 민간부문 노동조합총연맹인 '유니포(Unifor)'와의 협의를 통해, 신입 교육에 힘을 쏟았고 남성 인력이 많던 시절에 맞춰져 있었던 화장실과 샤워실도 재배치했다. 채용 과정에서는 '성별 편견'을 없애기 위해 같은 수의 남성과 여성 조사원을 고용해 성별이 합격에 영향을 미치지 않도록 하는 자동차도어 제작 시뮬레이션을 고안하기도 하는 등 성중립적인 채용 절차에도 힘을 쏟았다(경향신문, 2023.3.3).

한국 경찰공무원의 성별 분리 개선 노력을 보면, 「경찰공무원 임용령」 등에 성별 분리 모집 근거가 없으나 관행적으로 여성을 정원 10~12% 수준으로 분리 선발해왔던 경찰 성별 분리 모집이 성차별적이라는 인식이 확산되면서, 2017년 경찰개혁위원회는 성별 구분 없는 통합모집실시를 권고하였다(김정혜, 2017). 이에 2026년부터 남녀 동일 기준의 체력시험 등을 통한 남녀 통합 선발과 합격자가 특정 성별로 편중되는 현상을 방지하기 위한 양성평등채용목표제가 시행된다.

성별로 수평적으로 직종 분리된 현상과 달리, 관리직 및 고위직 등 수직적으로 성별 분리된 현상을 '유리천장'이라고 한다. 한국은 국가 간 비교를 통해 이러한 유리천장 현상이 심한 것으로 알려져 있다.

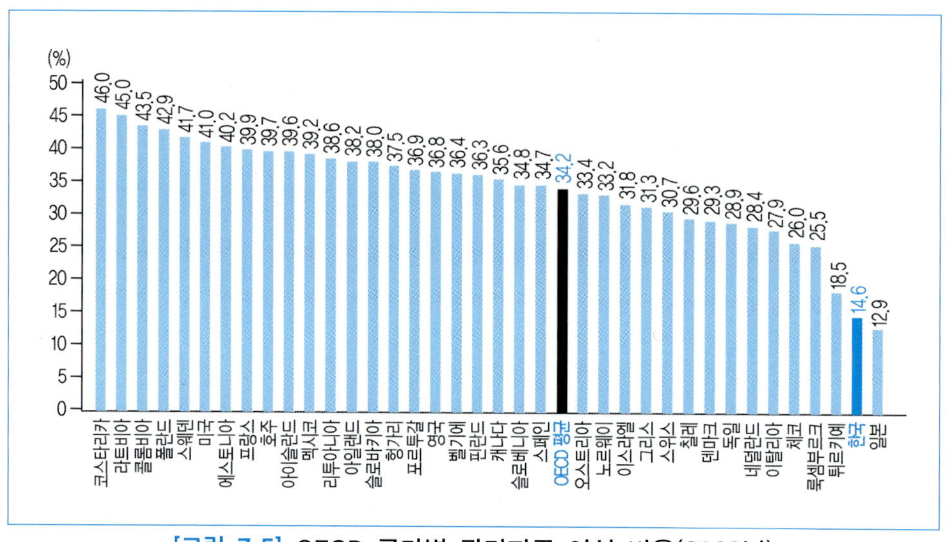

[그림 7-5] OECD 국가별 관리자급 여성 비율(2022년)

출처: OECD. Stat, Share of female managers; **통계청** (2025). **재인용.**

주: 영국은 2019년, 호주와 캐나다는 2021년, 나머지 국가는 2022년 기준임.

[그림 7-5]에서 보듯이, OECD 국가들 중 한국의 관리자급(최고경영자, 상급공무원, 입법부의원, 총무 · 영업관리자, 생산 및 전문서비스 관리자) 중 여성 비율은 14.5%로, 일본(12.8%) 다음으로 가장 낮고 OECD 평균인 34.2%에 비해서는 20% 가까이 낮다.

관리자급 성비 불균형은 왜 문제가 될까? 최근 다국적 기업의 최대 과제 중 하나는 다양성 추구이다. 이는 그동안 배제되어왔던 소수민족, 유색인종 등 소수자의 의사결정 참여를 보장하는 바람직한 사회적 가치이기도 하지만 새로운 시장 개척, 신제품 개발 및 고객 니즈 파악 등 기업의 경영성과에도 도움이 되기 때문이다. 성비 불균형이 심한 조직은 다수 성별의 인식과 관행대로 운영되거나 소수 성별 구성원들의 좋은 정책과 아이디어를 반영하기 어려운 구조가 되기 쉬우므로, 관리자급 성비를 개선하는 것은 기존의 누적된 차별을 개선하는 동시에 조직의 발전 가능성을 높이기 위한 조치이기도 하다.

적극적 고용개선조치는 수직적 · 수평적 성비 불균형을 개선하기 위한 제도로서, 국가, 지방자치단체 또는 사업주 등이 현존하는 고용상 차별을 해소하거나 고용 평등을 촉진하기 위하여 잠정적으로 취하는 모든 조치 및 그에 수반되는 절차를 의미한다.

양성평등채용목표제

1989년 '공무원임용시험령' 개정까지 여성 공무원 채용 비율은 10~20%로 제한되었다. 이러한 공무원 성별 제한 모집으로 인한 불균형한 공무원 성비를 바로잡기 위해, 즉 누적된 성차별을 개선하기 위해 1995년 공무원 채용시험부터 한시적으로 여성공무원 채용목표제가 도입되었다. 2002년 말 여성채용목표제의 적용 시한이 만료됨에 따라 양성평등채용목표제가 도입되었다.

양성평등채용목표제는 공무원 채용 시 특정 성별의 합격자 비율이 30%* 미만일 때 합격선 범위 내에서 해당 성별의 응시자 중 합격선에 근접한 응시자에게 직급별로 2~3점의 가산점을 주고 정원 외 인원으로 추가 합격시키는 제도로서, 5, 7, 9급 공채 시험 중 5명 이상 채용하는 시험 단위에 단계적으로 성비 목표를 정하여 한시적으로 운영되었다. 당초 5년 한시제를 목표로 시작했지만 네 차례 연장을 거듭해 2027년까지 적용된다. 2024년 기준 남성 148명, 여성 54명이 이 제도로 추가 합격했고, 이 제도가 시행된 뒤 누적된 정원 외 합격자는 총 4,988명(남성 3,371명, 여성 1,617명)이다.

* 로자베스 모스 캔터 하버드대 경영대학원 교수는 '숫자의 중요성'을 강조하면서, 조직 내 소수자 비율이 15% 이하인 경우를 '토큰(token)'으로 정의했다. 조직 내에서 소수인 것은 가시성이 크고 성과에 대한 압박이 생기며, 조직은 '토큰'을 통해 우리 조직은 소수자를 차별하지 않는다는 것을 보일 수 있다. 이러한 구색 맞추기 단계를 지나 소수자 비율이 30%의 임계점을 넘어서면 조직에서 변화를 만들 수 있다고 분석했다.

국내에서는 적극적 고용개선조치의 대상 기업(공공기관 및 상시 근로자 500인 이상 사업장 등)은 직종별 · 직급별 남녀 노동자 수와 임금 현황, 여성 고용에 관한 계획서를 고용노동부에 제출해야 한다. 고용노동부는 대상 기업 중 3회 연속으로 동종 업계 · 사업장 규모 대비 여성 고용 비율이 평균의 70%에 미달하는 기업 대상으로 개선 이행을 촉구하는데, 이행촉구를 받고도 미이행 시 '적극적 고용개선조치 미이행 사업장'의 명단을 공표한다. 그간 적극적 고용개선조치 등의 노력으로 여성 고용률은 2006년 30.77%에서 2024년 38.49%로, 관리자 비율은 2006년 10.22%에서 2024년 22.47%로 증가했다(고용노동부 보도자료, 2025.8.6). 이후 2025년 9월 30일에 정부조직법 개정안 의결에 따라 적극적 고용개선조치 업무 등은 성평등가족부로 이관되었다.

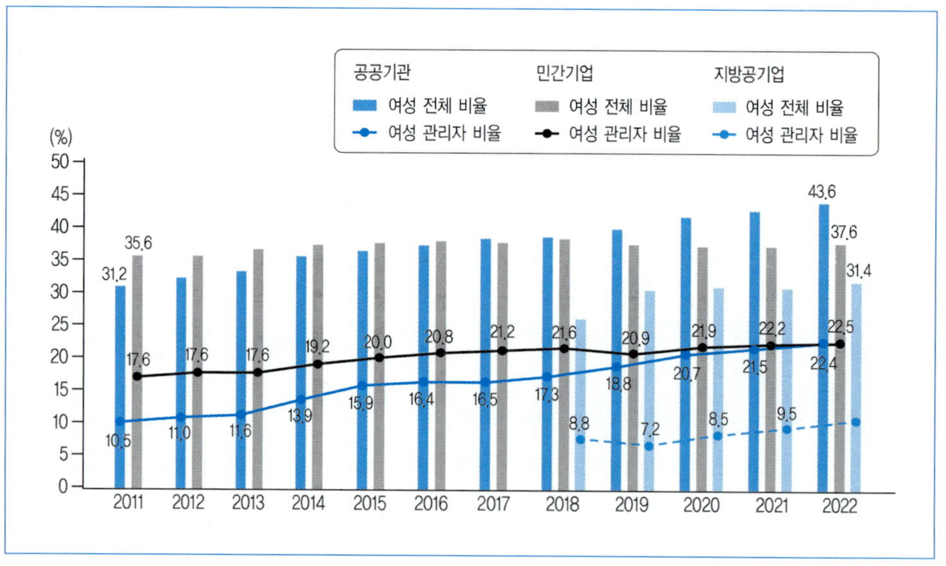

[그림 7-6] 공공기관, 지방공기업, 민간기업 및 여성관리자 비율(2011–2022년)

출처: 고용노동부, 2023년판 고용노동백서; 통계청 (2025). 한국의 SDG 이행보고서 2024 (50) 재인용.

[그림 7-6]은 2011~2022년 국내 적극적 고용개선조치 시행 대상 기관의 여성 고용 비율과 여성 관리자 비율이다. 공공기관, 지방공기업, 민간기업의 여성 관리자 비율을 살펴보면, 우선 공공기관에서는 2011년 10.5%에서 2022년 22.4%로 2배 이상 증가하였다. 그러나 민간기업의 경우 2011년 17.1%에서 2022년 22.5%, 지방공기업의 경우 2018년 8.0%에서 2022년 10.7%로 그 증가세가 공공기관에 비해 완만한 편이다.

2024년 11월 국내 100대 기업 여성 임원 현황을 조사한 결과 여성 임원 비중은 6.3%(7,404명 중 463명)였다(아시아경제, 2024.11.11). 업종별로 보면, 먼저 금융업의 경우 2024년 기준 국내 10개 금융그룹사 과장급 이상 여성 관리자 비율은 37% 정도이다(대한금융신문, 2025.8.25). 4대 금융지주(신한, KB, 하나, 우리)의 여성 임원 비율은 2022년 12월 12.9%(15명)이고 2025년 6월 여성 임원 비율은 17.8%(18명)로 증가했는데, 이 중 상근 여성 임원은 7.8%(9명)에서 5.9%(6명)으로 오히려 감소하여 이 증가세는 사외이사 여성 비율 증가로 인한 것이었다. 이는 자산 2조원 이상의 상장법인 이사회가 특정 성별로만 구성되는 것을 금지한 자본시장법 개정안 시행(2022년)으로 인한 결과라는 분석이다(한스경제, 2025.9.19).

건설업계의 경우 국내 매출 상위 500대 기업의 2025년 1분기 기준 여성 임원 비율은 5.0%이고(이투데이, 2025.9.1), 언론사의 경우 2025년 10월 기준 한국여성기자협회 회원사 32개 언론사의 여성 임원 수는 전체 162명 중 10명(6.2%), 부국장급은 17.3%, 부서장급은 24.5%로, 상위직급으로 갈수록 여성 비율이 낮아짐을 알 수 있었다(미디어오늘, 24.12.3).

이렇게 업종 구분 없이 한국의 여성 관리자급 비율이 낮은 원인은 다양하겠지만, 승진 과정에서 관행 또는 조직 문화가 개입되는 암묵적 성차별을 부정하기는 어렵다. 앞서 채용공고 사례에서처럼 명시적으로 차별하는 경우를 '직접차별'이라고 할 때 승진 및 배치 등에서 성별에 따라 다른 기준을 적용하지 않았지만 여성 관리자 비율이 적은 경우 '간접차별'을 의심할 수 있고 아래의 사례처럼 면밀한 조사를 거쳐 차별로 인정될 수 있다.

간접차별 사례

□ 남녀에게 동일한 승진심사 기준을 적용했음에도 고용상 성차별

2024년 1월, 중앙노동위원회는 기계 제조·판매업체 사업주 A씨에게 여성 직원 2명을 승진심사에서 차별했다는 이유로 고용상 성차별 시정명령을 내렸다.

A씨가 운영하는 업체는 2023년 상반기 과장급 승진심사를 진행했는데, 여성 대상자 2명이 모두 탈락했다. 해당 업체의 국내사업본부 남성 직원은 모두 영업관리직으로, 여성 직원은 전부 영업지원직으로 근무하고 있는데, 승진심사 기준에 있던 '매출 점유율'과 '채권 점유율' 등에 대해 여성 직원은 승진 조건을 채울 수가 없는 상황이었고 실제 2019년부터 2023년까지 업체 국내사업본부에서 과장급으로 승진한 12명 가운데 여성은 1명도 없었다.

업체는 남녀에게 동일한 취업규칙과 인사 규정을 적용했지만, 승진심사에서 탈락한 여성 직원과 입사 시기가 비슷한 남성 직원은 모두 승진했을 뿐 아니라, "통계적 결과, 승진심사 시 실제 적용된 기준, 승진 이후 역할, 현재 과장급 이상 승진자 업무 등을 모두 고려해 성별에 따른 간접차별로 보고 승진심사를 다시 하도록 하는 시정명령"을 받게 되었다.

* 간접차별: 사업주가 채용조건이나 근로조건은 동일하게 적용하더라도 조건을 충족할 수 있는 남성 또는 여성이 다른 한 성에 비하여 현저히 적고 그에 따라 특정 성에게 불리한 결과를 초래하며 그 조건이 정당함을 증명할 수 없는 경우 (남녀고용평등과 일·가정 양립 지원에 관한 법률 제2조 제1항)

4. 임금 격차 : 합리적인 차이인가?

영국 자동차회사 롤스로이스의 성별 임금 격차는 4%로 여성 평균 시급이 남성보다 4% 낮고 평균 상여금을 비교하면 여성이 남성보다 15.8% 낮게 받는다. 이에 비해 한국의 성별 임금 격차는 OECD에 가입한 원년인 1996년부터 내내 '꼴찌'이다. 한국의 성별 임금 격차는 2022년 31.2%로 경제협력개발기구(OECD) 33개국 중 가장 큰데, 이는 남성이 100만원을 받을 때 여성은 69만원을 받는다는 의미이다(그림 7-7).

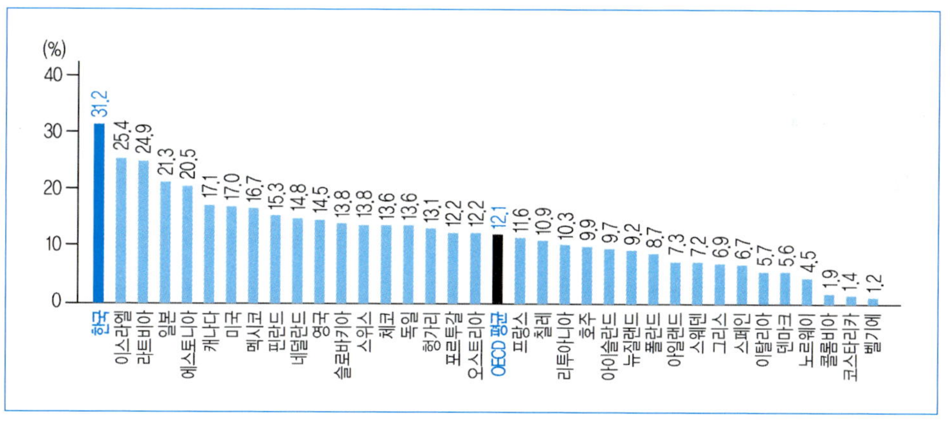

[그림 7-7] OECD 회원국별 성별 임금 격차(2022년)

출처: OECD, Gender wage gap (https://data.oecd.org); 통계청 (2025). 재인용.

여성가족부는 2024년 성별 임금 현황을 공시한 2,980개 회사를 분석한 결과를 발표했는데, 남성 근로자의 1인당 평균임금은 9,780만원, 여성은 6,773만원으로 임금 성비가 30.7%로 2023년 대비 4.4%p 증가했다. 특히 제조업, 정보통신업, 금융 및 보험업 등 종사자 규모가 큰 산업에서 성별 임금 격차가 큰 것을 원인으로 보는데, 구체적으로 도소매업 44.1%, 건설업 41.6%, 정보통신업 34.6%, 제조업 29.1% 등에서 격차가 큰 반면 예술 · 스포츠 및 여가 관련 서비스업(15.8%), 숙박 및 음식점업(17.7%) 등에서 격차가 적은 편이었다(여성가족부 보도자료, 2025.9.4).

이렇듯 산업별 특성에 따라 성별 임금 격차가 발생하는데, 동일 산업 내 임금 격차도 존재한다. 구체적으로 방송산업 실태조사 결과(2025)를 보면, 문화관광체육부 산하 방송사(KTV · 아리랑국제방송 · 국악방송)에서 일하는 프리랜서의 72.5%가 여성이다. 그런데 프리랜서의 평균 월급은 남성 301만원, 여성 275만원으로, PD, 진행자 등 20개 직무 중 4개만이 남성보다 여성이 더 많은 보수를 받았다고 한다(여성신문, 2025.9.11). 대체로 여성 중심 직종의 임금수준이 상대적으로 남성 중심 직종에 비해 낮다는 결과를 보인다.

또한 일반적으로 근속연수 격차가 줄면 임금 격차가 감소하지만, 위 보도자료에서는 근속연수 격차가 줄었음에도 임금 격차가 확대된 것으로 나타났다(여성가족부 성별 임금 격차 조사결과 보도자료, 2025.9.4) 이와 관련하여, 2024년 기준 근속기간별 성별 임금 격차를 보면(그림 7-8) 1년 미만의 시간당 임금 성비 74.7%, 7년 이상의 시간당 임금 성비 73.1% 정도 수준으로, 근속기간이 높아지는 만큼 임금 격차가 벌어지는 것은 아니다.

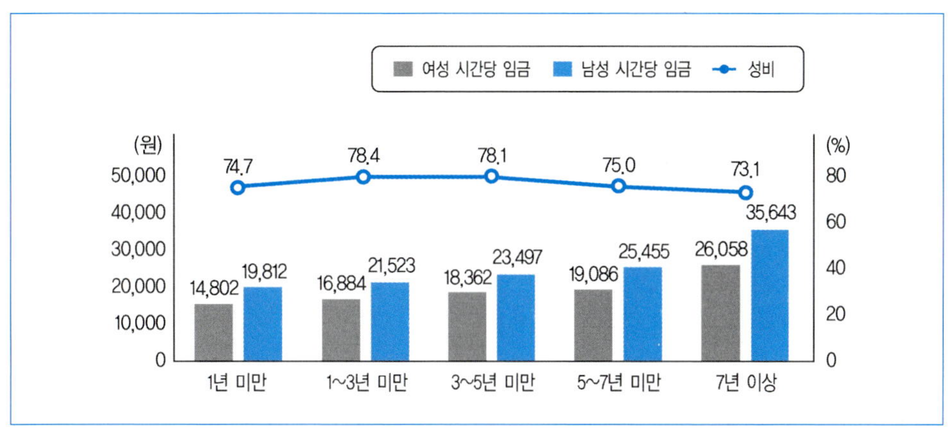

[그림 7-8] 2023년 근속기간별 성별 임금

출처: 여성가족부, 고용노동부 (2025). 2024 여성경제활동 백서.

김창환 · 오병돈(2019: 197) 교수의 연구에 의하면, 대학 졸업 후 2년 이내 노동시장에서 모든 인적자본을 통제한 후에도 즉 같은 학교, 같은 학과를 나오고 같은 경력을 보유하더라도 노동경력 초기의 성별 임금 격차가 17.4%였다. 2024년 통계청 자료에서 25~39세의 동일한 교육정도(대졸 이상)에서 성별 임금 현황(표 7-2)을 보면, 성별 임금 격차가 25~29세 구간에서는 6.2%p였으나 35~39세 구간에서는 15.1%p 수준으로 연령대가 높아지면서 임금 격차가 벌어지는 것을 확인할 수 있다.

〈표 7-2〉 25~39세 대졸 이상 성별 임금 (2024) (단위: 천 원)

성별 / 연령대	여성	남성	임금 성비
25~29세	39,336	41,923	93.8
30~34세	46,708	52,002	89.8
35~39세	55,014	64,821	84.9

출처: 고용노동부, 임금직업포털×연간임금=정액급여+특별급여 (초과급여 제외)

첫 일자리 임금을 보면, 15~29세 청년층 중 첫 일자리에 취업할 당시 임금을 '300만원 이상' 받았다는 비율이 남성에서는 10.5%인 반면 여성은 3.3%이다. '200만원 이상'으로 범위를 넓혀도 남성은 51.2%가 해당하지만, 여성은 42.1%만 해당한다(통계청, 2025년 5월 경제활동인구조사 청년층 부가조사).

고용형태별 시간당 임금 성비를 보면, 2023년 정규직의 시간당 임금 성비는 73.0%(남성 27,695원, 여성 20,205원)이고, 비정규직의 시간당 임금 성비는 73.5%(남성 20,337원, 여성 14,944원)이다(고용노동부, 여성가족부, 2025). 정규직과 비정규직의 시간당 임금에서는 크지 않아 고용형태로 인한 성별 임금 격차는 크지 않은 것으로 보인다.

이렇듯 공식적인 통계 수치가 일관되게 성별 임금 격차를 보여주고 있는데, 이러한 성별 임금 격차 원인으로는 여성들의 높은 경력 단절 비율, 비정규직과 정규직 사이 격차가 큰 노동시장의 이중구조, 채용 과정에서의 차별적 관행 등이 꼽힌다. 그러나 출산 · 육아에 의한 경력 단절과 관련이 적은 대학 졸업 후 2년 이내 또는 첫 일자리의 임금에서도 성별 격차가 나타남을 알 수 있다.

앞에서 본 것처럼 성별 임금 격차는 성별뿐 아니라 산업, 고용 형태, 교육 정도, 기업 규모, 직종, 근속연수, 지역, 직위 등 다양한 요인들이 고려되어야 하고 중첩되어 발생할 수 있다. 이로 인해 각 기업 구조나 상황에 따라 성별 임금 격차의 원인과 양상이 다르게 나타날 수 있으므로 각 기업 차원에서 성별 통계를 분석하여 각 기업의 상황에 맞는 개선방안을 스스로 찾는 것이 바람직하다.

이러한 방향성을 가진 제도가 바로 '성별근로공시제'와 '고용평등임금공시제'(서울시, 고양시 등 일부 지자체에서 조례로 성별 임금공시제를 시행 중이고, 2025년 성평등가족부에서 도입 검토 중)이다. 제도의 명칭에서 드러나는 '공시'에만 초점을 두기보다는, 이 제도를 통해 각 기관(업)의 현황을 분석하고 다양한 목소리를 담아 조직 문화를 개선하고 경영성과를 높일 기회로 삼는다면 이 제도의 목적에 부합하는 결과를 낼 수 있을 것이다. 국내뿐 아니라 국제적으로도 성별 임금 격차를 중요한 이슈로 삼고 이를 개선하기 위한 제도를 운영하고 있다.

용어 설명 1 ▷

- **성별근로공시제** : 기업이 스스로 채용 · 근로 · 퇴직단계 등 고용상 항목별 성비 현황을 외부에 공시하는 제도(자율공시)이다.
  - **(필수 공시내용)** 채용단계부터 퇴직단계까지 성별 현황 확인 지표 ① 채용단계(채용 비율), ② 근로단계(근로자 수, 근속연수, 임금 비율, 임원 비율), ③ 퇴직단계(이직자 비율)
  - **(선택 공시내용)** ① 일 · 가정 양립제도, 모성보호제도 운영 현황, ② 성별 격차 완화를 위한 조치계획 및 그에 따른 성과, ③ 직장 어린이집 설치 여부 등 기업이 스스로 선정하여 공시

출처: 고용노동부 누리집.

5. 조직 문화 : 관행이라고 치부되거나 불합리하지 않은가?

#1. 2020년 B금융기관에 갓 입사한 여성 직원은 2년 동안 점심밥을 짓고 설거지를 하고 심지어 남자 화장실 수건을 수거해 집에서 빨아오라는 지시를 받았다고 폭로했다. 고용노동부가 해당 기관에 대한 특별근로감독을 실시했고 위법 사항을 확인하여 가해자들에 대한 징계와 처벌이 이루어

졌고 조직 문화 전반에 대한 실태조사도 실시했다.

#2. 관리자가 '한국 사회는 여성이 비서 역할을 하는 것이 관행'이라며 전혀 다른 파트에 있는 나에게 비서 업무도 함께 처리하라고 강요했다(경향신문, 2025.3.2., 2024년 4월 직장갑질119에 온 메일 중).

#3. 2025년 C시설관리(주)의 여성 노동자 용모 · 복장 매뉴얼 내용 중 일부가 공개되었다. 목걸이는 근무 중 미착용이 원칙이나 펜던트 크기가 1cm 이하의 소형 목걸이 1개 이하 착용 가능, 귀걸이는 착용 시 귓불 밑 1cm 이하 형태 1개 이하 착용 가능, 머리색은 검정색에서 #8 밝은 갈색 정도까지의 일반적인 밝기와 색상이어야 한다는 것 등을 포함하여 총 8개 항목 20개의 체크리스트를 제시했다. 이 모든 체크리스트는 남성에게는 적용되지 않는 것이었다(여성신문, 2025.2.7).

옛날 얘기 같은 사례들이지만, 실제 발생한 비교적 최근 사례들이다. 여성 직원에게만 부여되는 '밥 짓기' 지시나 용모 · 복장 규제 등 돌봄 역할이나 꾸밈에 대한 기대는 '관행'이라는 이유로 아직도 발생하고 있다.

남성들 또한 무거운 짐을 옮기거나 남들이 하기에 힘들고 어려운 일을 남자라는 이유로 하게 되는 어려움을 호소한다. 이런 일들은 힘들고 어려운 일로부터 여성을 '보호'하고 '배려'하려는 이유로도 볼 수 있다. 그러나 이는 결과적으로 그 능력에 대한 평가로 귀결될 수 있고 특정 업무에서의 '배제'로 연결될 수 있다는 점도 동시에 지적된다.

앞에서 보았듯 OECD 국가 중 성별 임금 격차 9.7%, 관리자급 여성 비율 39.6%(2022) 등의 성평등 국가로 알려진 아이슬란드에서 2023년 10월 24일 하루

동안 일을 멈추는 전국 총파업을 열어 화제가 되었다. 당시 총리도 지지하고 동참한 이 파업은 '용납할 수 없는' 성별 임금 격차 해소와 성별에 기반한 폭력에 대한 목소리를 내기 위해서였다고 하니, 우리 사회는 이런 파업을 어떻게 받아들일지 궁금하다.

국내에서는 몇 해 전 『82년생 김지영』이라는 책이 세간에 큰 화제가 되었다. 이 책은 '김지영'이라는 우리 사회 평범한 여성의 생애사적 경험을 다루었다. 평범한 가정에서 태어나 대학을 나오고 취업을 하고 결혼을 한다. 그리고 출산하고 육아를 위해 퇴사를 하고 재취업을 하는 과정에서 예상 가능한 어려움을 겪는다. 아주 평범하게 보이는 이 이야기가 왜 그렇게까지 세간의 화제가 되었을지 의문스러울 수 있지만, 이것이 그만큼 많은 사람에게 공감을 이끌어냈다는 것이다.

실제로 1983년생 기혼여성 4명 중 1명은 출산과 함께 직장을 그만두었고(25.2%), 혼인과 출산 시 모두 직업이 있는 비중은 40.5%였다. 반면 1988년생 여성 중 결혼과 출산 당시 모두 직업을 유지한 사람은 49.5%로 83년생보다 비중은 높았다. 하지만 여전히 5명 중 1명(20.6%)은 출산과 함께 경력 단절을 겪는 것으로 조사됐다. 그렇다면 '02년생 김지영'은 82년생 김지영과 다른 삶을 살게 될까?

청년층 고용률이 16개월 연속 하락세이고 특히 적극적으로 일자리를 찾지 않고 있음을 의미하는 '쉬었음' 인구가 증가한다는 등의 최근 신문 기사 제목들은 낮은 청년층 고용률을 해결하라는 묵직하고 중대한 과제를 던져준다. 청년들이 일자리를 적극적으로 찾기보다 '쉼'을 선택한 원인으로 '적합한 일자리 부족'을 가장 많았다고 하는데, 단순히 청년 일자리 숫자를 늘리는 것에서 그치지 않고 안정적이고 괜찮은 일자리를 만들어야 하는 어려운 과제이다.

그렇다면 이제 우리 사회에 필요한 것은 성별을 포함하여 특정 정체성을 가진 사람들에게 더 적합하거나 불편한 일자리가 아닌, 모두가 함께 일할 수 있는 괜찮은 일자리일 것이다.

일자리의 양적 확대도 중요하지만 상식적이고 합리적인 수준의 일자리를 만드는 노력이 병행되어야 괜찮은 일자리를, 좋은 근무 환경을 만들 수 있을 것이다.

읽을거리 & 볼거리

1. 『남자가 많은 곳에서 일합니다』(박진희 저, 2024, 앤의 서재)

전통적으로 남성을 채용한다거나 위험하기 때문에, 일하는 환경이 여성에게 적합하지 않기 때문에 등의 이유로 남성이 많은 직군에서 일하는 여성들이 이야기를 담고 있다. 그들이 좋아하는 일을 계속 해내기 위한 노력과 앞날에 대한 긍정적인 기대를 가진 여성들의 이야기이다.

2. 『직업을 때려치운 여자들』(이슬기 · 서현주 저, 2024, 동아시아)

오랜 세월 동안 여자들이 하기 좋다고 인식된 직업들 중 여초 직업이라 일컬어진 4가지 직군(교사, 간호사, 승무원, 방송작가)에서 왜 여성들이 많이 일하게 되는지, 진정으로 여자가 하기 좋은 직업인지에 대해 퇴직/재직자들의 목소리를 담고 있다.

3. 『당신의 작업복 이야기』(경향신문 작업복 기획팀 저, 2024, 오월의 봄)

2023년 각종 보도상을 휩쓴 〈당신은 무슨 옷을 입고 일하시나요〉의 도서판으로, 작업복을 화두로 삼아 노동환경, 안전, 차별의 문제를 다루었다. 10여 곳의 일터를 찾아 각기 다른 노동자들의 작업복 이야기를 기록하였는데, '안전한 옷'이 아닌 '차별과 위험'을 입고 고군분투하는 이들의 생생한 목소리가 담겨 있다.

4. 〈세상을 바꾼 변호인〉(미미 레더 감독, 2019)

"'여성 대법관 수가 몇 명이면 좋은가'라는 질문에 내가 '9명 중 9명'이라고 대답하면 사람들은 놀란다. 하지만 1981년까지 남자뿐일 때는 아무도 의문을 제기하지 않았다"라는 유명한 어록을 남긴 전 미국 연방대법관 루스 베이더 긴즈버그를 다룬 실화 영화이다.

5. 〈야구소녀〉(최윤태 감독, 2019)

중학교 시절 '천재 야구소녀'로 불렸던 한 선수의 프로를 향한 도전과 고군분투를 다룬 영화로서, 주인공이 공을 던지는 사진과 함께 '난 해보지도 않고 포기 안 해요'라는 문구가 적힌 포스터가 인상적이다.

1. 유명한 아르바이트 전문 포털에서 성차별적으로 보이는 채용공고를 찾아보자. 그리고 그것이 어떤 측면에서 성차별적인지 얘기해 보자.

2. 남녀고용평등법에서 '직무의 성격에 비추어 특정 성이 불가피하게 요구되는 경우'는 차별이 되지 않는다고 했는데, 이에 해당하는 경우를 찾아보자.

3. 2024년, 한 지자체에서 만 8세 이하 자녀를 둔 여성 공무원을 당직 편성에서 제외하는 '가족친화형 당직근무제'를 도입하겠다고 하여 논란이 되었다. 자녀 돌봄 지원을 강화하고 가정친화적인 근무 환경을 조성하겠다는 취지였으나, 조직 내부에서는 형평성 문제가 제기되었다. 이에 대해 어떤 점이 문제인지, 어떤 대안을 마련할 것인지 논의해 보자.

CHAPTER 08

기후위기와 젠더 정의:
불평등을 넘어 지속가능한 미래로

1. 기후위기가 바꿔놓은 일상
2. 기후위기의 심각성
3. 기후위기 시대의 감정
4. 기후불평등과 기후소송
5. 기후위기와 젠더 불평등
6. 젠더 관점에서 보는 기후정의
7. 인간 중심적 사고와 무한한 성장 너머

1. 기후위기가 바꿔놓은 일상

지구의 평균 기온이 지속적으로 상승하면서 극지방의 얼음이 녹고 북극곰을 비롯한 생물의 서식지가 줄어들고 있다. 북극곰은 기후변화로 인한 멸종 위기종의 상징이 되었다. 녹고 있는 바다 얼음 위에 고립된 북극곰은 지금 인류가 처한 현실을 보여준다.

인류는 심각한 위험에 처했다. 해수면이 상승하면서 침수 위기에 놓인 나라가 적지 않다. 남태평양의 섬나라인 투발루가 대표적인데, 이 나라 정치 지도자가 물속에서 연설하는 모습이 COP26(제26차 유엔기후변화협약 당사국총회)에서 공개되어 많은 사람들의 이목을 끌었다. 지금 투발루는 국민 전체가 이주를 해야 하는 상황에 놓였다. 반대로 혹독한 가뭄으로 인해 사막화된 지역이 점점 늘어나고 있으며, 케냐 등 물 부족 지역의 소녀들은 매일 수 킬로미터를 걸어 물을 구해야 하는 무거운 책임을 지고 있다.

'기후위기(climate crisis)'는 '기후변화(climate change)'라는 표현보다 훨씬 더 절박하고 심각한 현실을 담고 있다. 기후변화가 기후 패턴의 변화를 나타내는 과학적이고 중립적인 표현이라면, 기후위기는 인류의 생존과 문명에 심각하고 회복 불가능한 위험을 초래하는 현재 상황을 명확히 드러내고 있다. 이는 우리 사회 전체가 적극적으로 대처하지 않으면 인류 문명 자체가 심각하게 위협받을 수 있다는 점을 강조하는 선언적이고 윤리적인 의미를 지닌다. 따라서 이번 장에서는 기후변화라는 용어 대신 기후위기라는 용어를 선택하여 사용할 것이다.

폭염, 홍수, 태풍, 가뭄 등 기후위기와 연관된 재난은 인간의 생명과 건강, 사회와 경제, 그리고 생태계 전반에 걸쳐 막대한 충격을 가져온다. 이러한 피해를 우리는 '기후재난'이라고 부르며, 이는 다양한 기후 인자가 동시에 작용하여 복합적이고 예측 불가능한 형태로 나타난다. 그 결과 우리 삶터가 무너지고 식량이 부족해지며, 불안과 우울, 무력감 같은 정신적 고통이 일상에 스며들어 우리의 삶 전체를 뒤흔들고 있다.

가까운 예로 2025년 봄, 경북 지역에서 발생한 대형 산불을 들 수 있다. 기온 상승, 봄 가뭄, 그리고 이상 강풍이 결합하여 작은 불씨가 순식간에 대규모 산불로 번질 수 있는 조건을 만들었다. 이 불로 인해 의성, 안동, 청송, 영양, 영덕 등 다섯 개 시군이 심각한 피해를 입었다. 75명의 사상자가 보고되었으며, 4,500여 채의 주택이 불타 수천 명의 이재민이 발생했다. 더욱 우려스러운 점은 이러한 대형 재난이 앞으로 더 자주, 더 광범위하게 발생할 수 있다는 사실이다. 카이스트의 김형준 교수 연구팀의 분석에 따르면, 산업화 이전보다 산불 위험일수가 연간 최대 120일 증가했으며, 전국 평균 산불 위험지수(FWI)도 10% 이상 상승했다(환경일보, 2025.4.1). 이러한 현실은 우리 모두가 기후위기에 대해 진지하게 고민하고, 적극적으로 행동해야 할 필요성을 더욱 절실히 느끼게 한다.

2. 기후위기의 심각성

기후위기는 인간 활동의 산물이다. 소비재의 대량생산을 위해 공장을 돌리고, 통학이나 통근, 여행을 위해 탈것을 이용할 때, 탄소발자국이 큰 수입농산물을 먹을 때 온실가스가 배출된다. 오늘날 인류 대부분이 전기가 없이 하루도 살기 어려운 삶을 살고 있으며, 사용 전기의 상당 비율이 석탄, 석유, 천연가스 등 화석연료를 태워 생산된다. 이 과정에서 오래도록 저장되어 있던 탄소가 대량으로 대기 중 이산화탄소(CO_2) 형태로 방출되고 있다. 그 결과 최근 200년 동안 이산화탄소 농도가 급격히 상승하였고 지구온난화가 일어나고 있다. 이는 단순히 기온이 조금씩 상승하는 문제에 그치지 않고 지구의 생태계와 인간 사회 전반에 걸쳐 심각한 붕괴를 초래할 수 있는 상황으로 다가서고 있다. 최근에는 온도 상승의 심각성을 반영해 지구온난화는 지구열탕화, 지구가열화, 글로벌 히팅(global heating)과 같은 용어로 대체되고 있다.

현재 지구는 돌이킬 수 없는 전환점에 다가서고 있다. 기후 시스템은 평소에는 비교적 안정적으로 유지되지만, 특정 한계선을 초과하게 되면 급작스럽고 되돌릴 수 없는 변화가 발생하게 된다. 이러한 지점을 기후 티핑 포인트(climate tipping point)라 한다. 과학자들은 지구의 온도가 산업화 이전 수준 대비 1.5℃ 상승을 넘어설 경우 여러 기후 시스템이 연쇄적으로 붕괴할 가능성이 매우 크다고 경고하고 있다. 특히 2℃ 이상의 온난화가 발생하면 갑작스럽고 극단적인 기후변화가 일어날 위험이 더욱 커진다. 빙상 붕괴, 산호초 소멸, 해류 변화, 영구동토층의 해동과 대규모 메탄 방출 같은 기후 시스템의 교란은 지구상의 모든 생명체에 치명적인 영향을 미치며, 인류의 생존에도 중대한 위협이 된다.

실제로 지구생명지수(living planet index)는 심각하게 악화되고 있는 상황이다. 지난 50년간(1970~2020년) 야생동물 개체군의 평균 규모는 무려 73%나 줄어들었으며, 특히 담수 생물 개체군은 85%로 가장 큰 감소폭을 보이고 있다. 이처럼 티핑 포인트에 도달하게 될 경우 생물다양성 손실의 속도는 가파르게 증가하고, 생태계의 균형이 심각하게 깨질 수 있다(WWF, 2025).

이러한 심각한 상황에도 불구하고 온실가스 배출량은 역대 최고치를 기록하고 있다. 유엔환경계획(UNEP)의 2024년도 배출격차 보고서에 따르면, 2023년 9월 세계 평균 기온은 산업화 이전보다 1.8℃ 높았고, 2022년의 온실가스 배출량은 사상 최대치를 기록하였다. 현재의 추세대로 간다면 2030년까지 지구온난화를 2℃ 이하로 억제할 가능성은 거의 없다. 기후위기를 효율적으로 늦추기 위해서는 2030년까지 매년 5.3% 이상의 온실가스를 감축해야 하며, 1.5℃ 경로를 유지하기 위해서는 연평균 8.7%의 감축이 필수적이다. 이는 지금보다 훨씬 강력한 정책적 · 사회적 대응이 필요하다는 것을 분명히 나타낸다.

기후변화에 관한 정부 간 협의체(IPCC)는 2030년까지 2010년 대비 45%의 탄소 감축을 목표로 설정하고 있으며, 2050년까지 순배출 제로를 지향하고 있다. 우리나라 또한 「기후위기 대응을 위한 탄소중립 · 녹색성장 기본법」을 통해 2018년 대비 40% 감축을 약속하고 있다. 그러나 많은 전문가들은 이러한 조치만으로는 충분하지 않다고 평가하고 있으며, 보다 강력하고 포괄적인 대응이 필요하다고 주장하고 있다.

3. 기후위기 시대의 감정

오늘의 청년 세대는 변화하는 지구의 불안을 가장 먼저 느끼는 세대이기도 하다. 그들은 지구가 점점 더 뜨거워지고 있다는 사실을 체감하지만, 이를 멈출 방법을 찾지 못한 채 살아간다. 미래가 불확실해질수록 현실은 감당하기 어려운 무력감으로 채워지고 이 무력감은 종종 개인의 책임감과 죄책감으로 이어진다. 많은 청년들이 지구를 걱정하지만, 무엇을 어떻게 해야 할지 몰라 스스로를 탓하거나 반대로 기후 문제에 대해서는 오히려 더 무관심한 반응을 보이기도 한다. 이러한 감정 속에는 지구를 향한 깊은 애정과 그 지구를 잃어버릴지도 모른다는 두려움이 함께 숨어 있다.

기후위기를 겪는 사람들에게서 나타나는 이러한 복잡한 감정은 사실 전 세계 곳곳에서 비슷하게 발견된다. 최근 몇 년 사이 학자들은 이런 감정에 '생태슬픔(ecological grief)'이라는 이름을 붙이기 시작했다. 생태슬픔은 우리가 사랑하던 자연이 눈앞에서 서서히 혹은 급격히 사라질 때 느끼는 슬픔이다. 북극의 얼음이 매년 조금씩 줄어들어 더 이상 전통적인 방식으로 사냥을 나설 수 없게 된 이누이트 사람들, 끝없이 이어진 가뭄과 바람에 농토가 부서져 나가는 모습을 지켜보는 호주의 농부들에게 자연의 급격한 변화는 단순한 환경 문제가 아니라 삶의 기반과 정체성이 흔들리는 문제이다. 이들은 이미 사라져 버린 풍경에 대해 슬퍼했고, 자신이 평생 쌓아온 지식과 '이 땅을 알고 살아가는 사람'이라는 자부심을 잃는 것에 대해 큰 상실감을 느꼈다. 그리고 땅과 문화, 일상을 살아가는 방식이 언제 사라질지 모르는 상황에서 사라지는 것들에 대해 조용히 애도하고 있었다(Cunsolo & Ellis, 2018).

이런 생태슬픔은 예민한 사람들만의 지나친 감정으로 치부할 수 있을까? 그렇지 않다. 생태슬픔은 급격히 변하는 지구에 살아가는 우리 모두가 자연스럽게 겪을 수 있는 정당한 감정이다. 어쩌면 이 감정은 우리가 자연과 깊이 연결되어 살아왔다는 사실을 다시금 확인하게 해주는 신호일 수도 있다. 또한 생태슬픔은 북극의 얼음과 먼 나라 농부의 땅에서만 벌어지는 특별한 감정이 아니라 지금 여기에서 살아가는 우리 일상에 스며드는 감정이다. 기후위기를 둘러싼 감정은 단순한 '기분'이 아니라 앞으로 어떤 삶을 선택할지, 어떤 미래를 감당할 수 있을지에 대한 중대한 고민으로 이어지곤 한다.

기후 감정은 인간 삶의 결정, 즉 '아이를 낳을 것인가'라는 선택에도 영향을 미친다. 북미 지역(캐나다, 미국)에서는 기후변화로 인한 불안(climate change anxiety)이 자녀를 낳지 않으려는 심리로 이어지고 실제 출산 포기 의사에 영향을 미친다는 연구가 활발하게 이루어지고 있다. 2023년 미국의 여론조사기관

모닝컨설트(Morning Consult) 조사에 따르면 자녀가 없는 성인의 11%는 "기후변화가 자녀를 갖지 않는 데 있어 주요한 이유"라고 답했다. 기후위기로 인해 아이가 살아갈 세상이 너무 위험하고 불안하다고 생각하는 사람들이 늘어나고 있는 것이다. 또한 출산을 줄이는 것이 개인이 실천할 수 있는 강력한 환경 행동이라는 생각도 퍼지고 있다.

'기후불안', '기후우울', '생태슬픔'이라 불리는 이런 감정들은 불편하고 고통스럽지만 그러나 그 안에는 변화의 가능성도 있다. 지구를 애도하는 감정은 행동으로 이어질 수 있는 출발점이 될 수 있다. 북유럽의 몇몇 도시에서는 사람들끼리 모여 기후에 대한 두려움과 슬픔을 나누는 '기후 감정 카페'가 운영되고 있다. 이곳에서는 개인의 절망감을 나누며 기후위기를 사회 전체의 책임으로 함께 받아들이는 과정을 만들어간다. 한국의 여성환경연대 또한 기후위기를 인식하고 실천하는 여성들과 함께 '기후우울'을 마주하는 프로그램을 진행하고 있다. 참여자들은 글쓰기를 통해 자신의 기후 감정을 표현하고, 쓰레기를 줄이거나 육식 위주의 식습관을 바꾸는 과정에서 느낀 답답함과 지친 마음을 나눈다. 이러한 활동은 기후 감정을 드러내고 함께 공감하면서, 앞으로 더욱 심각해질 기후위기와 불평등 속에서도 일상을 지켜낼 수 있는 힘을 찾는 노력으로 보아야 한다.

4. 기후불평등과 기후소송

교차적 부정의로서 기후불평등

기후위기는 모든 인간에게 닥치는 재난이다. 그러나 기후위기로 인한 피해의 무게는 결코 동일하지 않다. 영화 기생충 속 기택 가족이 사는 반지하 주택은 사회경제적 약자층이 기후위기에 얼마나 취약한지를 상징적으로 보여준다. 영화 속 반지하는 덥고 습하며 곰팡이 냄새가 배어 있고, 폭우가 쏟아지자 침수되어 살림살이가 몽땅 물에 잠겼다. 2022년 8월 서울에 집중 호우가 발생했을 당시, 많은 언론은 이를 두고 "영화 기생충의 반지하가 현실이 되었다."고 표현했다. 그러나 같은 해 한 반지하 주택에서 장애인 가족 세 명이 폭우로 인한 침수로 탈출하지 못해 목숨을 잃은 사건은, 저소득층이 처한 현실이 영화보다도 더 참혹할 수 있음을 보여주었다.

이처럼 기후위기의 영향은 지역, 성별, 연령, 거주 환경, 직업 등에 따라 다르게 나타난다. 농어민, 건설 노동자, 택배기사와 같은 야외 노동자는 폭염에 직접 노출되고, 냉방 시설이 부족한 주거지에 사는 저소득층은 더위를 피하기 어렵다. 노인, 아동, 임산부, 만성질환자는 기후변화로 인한 건강 악화에 특히 취약하다.

그 결과 폭염 피해는 갈수록 사회적 약자에게 집중되고 있다. 2019~2023년 사이 온열질환으로 사망한 사람은 모두 220명이다. 연령별로는 80대가 85명(38.6%)으로 가장 많았고, 학력별로는 중졸 이하가 133명(60.9%)이었다. 직업별로는 '학생 · 가사 · 무직자'가 132명(60.0%), '농림어업 숙련 종사자'가 40명(18.2%), 단순 노무 종사자가 27명(12.3%)이었다. 즉 사회적 취약계층이 곧 폭염 취약계층이라는 사실이 드러난다(뉴스1, 2025.7.30).

사회경제적 취약성이 곧 기후재난 취약성으로 이어지는 현상은 국제적 차원에도 그대로 반영되고 있다. 국제구조위원회와 세계자원연구소는 기후변화 준비도와 국가 취약성(국가 시스템이 붕괴해 국민을 보호하지 못할 가능성)을 기준으로, 기후재난 위험이 큰 10개국을 선정했다. 여기에는 소말리아, 시리아, 콩고민주공화국, 아프가니스탄, 예멘, 차드, 남수단, 중앙아프리카공화국, 나이지리아, 에티오피아가 포함된다.

이들 국가는 공통적으로 가뭄, 홍수, 극심한 이상기후로 인해 식량 불안, 생계 파괴, 강제 이주 증가를 겪고 있다. 동시에 오랜 내전과 정치 불안, 무장 충돌, 경제 위기, 전염병 등으로 국가 기능이 심각하게 약화되어 있어, 기후위기에 대응할 제도적 · 재정적 역량이 매우 부족한 상황이다. 그 결과 수백만 명이 기아와 영양실조, 질병, 터전 상실의 위기 속에 내몰려 있다.

그러나 이 국가들에는 전 세계 인구의 5.16%가 살고 있음에도, 이들이 차지하는 이산화탄소 배출 비중은 0.28%에 불과하다. 다시 말해, 기후위기의 원인 제공에는 거의 기여하지 않은 국가들이 그 피해는 가장 크게 떠안고 있는 것이다. 이 지점에서 기후위기는 단순한 환경 재난이 아니라 구조적 불평등이 반영된 국제적 부정의로 드러난다.

기후불평등은 기후변화의 원인을 적게 제공한 국가 · 사회 계층 · 집단이 오히려 더 큰 피해를 입는 상황을 가리킨다. 예를 들어, 대기업과 부유층은 막대한 온실가스를 배출하지만, 기후위기의 피해는 농민과 저소득층, 특히 어린이와 빈곤층에게 집중된다. 국제환경단체 옥스팜(Oxfam)과 스톡홀름 환경연구소(SEI)의 공동 연구(2019)에 따르면, 전 세계 상위 10%의 부유층이 전 세계 소비 기반 탄소 배출의 절반을 차지했다. 그러나 더 많이 탄소를 배출하는 부유층이 더 위험한 환경에 사는 것은 아니다. 부유층은 경제적 자원을 활용해 기후 생태 붕괴의 영향에서 어느 정도 자신을 보호할 수 있지만, 가난한 사람들은 견디기 어려운 폭염 · 홍수 · 산불 · 폭풍에 거의 무방비로 노출된다(옥스팜, 2023).

이러한 차별적 양상을 비판적으로 표현하기 위해 등장한 용어가 '기후 아파르트헤이트(climate apartheid)'이다. 아파르트헤이트는 원래 남아프리카공화국의 인종분리 정책을 가리키는 말이다. 기후 아파르트헤이트는 이 개념을 빌려, 부유한 개인과 국가가 재정적 여유를 이용해 기후재난의 피해를 상당 부분 회피하는 반면, 가난한 사람과 국가는 그 피해를 고스란히 떠안게 되는 상황을 비판적으로 지칭한다. 즉 기후 아파르트헤이트는 기후위기를 초래한 주체들이 역사적 책임을 회피하고, 가장 적은 책임을 가진 취약 집단에게 피해를 전가하는 불평등한 구조를 드러낸다.

이러한 불평등한 현실은 세계 각국이 기후위기에 대응하는 방식에서 뚜렷하게 드러난다. 예를 들어, 해수면 상승 위협에 직면한 이탈리아 베네치아나 미국 뉴욕은 막대한 예산과 기술력을 동원해 방벽을 설치하고 기반 시설을 보강할 수 있다. 반면 방글라데시처럼 경제적 여력이 부족한 국가는 심각한 홍수와 가뭄으로 수백만 명이 집을 잃을 위험에 내몰리고 있다. 현재 방글라데시 인구의 약 4분의 1이 홍수 취약 지역에 살고 있으며, 최대 1,300만 명이 기후위기로 인해 고향을 떠나야 할 수 있다는 전망도 나온다(BBC NEWS 코리아, 2022.3.7). 이러한 사례는 기후 적응 능력이 결국 경제력에 의해 결정되며, 그에 따라 사회가 '기후 안전지대'와 '위험지대'로 분리되고 있음을 상징한다.

결국 기후 아파르트헤이트는, 기후위기가 기존의 성별 · 인종 · 계층 간 불평등을 더욱 심화시키는 교차적 부정의(intersecting injustice) 현상임을 보여준다. 교차적 부정의란 성별, 계급, 인종, 연령, 장애, 지역 등 다양한 사회적 차이가 중첩되면서 한 개인이나 집단이 여러 형태의 불평등과 차별을 동시에 경험하는 현상을 의미한다. 특히 기후위기에서는 이러한 구조적 불평등이 겹겹이 쌓여 사회적 약자가 더 큰 피해를 입는다.

따라서 기후위기는 단순한 환경 문제가 아니라 사회적 약자에게 여러 형태의 차별과 불평등을 중첩시키는 복합 위기로 이해해야 한다. 또한 기후위기의 최대 피해자가 그 원인 제공에 가장 적은 책임을 가진 집단이라는 사실은, 국제사회가 더 이상 외면할 수 없는 윤리적 과제를 제기한다. 기후위기를 공정하게 해결하기 위해서는 책임의 크기에 따른 비용 분담과 더불어 취약계층의 기후 적응 능력을 높이기 위한 국제적 협력이 필수적이다.

기후불평등과 세대 간 정의

기후불평등은 단지 지금을 살아가는 사람들 사이의 문제를 넘어, 세대 간 정의(intergenerational justice)의 문제이기도 하다. 세대 간 정의란 현재 세대가 미래 세대에게도 공정한 사회와 안전한 환경을 물려줄 책임이 있다는 생각을 말한다. 유엔아동기금(UNICEF)에 따르면, 기후위기로 전 세계 아동 약 10억 명이 이미 극심한 환경 위험에 노출되어 있다. 2050년이 되면, 지금보다 극심한 폭염을 겪는 아동은 약 8배, 홍수 위험 지역에 사는 아동은 3.1배, 산불 피해를 경험하는 아동은 1.7배 늘어날 것으로 예상된다. 이러한 기후재난은 아동의 신체 · 정신 건강뿐 아니라 교육 기회, 주거의 안전성, 그리고 생존 · 발달 · 학습권을 동시에 위협한다. 다시 말해 기후위기는 인류가 미래 세대에게 떠넘긴 '도덕적 부채'로도 볼 수 있다.

이런 문제의식은 전 세계적으로 확산되고 있는 '기후소송(climate litigation)' 운동으로 이어지고 있다. 기후소송이란 정부의 온실가스 감축 정책이 지나치게 소극적이어서, 미래 세대의 생명권과 행복추구권을 침해하고 있다고 주장하며 법적 책임을 묻는 행위를 말한다(현명주 · 정희라, 2020). 특히 아동과 청소년이 직접 원고가 되어 제기하는 기후소송은 미래 세대의 권리를 법적으로 보장하기 위한 새로운 사회적 · 법적 움직임으로 주목받고 있다.

우리나라에서도 2022년 이른바 '아기기후소송'이 제기되어 큰 관심을 모았다. 이 소송에는 태아, 아동, 청소년, 청년 등이 원고로 참여했으며, 기후위기의 책임을 세대 간 불평등의 문제로 제기했다. 2024년 헌법재판소는 "중 · 장기 탄소 감축 목표의 미설정은 미래 세대에게 과도한 부담을 전가하는 행위로서 기본권 침해에 해당한다"고 판단했다(김도현, 2024). 이 판결은 헌법이 보장하는 인간의 존엄성과 환경권이 미래 세대에게도 똑같이 적용되어야 한다는 점을 분명히 한 의미 있는 사례이다. 기후소송 움직임은 한 나라에만 한정된 현상이 아니다. 세계 여러 나라에서 기후소송이 이어지고 있으며, 기후위기에 충분히 대응하지 않는 정부의 책임을 법적으로 묻는 흐름이 계속 확대되고 있다.

기후소송은 청소년들이 참여하는 기후행동(youth climate action)과도 밀접하게 연결되어 있다. 기후행동이란 기후위기의 원인을 줄이거나, 이미 일어난 변화를 감당하기 위해 개인 · 사회 · 정부가 실천하는 모든 행동과 정책적 노력을 말한다. 세계 각국의 청소년들은 결석 시위, 시민 청원, 헌법 소원 등 다양한 방식으로 정부와 기업의 기후 대응을 요구하고 있다.

스웨덴의 기후행동가 그레타 툰베리(Greta Thunberg)는 청소년 기후행동의 상징적인 인물이다. 툰베리는 매주 학교에 가지 않고 의회 앞에서 1인 시위를 벌이는 방식으로, 정부와 기성세대에게 온실가스 감축과 기후 정책 강화를 요구해 왔다. 2019년 9월, 툰베리는 태양광 요트를 타고 대서양을 건너 뉴욕으로 향해 UN 기후행동 정상회의에 참석했다. 그곳에서 그는 세계 각국 정상들을 향해 다음과 같이 강력히 호소했다.

> "생태계 전체가 무너져 내리고 있습니다. 우리는 대멸종의 시작점에 있습니다. 그런데 여러분의 이야기는 전부 돈과 끝없는 경제성장의 신화에 대한 것뿐입니다. 도대체 어떻게 그럴 수 있습니까?"

이 연설은 전 세계 언론에 크게 보도되었고, 기후위기를 단순한 환경 문제가 아닌 도덕적 · 세대 간 정의의 문제로 바라보게 하는 계기가 되었다. 툰베리의 활동은 이후 각국의 청소년 기후운동가들에게 영감을 주어, 한국 · 인도 · 인도네시아 등 세계 여러 지역에서 비슷한 환경운동이 이어지게 했다(김혜윤, 2020). 이 사례는 청소년이 더 이상 수동적인 피해자가 아니라 사회 변화를 이끄는 적극적인 주체임을 보여준다.

국제인권법에서도 아동이 건강한 환경에서 살아갈 권리를 중요한 의제로 다루고 있다. 최근에는 아동과 청소년이 기후정의 논의의 중심적인 행위자로 인정받고 있다(Boyd, 2022). 실제로 2025년 기준 전 세계 약 60개국에서 2,967건의 기후소송이 진행 중이며(한겨레, 2025.7.24.), 정부와 기업의 책임을 법적으로 묻는 흐름은 앞으로도 계속 확대될 것으로 보인다.

기후와 인권, 그리고 국가의 책무

기후위기는 단순히 자연환경이 파괴되는 문제가 아니라 사람의 기본적 권리인 인권이 위협받는 문제이다. 최근 스위스에서 진행된 노인 여성 기후소송은 기후위기와 인권을 연결한 중요한 사례다. 2024년 유럽인권재판소(ECHR)는 평균 연령 74세, 64세 이상 노인 여성 2,400여 명이 참여한 '기후 보호를 위한 노인 여성' 단체가 스위스 정부를 상대로 제기한 소송에서 원고 일부 승소 판결을 내렸다. 이들은 폭염과 온열질환 등 기후재난에 노인 여성이 특히 취약한데도, 스위스 정부가 충분한 온실가스 감축 목표를 세우지 않고 기후위기에 적극적으로 대응하지 않아 생명권 · 건강권 · 사생활권 등 국제인권조약상 권리를 침해했다고 주장했다. 유럽인권재판소는 이 사건에서 처음으로 기후변화로 인한 삶의 질 하락을 인권 침해와 직접 연결지었다. 그리고 국가는 시민의 건강 · 복지 · 생명을 실질적으로 보호할 '적극적 의무'를 지니고 있다고 판시했다(한국일보, 2024.4.9). 스위스 노인 여성 기후소송은 기후변화에 제대로 대응하지 않는 것이 특히 사회적 약자의 인권을 침해할 수 있음을 국제사회가 공식적으로 인정한 역사적 판결로 평가된다.

이처럼 기후위기는 인간의 생명권, 건강권, 주거권, 안전권을 위협하는 인권의 위기이기도 하다. 그렇다면 이러한 상황에서 국가는 어떤 책임을 져야 할까? 기후위기를 인권의 관점에서 바라보면, 정부와 사회가 해야 할 역할이 더욱 분명해진다. 앞서 논의한 것처럼 기후위기의 영향은 모든 사람에게 똑같이 나타나지 않는다. 사회·경제적으로 취약한 사람들에게 피해가 더 크게 집중되고, 현재 세대와 미래 세대 사이에도 피해의 정도가 다르게 나타난다. 따라서 기후위기에 대응하는 일은 곧 인권을 보호하는 일이며, 국가는 모든 시민의 생명과 안전을 지키기 위해 적극적으로 나서야 할 책임이 있다.

이러한 인식 속에서 국가인권위원회는 2022년 12월 30일, 대한민국 정부에 '기후위기와 인권에 대한 공식 의견'을 발표했다. 인권위는 "기후위기는 생명권·식량권·건강권·주거권 등 인권 전반에 광범위한 영향을 미치므로, 정부는 모든 사람의 인권을 보호·증진하는 것을 국가의 기본 의무로 인식해야 한다"고 강조했다. 또한 정부가 농어민, 노동자, 장애인, 이주민 등 기후위기 취약계층의 의견을 정책 과정에 반영하고, 기후변화가 이들의 삶에 미치는 영향을 면밀히 분석하여 보호와 적응 역량을 강화할 대책을 마련해야 한다고 제안했다. 특히 인권위는 「기후위기 대응을 위한 탄소중립·녹색성장 기본법 시행령」에 규정된 2030년 국가 온실가스 감축 목표를 국제 기준에 맞게 상향할 것, 그리고 미래 세대의 기본권을 보장할 수 있는 장기적 감축 목표를 설정할 것을 권고했다. 이는 기후대응을 단순한 환경정책이 아니라 헌법적 인권 의무의 영역으로 확장해 이해해야 한다는 점을 분명히 한 중요한 선언이다.

이처럼 기후불평등과 기후소송의 흐름은 기후위기를 단지 자연·환경의 문제가 아니라 인권·정의·세대 간 책임의 문제로 바라보게 한다. 결국 기후위기는 "누가 더 많은 책임을 져야 하는가, 누가 우선적으로 보호받아야 하는가"라는 질문을 우리에게 던진다. 기후위기를 해결하려는 노력은 곧 더 정의로운 사회를 만들어 가는 과정이기도 하다.

5. 기후위기와 젠더 불평등

기후위기는 이미 존재하던 사회 불평등을 더욱 심화시키는 위기이며, 그 안에서도 성별에 따른 영향 차이는 특히 뚜렷하게 나타난다. 불평등한 젠더 체계(gender system)는 일반적으로 남성이 더 많은 자원(권력, 정보, 경제력 등)에 접근할 수 있게 하는 반면, 여성에게는 교육 · 정보 · 경제적 자원 접근에 여러 제약이 따른다. 그렇기 때문에 같은 기후위기 상황에서도 여성, 특히 가난한 여성들이 더 큰 피해를 겪기 쉽다.

예를 들어, 주거 빈곤층 여성들은 폭염 속에서도 외부의 폭력 위험 때문에 창문을 열거나 문을 열어두기 어렵다는 조사 결과가 있다(정은아 · 하바라, 2021). 또 국제자연보전연맹(IUCN)의 보고에 따르면, 실제로 일부 지역에서는 기후재난이 발생했을 때 젠더 기반 폭력(가정폭력, 성폭력 등)이 평소보다 3배나 증가한 사례도 보고되었다(IUCN, 2020; 이요바, 2023에서 재인용). 재난으로 집과 생활공간이 불안정해지고, 대피소의 안전이 충분히 보장되지 않으며, 생계가 불안정해지는 과정이 복합적으로 작용하면서 여성의 기후 취약성이 커지는 것이다.

기후위기에 대응하는 논의에서는 보통 '적응(adaptation)'과 '회복(recovery)'이라는 두 가지 관점이 중요하게 다뤄진다. 적응은 앞으로 닥칠 기후위기의 피해를 줄이기 위해, 사회 · 경제 · 환경 체계를 미리 조정하고 대비하는 과정을 뜻한다. 회복은 이미 재난이 일어난 뒤 공동체가 무너진 생계와 일상을 다시 복원하고, 더 지속가능한 상태로 재구성해 나가는 과정을 의미한다. 두 과정은 모두 중요한 전략이지만 누가 의사결정에 참여하는지, 누가 어떤 자원에 접근할 수 있는지에 따라 그 효과와 공정성이 크게 달라진다. 기후위기 속 젠더 불평등이 적응과 회복 과정에서 어떻게 나타나는지를 살펴보고, 동시에 여성들이 어떻게 기후위기 대응의 주체로 나서고 있는지 알아보고자 한다.

복합적 불평등과 젠더화된 취약성

먼저 인도 농촌 지역의 사례를 살펴보자. 인도 구자라트와 우타르프라데시 농촌 지역을 조사한 연구에 따르면, 기후변화는 계급, 카스트, 젠더가 서로 겹치는 복합적 불평등 구조 속에서 작동하고 있었다. 여성들은 농업 노동에서 매우 중요한 역할을 맡고 있지만, 카스트 제도와 가부장적 가족 구조 때문에 마을의 재난 대응이나 농업 정책을 결정하는 자리에서 배제되는 경우가 많았다.

이 지역의 여성 농민들은 가난함, 낮은 카스트, 문해력 부족(문맹), 여성이라는 성별이 동시에 작용하면서 기후위기의 직접적 타격을 더 크게 받고 있었다. 가뭄과 물 부족이 심해지면 가장 먼저 먼 곳까지 물을 길러 가야 하고, 논밭에서의 노동 시간과 신체적 부담이 극단적으로 늘어났다. 이렇게 여러 불리한 조건이 겹겹이 쌓여 나타나는 상태를 '취약성 다발(vulnerability bundles)'이라고 한다. 이 사례는 "기후 적응은 단순한 기술의 문제가 아니라 사회적 관계와 권력 구조를 어떻게 바꾸느냐의 문제"임을 잘 보여준다(Ahmed & Fajber, 2009).

다음으로 방글라데시의 사례는 기후위기가 젠더에 따라 얼마나 다른 양상으로 나타나는지를 더욱 분명히 보여준다. 1991년 사이클론이 발생했을 때 희생자의 약 90%가 여성과 어린이였고, 2007년에도 남녀 사망 비율은 1 : 5에 달했다. 세계은행의 젠더 전문가 닐루파 아흐마드(Nilufar Ahmad, 2011)는 방글라데시 여성들이 가족돌봄과 가사노동을 책임지는 사회적 역할 때문에, 사이클론이 닥쳐도 가족과 집을 지키려다 대피 시기를 놓치는 경우가 많다고 설명한다. 집이 가족의 유일한 자산이기 때문에 집을 떠나는 것을 끝까지 주저하는 여성도 많았다.

여성이 주로 입는 전통 의상인 사리(sari)는 재난 상황에서 빠르게 움직이거나 헤엄을 치기 어렵게 만들었고, 어린 자녀들을 안고 대피하려다 물에 휩쓸려 사망하는 안타까운 사례도 보고되었다. 재난 이후에도 어려움은 계속되었다. 대부분의 사이클론 대피소는 남녀가 함께 사용하는 구조로 되어 있어, 여성들이 사생활 침해나 안전 문제를 걱정해 대피소 이용을 꺼리는 경우가 많았다. 이처럼 기후재난은 여성에게 생존의 문제이자, 안전과 인권의 문제로 이어진다.

기후위기는 아동 조혼 증가와도 연결된다(Cities Alliance, 2022). 방글라데시는 남아시아에서 조혼율이 가장 높고, 전 세계에서도 상위권에 속한다. 기후위기로 생계가 어려워지고, 가부장적인 사회 규범과 가치관, 가난, 성폭력에 대한 두려움 등이 복합적으로 작용하면서, 부모들이 딸을 조혼시키는 관행이 심해지고 있다. 현재 방글라데시 10대 여아의 3분의 1은 15세 이전에 결혼하며, 이들 대부분은 농촌 지역 저소득 가정의 아이들이다.

기후위기로 인해 조혼이 증가하는 사례는 다른 여러 나라에서 나타나고 있다. 소말리아에서 홍수 피해로 식량난에 처한 일부 가족은 여성 아동을 '부양 부담'으로 여기며 도시의 남성, 유럽 · 미국에서 돌아온 부유한 남성, 혹은 현지에서 경제적 여유가 있는 남성에게 여성 아동을 보내는 경우가 있다. 파키스탄에서는 2022년 대홍수 이후 조혼율이 급격히 증가해, 일부 지역에서는 15~19세 소녀의 결혼 비율이 1년 사이 10.7%에서 16%로 뛰었다. 시골의 실향민 캠프, 여성 취약계층을 중심으로 여성아동을 현금 혹은 음식과 교환하는 일이 관찰되었다(Agence France-Presse, 2024).

요컨대 홍수, 가뭄, 사이클론 등 기후재난으로 생계 기반을 잃은 가족들은 극심한 빈곤 속에서 여성 아동을 먹여 살릴 부담을 줄이고, 다른 가족 구성원의 굶주림을 막기 위한 선택으로 조혼을 결정하기도 한다. 이처럼 기후위기는 가난 · 젠더 · 연령이 겹치는 지점에서 여성과 소녀에게 더 심각한 인권 침해로 나타난다.

기후위기 대응을 위한 여성의 참여와 협동

그렇다고 여성들이 기후위기 속에서 단지 '피해자'로만 머무르는 것은 아니다. 많은 여성들은 일상 속에서 기후위기에 대응하기 위해 다양한 실천을 이어가고 있다. 장바구니 사용, 일회용품 줄이기, 제로 웨이스트 운동, 도시농업 참여, 육식 줄이기 등 생활 속 실천뿐 아니라 환경단체 활동을 통해 기후정의 운동에도 적극적으로 참여하고 있다. 예를 들어, 여성환경연대는 성평등한 기후 대응을 강조하는 단체로, 2023년 '페미니스트 기후정의 선언'을 발표하고, 기후정의 캠페인, 취약계층 피해 실태조사, 총선 정책 제안 등 다양한 활동을 펼치고 있다. 전국여성농민회총연합 역시 기후재난 피해 증언, 기후재난 대책 마련 촉구, 국제회의 참여 등을 통해 농촌 여성의 목소리를 기후정의 의제로 올려놓고 있다.

지역 사례를 중심으로 기후재난에 대응하는 지역 여성들의 역할을 살펴보자. 2025년 대형 산불로 심각한 피해를 입은 의성군 점곡면 여성들의 활동 사례는 기후재난이 농촌 공동체와 주민의 삶에 미치는 영향을 구체적으로 보여주는 동시에 재난 대응 과정에서 지역 여성들이 수행할 수 있는 역할과 그 중요성을 분명히 드러낸다. 대형 산불 이후 점곡면 주민들은 하루아침에 집과 밭, 축사를 잃었다. 처음 겪는 초유의 재난 상황에서 정부와 지자체는 초기 대응에 혼선을 빚었다. 이런 상황에서 가장 먼저 움직인 것은 마을의 여성들이었다. 여성들은 홀로 사는 어르신들의 안부를 확인하고, 전소된 가구를 직접 찾아가 어떤 도움이 필요한지 살폈다. 대피소에서는 주민들의 신발과 옷을 각자에게 맞게 나누어 주고, 일상생활에 필요한 물품을 세심하게 챙겼다. 이는 단순한 물자 지원을 넘어, "우리가 잊히지 않았다"는 메시지를 전해 주는 행위이기도 했다. 이후 여성들은 바자회와 주민 모임을 열어 공동체의 관계망을 다시 잇고, 대책위원회를 구성해 마을의 빠른 회복을 위해 함께 논의했다.

이 과정에서 여성들은 그동안 가정과 마을에서 맡아 온 돌봄과 살림의 경험을 바탕으로, 재난 대응의 공백을 메우고 마을 전체의 회복력을 높이는 중요한 역할을 했다. 가족과 텃밭, 가축을 돌보던 감각이 마을 전체를 돌보는 감각으로 확장된 것이다. 이 사례는 여성들이 단지 피해자가 아니라 지역공동체의 회복력(resilience)을 키우는 핵심 주체가 될 수 있음을 보여준다.

다음으로 살펴볼 페루 북부 피우라(Piura) 지역의 사례는 여성의 참여와 역량 강화가 기후위기 이후 회복 과정의 핵심 전략이 될 수 있음을 보여준다. 이 지역은 1997~1998년 엘니뇨현상으로 큰 홍수를 겪어 농지와 인프라가 심각한 피해를 입었다. 이후 지역 개발 단체(CEPRODA MINGA)가 '참여적 계획(participative planning)' 제도를 도입하면서 여성들이 협동조합과 재난관리위원회에 참여해 의사결정 과정에 목소리를 내기 시작했다. 그 결과 여성의 리더십이 강화되면서 생계 복원과 교육 기회가 확대되었고, 공동체의 회복력이 전보다 높아졌다는 평가를 받았다(Reyes, 2009).

칠레의 마푸체(Mapuche) 원주민 여성 농민들은 신자유주의 정책과 천연자원의 민영화에 저항하며, '참살이(Buen vivir)'라는 토착 세계관을 기반으로 자연과 인간의 조화를 추구하고 있다. 이들은 원주민법 제정과 영토 회복, 문화 · 권리 회복 운동을 이끌며, 토종 씨앗 보존, 전통 지식 전수, 여성 간 연대 조직 등 다양한 방식으로 기후위기에 맞선다.

이러한 사례에서 우리는 기후위기에 제대로 대응하기 위해서는 젠더 정의를 정책의 출발점으로 삼아야 한다는 점을 알 수 있다. 기후 대응은 단순히 피해를 복구하거나 기술을 도입하는 문제에 그치지 않는다. 남성과 여성이 처한 현실의 차이를 이해하고, 각자의 경험과 지식, 삶의 우선순위를 정책에 반영하는 젠더 반응적(gender-responsive) 기후정책이 필요하다. 이러한 정책이 마련될 때 기후위기로 인한 불평등을 줄이고, 기후정의에 한 걸음 더 다가갈 수 있을 것이다.

여성 농민의 기후위기 취약성과 주체성

기후위기는 논과 밭에서 가장 먼저 드러나는 위기이기도 하다. 해마다 반복되고 더 잦아지는 냉해, 폭염, 집중호우와 병해충 증가는 농민들의 삶을 직접적으로 위협한다. 특히 여성 농민은 기후위기로 인해 노동 강도 증가, 생계 불안, 건강 악화, 부정적 정서 등 여러 어려움을 겪고 있다. 그러나 토지 소유, 정보 접근, 금융 활용에서 제약이 많기 때문에 기후위기에 대응할 여건이 충분하지 않은 경우가 많다. 고지영(2023)의 조사에 따르면, 여성은 남성에 비해 기후위기를 더 심각하게 인식하고 있음에도 불구하고 이에 대응하기 위한 뚜렷한 조치를 취하지 못하는 경우가 많았다. 이는 여성 농민이 기후위기 대응에 있어 구조적으로 더 취약한 위치에 놓여 있음을 보여준다.

기후위기는 단순히 농업 생산의 문제가 아니라 농민의 생존 조건 전체를 흔드는 문제이다. 폭염이 길어지면 씨앗은 싹을 틔우지 못하고, 가뭄이 계속되면 밭은 갈라진다. 병해충은 계절을 가리지 않고 퍼지고, 폭염이 이어져도 농민들은 일을 멈추기 어렵다. 쯔쯔가무시증이나 열사병과 같은 질병은 이제 농민이 일상적으로 감수해야 하는 위험이 되었다.

이 위기 한가운데에는 여성 농민이 놓여 있다. 여성 농민은 주로 밭농사를 맡아 가족이 먹을 양식을 마련하고, 도시로 보내는 먹거리를 생산한다. 그러나 밭농사는 대규모 시설과 설비를 갖추기 어려운 경우가 많아 기후재난의 영향을 더욱 직접적으로 받는다. 기후가 달라지면서 예전에는 매년 심고 수확하던 녹두나 참깨 같은 작물을 제때 거두지 못하는 일이 잦아지고 있다. "기후가 바뀌었으니 열대과일을 키우면 되지 않느냐"는 말은 농사의 현실을 잘 모르는 시각이다. 농업은 하루아침에 작물과 방식을 바꿀 수 있는 산업이 아니다. 한 해에 한 번뿐인 농사 경험이 십 년, 이십 년 쌓이면서 비로소 축적되는 지식이기 때문이다(정숙정, 2024).

기후재난 현장에서 여성 농민이 느끼는 감정에는 복합적인 불안이 담겨 있다. "이대로 주저앉을 수 없다"는 다짐과 함께 "내년에도 농사를 지을 수 있을까?"라는 걱정이 늘 따라다닌다. 침수와 병해가 반복되면 농사는 더 이상 '열심히 하면 되는 일'이 아니다. 현실적인 재해보험과 농산물 생산비 보장제도 등 기후재난에 대한 제도적 대책이 부족하다면, 농민은 재난이 닥치는 순간뿐 아니라 재난 이후의 회복 과정까지도 홀로 감당해야 한다.

여성 농민이 기후위기에 취약해지는 배경에는 오늘날의 세계 먹거리 시스템(global food system)과 젠더 체계가 함께 놓여 있다. 현재의 먹거리 시스템은 씨앗과 비료, 유통과 가격을 소수의 거대 기업과 토지 소유자가 주도하는 구조이다. '규모의 경제'와 '효율성'이라는 이름으로 표준화된 생산 방식이 기업 중심으로 만들어지고, 현장의 농민들은 그 기준을 맞추기 위해 계속 비용을 부담해 왔다. 여기서 말하는 비용은 단지 돈만을 뜻하지 않는다. 반복되는 기후재난 앞에서 느끼는 불안, 돌봄 · 가사노동과 농사일을 함께 해야 하는 시간적 부담, 쓰러진 작물을 다시 일으키는 육체적 노동이 모두 포함된다. 이러한 보이지 않는 비용의 상당 부분을 여성 소농들이 떠맡고 있다는 점에서 기후위기는 젠더 불평등을 심화시키는 위기이기도 하다.

여성 농민이 기후변화 속에서 밭을 지키는 일은 그 자체로 '기후 적응의 최전선'에서 이루어지는 중요한 활동이다. 여성 농민이 화학비료와 농약 사용을 줄이고, 여러 작물을 함께 심거나 토종 씨앗을 지키는 등 생태적인 방식으로 농사를 지을수록 토양 속 유기물은 늘어나고, 토양은 더 많은 탄소를 흡수 · 저장할 수 있게 된다. 이러한 자연기반 농업은 곤충, 미생물, 야생식물 등 다양한 생물이 살아갈 수 있는 환경을 만들며, 훼손된 생태계를 회복시키는 데에도 도움을 준다.

김장과 같이 제철에 나는 채소를 중심으로 음식을 장만하고 저장하는 전통 먹거리 문화도 중요하다. 제철 감각에 맞춰 생산하고 소비하는 방식은 장거리 운송과 과도한 냉장 · 가공 과정에서 발생하는 온실가스 배출을 줄여 준다. 동시에 지역에서 나는 농산물을 중심으로 먹거리를 구성함으로써, 지역 농업과 생태계를 함께 지키는 역할을 한다. 이처럼 여성 농민의 실천과 전통적 먹거리 문화는 기후위기 시대에 지속가능한 삶의 방식을 보여 주는 중요한 자원이다.

그러나 이러한 역할에도 불구하고 여성 농민의 목소리는 정책 문서나 제도 설계 과정에서 잘 드러나지 않는다. 정부의 기후 대응 대책은 대체로 '스마트팜'과 같은 기술 중심의 방식을 강조한다. 이러한 정책은 토지 소유권이 없거나 금융 접근성이 낮은 여성 농민의 현실을 충분히 반영하지 못해, 오히려 젠더 격차를 확대할 가능성도 있다. 더 근본적으로, 스마트팜과 같은 기술 중심 해법은 많은 경우 화학물질과 전력에 의존하고 있어, 기후위기를 초래한 산업화의 논리를 반복한다는 한계를 지닌다.

반면 여성 농민이 오랫동안 이어온 토양을 돌보고 토종 씨앗을 지켜온 노력은 제대로 평가받지 못한 채 '낡은 방식'으로 치부되기 쉽다. 그러나 이러한 전통적 농사 방식은 토양이 탄소를 흡수하고 저장하는 능력을 높여 기후위기 완화에도 기여할 수 있다. 여성 농민은 오랜 경험과 세대 간에 이어진 노동을 통해 이러한 해법을 몸으로 익혀 왔다. 해마다 씨앗을 뿌리고, 거두고, 다시 저장하는 일은 단순한 농사 기술이 아니라 생명과 시간을 이어 주는 일이다. 여성 농민이 지켜 온 토종 종자는 기후위기와 병해충에 더 강한 생명력을 가진 경우가 많다. 씨앗을 지키는 여성 농민의 손은 곧 지역 먹거리와 지구 생태계를 지탱하는 중요한 안전망이라고 할 수 있다.

6. 젠더 관점에서 보는 기후정의

기후위기가 젠더 불평등을 강화한다는 인식이 확대되면서, 유엔여성(UN Women)은 단순한 '여성피해 완화'가 아니라 구조적 변화(젠더 · 경제 · 자원 · 권력 관계)를 포함한 '페미니스트 기후정의(feminist climate justice)' 관점을 제시했다. 페미니스트 기후정의가 지향하는 사회는 모든 사람이 차별 없이 인권을 보장받고, 동시에 지구 생태계가 건강하고 지속가능하게 유지되는 세계이다. 이를 위해서는 단순히 경제 성장을 목표로 하거나, 소수의 이익을 위해 자연을 소모하는 방식에서 벗어나야 한다.

페미니스트 기후정의는 낸시 프레이저(Nancy Fraser)의 정의론을 바탕으로 다음과 같은 요소를 강조한다. 첫째, 다양한 정체성과 경험, 지식의 형태를 인정하고 존중하는 '인정(recognition)', 둘째, 자원과 부담을 더 공정하게 나누는 '재분배(redistribution)', 셋째, 기후 관련 의사결정 과정에 여성과 사회적으로 소외된 집단이 실질적으로 참여할 수 있도록 보장하는 '대표성과 참여(representation)'이다. 또한 기후변화의 영향이 세대 간에 다르게 나타난다는 점을 고려하면, 과거와 미래의 피해에 대한 '회복적 정의(reparative justice)', 즉 이미 발생했거나 앞으로 발생할 피해에 대해 책임을 묻고 보상하는 정의도 함께 요구된다.

이러한 네 가지 차원을 묶어주는 페미니스트 기후정의의 핵심 가치는 상호의존성(interdependence)과 교차성(intersectionality)이다. 상호의존성이란 모든 존재가 서로 연결되고 의지하며 살아간다는 생각이다. 인간은 태어날 때부터 누군가의 돌봄이 필요하고, 성장한 뒤에도 가족, 친구, 지역사회 등 다양한 관계 속에서 살아간다. 노동과 교육, 돌봄과 휴식 모두 혼자서는 만들어낼 수 없다. 자연 역시 마찬가지다. 숲, 바다, 토양, 미생물 등의 생태계는 서로가 서로를 지탱하는 관계망으로 이루어져 있다. 예를 들어, 토양 속 미생물은 식물의 성장을 돕고, 식물은 다시 동물과 인간의 생존 기반을 만들어 준다. 이처럼 인간과 자연은 결코 분리된 존재가 아니다. 그러나 우리는 오랫동안 '자연을 이용할 수 있는 자원', '경제 성장을 위한 수단'처럼 자연을 단순한 대상물로만 바라보았다. 이러한 사고방식은 인간과 자연의 관계를 분리된 것으로 만들고, 생산과 돌봄, 개발과 보호 사이의 균형을 무너뜨렸다. 상호의존성의 관점은 이러한 분리를 다시 이어 붙이려는 시도이다. 기후위기에 대응하는 사회는 개인의 노력만을 강조하는 것이 아니라 서로 연결된 관계 속에서 함께 회복력을 키우는 공동체를 지향한다. '누가 혼자 잘 버티는가'가 아니라 '어떻게 함께 살아 남는가'가 중요해지는 것이다.

교차성은 한 사람의 정체성과 삶의 조건이 여러 요소가 겹쳐 형성된다는 점을 강조하는 개념이다. 성별, 인종, 계급, 장애 여부, 나이, 성적 지향 등은 각각 독립적인 것이 아니라 서로 얽혀 작용한다. '여성'이라는 정체성만으로는 모든 여성이 동일한 어려움을 겪는다고 말할 수 없다. 가난한 여성, 농촌에 사는 여성, 장애가 있는 여성, 이주여성, 여성 노인은 각각의 위치는 서로 다르며 기후위기가 미치는 영향도 다르게 나타난다. 즉, 기후재난은 모든 사람에게 똑같은 피해를 주는 것이 아니다. 사회적 자원에 접근하기 어려운 사람일수록 더 큰 피해를 입고, 회복하는 데도 더 많은 시간이 걸린다. 그래서 교차성은 '기후위기 속에서 누가, 왜 더 취약해지는가?'라는 질문을 던지게 한다.

이 두 관점은 기후위기를 해결하는 데 중요한 기준을 제공한다. 상호의존성은 우리가 서로에게 기대어 살아가는 존재임을 일깨운다. 교차성은 우리가 서로 다른 위치에 놓여 있으며, 그 차이가 기후위기에 대한 경험을 달리 만든다는 사실을 알려준다. 누군가의 취약성이 개인의 문제가 아니라 사회적 · 구조적인 원인과 연결되어 있음을 알게 되기 때문이다.

결국 기후정의는 자연과 인간, 현재와 미래 세대, 서로 다른 집단 간의 연결성과 차이 모두를 존중하는 사회를 만드는 과정이다. 이 두 개념을 이해하는 것은 기후위기의 시대를 살아가는 우리가 한 걸음 더 성찰적이고 책임 있는 시민으로 성장하는 출발점이 될 것이다.

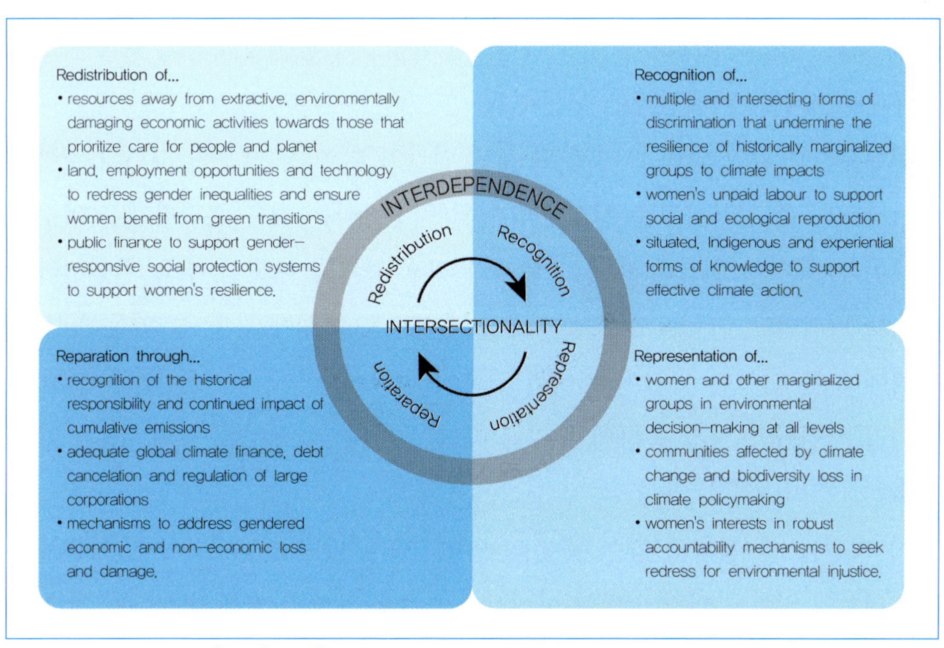

[그림 8-1] 페미니스트 기후정의의 범위와 원칙

출처: UN WOMEN (2023). FEMINIST CLIMATE JUSTICE: A framework for Action.

7. 인간 중심적 사고와 무한한 성장 너머

지구의 시간은 인류가 등장하기 훨씬 전부터 흘러왔지만, 지금만큼 인간의 흔적으로 진하게 덮인 때는 없었다. 산업혁명 이후 인간의 활동은 단순히 땅 위에서 살아가는 차원을 넘어 지구의 지질과 대기, 생태계 전체를 바꾸는 거대한 힘이 되었다. 이러한 변화를 설명하기 위해 학자들은 오늘날을 '인류세(anthropocene)', 즉 '인류의 시대'라고 부른다. 플라스틱과 핵실험의 흔적이 지층에 남고, 인간의 활동이 기후 시스템 전반에 영향을 미치기 시작했다는 뜻이다. 지구온난화와 해수면 상승, 생물 다양성의 손실, 콘크리트와 플라스틱 같은 인공물의 축적은 모두 인류세의 징후로 이해된다.

인류세라는 말이 널리 쓰이게 된 것은 인간이 더 이상 단순히 자연의 일부가 아니라 지구를 변화시키는 지질학적 힘의 원천이라는 점을 분명하게 보여주기 때문이다. 동시에 인간의 활동이 현재의 기후 붕괴를 촉발한 주요 원인이라는 사실도 드러낸다. 그러나 앞서 살펴본 기후불평등 논의에서 알 수 있듯이, 기후위기에 모든 인간이 똑같이 기여한 것은 아니다. 위기의 원인은 '인류 전체'가 아니라 산업화와 자본 축적의 논리에 따라 움직여 온 특정한 사회 · 경제 구조에 깊이 뿌리내리고 있다.

이 지점을 더 정확히 짚어 주는 개념이 '자본세(capitalocene)'이다. 자본세는 기후위기의 원인을 인간 일반이 아니라 자본주의 체제의 작동 방식에서 찾는다. 자본주의는 이윤을 극대화하기 위해 자연과 노동을 '값싼 자원'으로 취급해 왔고, 그 과정에서 과도한 착취가 이루어졌다. 그 결과 지구 시스템은 심각한 위기 상태에 놓이게 되었다. 이 관점에서 보면 해결의 방향도 달라져야 한다. 온실가스 감축이나 기술 혁신만으로는 충분하지 않으며, 경제 논리와 사회 시스템, 다시 말해 인간과 자연의 관계 자체를 자본의 관점이 아닌 공존의 관점으로 재구성해야 한다.

도나 해러웨이(Donna Haraway)는 「인류세, 자본세, 대농장세, 툴루세: 친족 만들기」라는 글에서, 인류세라는 말만으로는 현재의 복잡한 위기를 충분히 설명할 수 없다고 주장한다. 그래서 인류세뿐 아니라 자본세, 플랜테이션세, 툴루세와 같은 이름을 제시하며 인간 중심적 사고를 넘어 모든 생명체와의 관계를 다시 생각하자고 제안한다.

플랜테이션세(plantationocene)는 특히 식민지 시대의 대규모 플랜테이션(단일 작물을 대량 재배하는 농장)에서 자본주의 · 인종주의 · 환경 파괴가 서로 얽혀 작동해 온 역사를 가리키는 말이다. 해러웨이는 "오늘날의 지구는 자본의 힘에 의해 재편된 세계"라고 지적하면서, 식민주의, 대규모 플랜테이션, 산업화와 대량 소비 체제 모두가 자본의 팽창을 위해 만들어진 체계였다고 설명한다. 자연은 그 과정에서 끊임없이 훼손되었고, 그 결과가 바로 오늘날 우리가 마주한 기후위기이다. 툴루세(chthulucene)는 이러한 반성을 바탕으로, 인간 중심의 사고를 넘어 모든 생명체가 서로 얽혀 공존하며 새로운 관계를 만들어 가는 시대를 가리키는 개념이다.

해러웨이에 따르면 문제의 근원은 단순히 '인간이 자연을 훼손했다'는 수준에 머무르지 않는다. 더 본질적인 문제는 근대 자본주의와 대규모 산업 체제가 자연을 끝없이 값싸게 이용할 수 있는 자원으로 여기도록 만들었다는 데 있다. 그 결과 지구는 오염, 생태계 파괴, 종의 멸종, 기후변화와 같은 심각한 위기를 맞게 되었다. 해러웨이는 "값싼 자연(cheap nature)의 시대는 끝났다"고 말하며, 이제 인간이 지구와 공존하기 위한 새로운 삶의 방식을 찾아야 한다고 강조한다.

이러한 전환을 위해 해러웨이가 제시하는 핵심 개념이 '친족 만들기(making kin)'이다. 여기서 '친족'은 단지 혈연으로 맺어진 가족을 뜻하지 않는다. 인간과 동물, 식물, 미생물, 흙, 물 등 모든 존재가 서로 돌보고 연결된 관계를 의미한다. 해러웨이는 "아기를 낳지 말고, 친족을 만들라!(Make kin, not babies!)"라는 다소 도발적인 문장을 통해, 인간의 생명을 부정하자는 것이 아니라 끝없는 성장과 소비의 논리에서 벗어나 지속가능한 관계 맺음을 중시하자는 메시지를 전한다. 인간은 자연의 주인이 아니라 그 일부이며, 서로를 돌보는 연대를 통해서만 새로운 미래를 만들어 갈 수 있다는 뜻이다.

이러한 사유는 심화되고 있는 기후 불평등 문제와도 깊이 연결된다. 기후위기의 피해는 가난한 나라, 저소득층, 여성과 아동, 장애인, 이주민 등 사회적 약자에게 먼저, 더 크게 다가온다. 해러웨이의 '친족 만들기'는 이러한 불평등 속에서 종(種)과 국가, 계층의 경계를 넘어 함께 살아갈 수 있는 새로운 연대의 윤리를 제시한다. 경쟁보다 협력, 소유보다 돌봄의 가치를 중심에 둘 때, 인류는 지구적 위기에 더 공정하고 지속가능한 방식으로 대응할 수 있다.

이 장에서 살펴본 인류세와 자본세, 그리고 친족 만들기라는 개념은 우리에게 다음과 같은 질문을 던진다. 우리는 여전히 '무한한 성장'을 목표로 삼을 수 있는가? 인간만의 이익이 아니라 함께 살아가는 모든 생명의 관점에서 지구를 바라보고 있는가? 이러한 질문은 낯선 철학적 논의가 아니라 앞으로 살아갈 시대를 준비하기 위한 출발점이 된다. 기후위기를 단순한 환경 문제가 아니라 인간과 자연의 관계, 그리고 사회의 구조를 다시 묻는 근본적인 문제로 바라볼 때, 비로소 새로운 가능성의 길이 열릴 것이다.

읽을거리 & 볼거리

1. 〈우리는 지구를 떠나지 않는다〉, (에코페미니즘 연구센터 달과나무 지음, 2023)
경제성장을 최우선 가치로 삼아 달려온 한국 사회를 돌아보며, 지속가능성을 고민해 온 15명의 에코페미니즘 연구자와 활동가들의 이야기를 담고 있다. 자본주의와 성장주의, 인간 중심적 사고가 낳은 기후위기의 현실 속에서 기후정의와 젠더정의가 왜 함께 논의되어야 하는지를 설명하며, 에코페미니즘의 관점을 쉽게 소개한다.

2. 〈우리 힘세고 사나운 용기〉, (배윤민정 외, 한태재, 2023)
기후위기와 사회적 불평등 속에서도 서로를 돌보고 연대하며 새로운 변화를 만들어 가는 여성들의 이야기들을 담고 있다. 일상의 작은 실천부터 공동체 운동까지, '용기'가 어떻게 사회를 바꾸는 힘이 되는지를 생각하게 한다.

3. 〈FEMINIST CLIMATE JUSTICE〉, (UN WOMEN, 2023)
페미니스트 기후정의(feminist climate justice) 프레임워크를 설명하며, 그것을 전 세계 식량 체계(global food system)에 적용해 살펴본다.

4. 〈바로, 지금, 여기〉 (남태제 · 문정현 · 김진열, 푸른영상, 2024.)
기후위기가 더 이상 먼 미래의 문제가 아니라 지금 우리의 일상 한가운데에서 벌어지고 있는 현실임을 다양한 사람들의 목소리와 장면을 통해 보여주는 다큐멘터리이다. 이 작품은 평범한 시민, 청년, 활동가들이 각자의 자리에서 기후위기에 대응해 나가는 모습을 따라가며, "지금 여기에서 무엇을 할 것인가"라는 질문을 우리에게 던진다.

5. 〈지식채널e_기후 우울증에 걸린 사람들〉
기후 우울증이 젊은 세대로 이어지고 출산율 저하에 이르는 현상을 다루며, 기후 우울을 극복하기 위한 구체적 방법을 다룬다.

1. 최근 몇 년 동안 기후위기와 관련해 불안 · 답답함 · 무력감 같은 감정을 느낀 적이 있는가? 그때의 상황과 감정을 구체적으로 떠올려 보고 그 감정이 어디에서 비롯되었는지 생각해 보자.

2. 정부나 지자체의 기후정책 수립 과정에서 "누가 회의의 테이블에 앉아 있는가"는 정책의 내용에 큰 영향을 미친다. 한국의 기후 관련 위원회나 심의기구를 떠올려볼 때, 젠더 대표성이 부족할 경우 어떤 문제가 발생할 수 있을지 생각해 보자.

3. 기후재난으로 수확이 불안정해질수록, 여성 농민은 농사 · 가사 · 돌봄노동을 동시에 떠안는 부담을 겪게 된다. 이런 현실을 고려할 때, 기후 · 농업 정책에서 "식량주권을 지키는 주체로서 여성 농민"을 인정하고 지원하기 위한 방안은 무엇이 있을까?

CHAPTER 09

젠더폭력:
모두가 안전한 사회를 위한 질문들

1. 새벽 2시에 거리를 달리는 여성
2. 젠더에 기반한 구조적 폭력이다
3. 법은 무엇을 보호하고 있는가?
4. 동의의 재구성과 젠더폭력의 확장된 이해
5. 일상의 윤리, 보편적 상식으로 '성인지감수성'

1. 새벽 2시에 거리를 달리는 여성

이어폰을 낀 채 새벽 2시 거리를 홀로 달리는 것, 모두에게 일상이 될 수 있는가? 2022년 삼성은 유럽 소비자들을 향해 공식적으로 사과하였다. 새벽 2시 여성 조깅을 담은 갤럭시 워치 광고('Night Owls' 캠페인)를 내보냈다가 여성 안전에 둔감하다는 거센 비판을 받았기 때문이다(연합뉴스, 2022.4.30). 이 사건은 여성들이 일상적으로 느끼는 불안에 공감하는 것에서부터 논의를 시작해야 함을 시사한다. 밤거리가 안전하지 않으니 뛰지 말라는 식의 접근 대신, 새벽 2시건 4시건 누가 뛰어도 안전한 세상을 만들기 위해 우리 사회가 무엇을 고민하고 구조를 바꿔야 하는지 근본적인 질문을 던져야 한다.

노르웨이의 평화학자 요한 갈퉁(Johan Galtung)은 폭력을 "인간이 자신의 잠재적 능력이나 삶의 가능성을 실현하지 못하도록 만드는 모든 사회적 · 구조적 조건"으로 정의했다(Galtung, 1969). 갈퉁의 정의에 따르면, 여성들이 사회 속에서 느끼는 불안과 위축, 자기검열 또한 폭력인 것이다.

2024년 여성가족부 〈여성폭력 실태조사〉에 따르면, 여성의 일상 속 안전감은 2021년 평균 4.29점에서 2024년 2.64점으로 급격히 하락했다. 또한 '일상생활에서 여성폭력 피해를 볼까 봐 느끼는 두려움'을 묻는 질문에 여성의 40%가 '두렵다'고 응답했다. 이런 두려움은 여성들이 낯선 남성과 단둘이 있는 공간을 피하거나, 밤길을 걸을 때 주위를 살피는 행동으로 나타나며, 이는 자신을 보호하기 위한 생존의 전략이다. 그럼에도 때로는 "남성을 잠재적 가해자로 취급한다"라는 이유로 불쾌함의 대상이 된다. 조심하면 '예민하다'는 비난을 듣고, 조심하지 않아 피해가 발생하면 '그러게 왜 조심하지 않았냐?'라는 비난에 직면한다. "어쩌란 말이냐?"는 절규가 터져 나올 수밖에 없는 이중구속인 것이다. 여성들이 느끼는 이러한 두려움과 불안, 그리고 그에 대한 사회적 반응은 젠더에 기반한 폭력의 구조와 깊이 연결되어 있다. 즉, 새벽 달리기에 폭력을 경험하는 것부터, 달리기를 포기하거나 밤길을 두려워하는 것은 개인의 선택이 아니라 사회 속 불평등한 젠더 권력관계가 만들어낸 결과인 것으로 젠더와 폭력의 맥락을 이해할 필요가 있다.

2. 젠더에 기반한 구조적 폭력이다

젠더에 기반한 폭력이라는 선언

젠더에 기반한 폭력에 대한 정의는 1993년 유엔 총회 '여성폭력철폐선언(Declaration on the Elimination of Violence against Women)'에 명확히 명시되어 있다. 선언 제1조는 '여성에 대한 폭력'을 "젠더에 기반한 폭력행위 내지 그러한 행위를 하겠다는 협박, 강제, 임의적인 자유의 박탈로서, 그로 인해 공사 모든 영역에서 여성에게 신체적, 성적, 심리적 침해나 괴로움을 주거나 줄 수 있는 행위"라고 정의하고 있다. 이 선언은 여성폭력을 단순한 개인 간의 문제가 아닌, 역사적으로 형성된 남성과 여성 간의 불평등한 권력관계에 뿌리를 둔 구조적 폭력으로 규정한다. 이는 젠더 간 위계 구조가 여성이 피해자가 되는 폭력이 발생하는 토대라는 점에 주목한 정의로서, 가족과 같은 사적 영역뿐만 아니라 사회 내에서 발생하는 폭력, 심지어 국가에 의해 자행되거나 묵인, 방조되는 폭력까지 포괄한다. 젠더폭력은 젠더 규범을 어겼다는 이유로 가해지는 폭력뿐만 아니라 젠더 위계를 강화하기 위해 이루어지는 폭력을 포함할 수 있다. 즉, 생물학적 남성에게 가해지는 폭력이라도, 젠더에 기반한 폭력이라면 젠더폭력의 범주에 포함될 수 있다. 젠더에 기반한 속성이 핵심임을 강조하며, 젠더폭력은 성별(sex)의 문제가 아니라, 사회가 구성해 온 젠더의 질서와 위계 속에서 발생하는 구조적 폭력인 것이다.

젠더폭력을 성폭력, 가정폭력, 성매매, 성희롱, 교제폭력, 스토킹 등으로 구분해서 정의하지만 이의 경험을 명확하게 구분하기는 어렵다. 이는 연속상에서 일어나기도 하고, 중첩적으로 겪기도 하기 때문이다. 한 결혼이주여성의 혼인무효소송은 이를 보여주는 사례 중 하나다. 결혼이주여성 푸엉(가명)은 시아버지로부터 강간을 당했고, 가해자는 처벌받았지만, 형사재판이 진행되는 동안 남편은 푸엉이 과거 출산 사실을 숨겼다며 혼인무효소송을 제기했다. 푸엉은 베트남 북부의 소수민족 출신으로, 13세에 '약탈혼'을 당하고 14세에 출산했다. 성폭력으로 인한 출산은 고지의무가 없기에 이 출산이 성폭력인지, 아닌지가 중요한 부분이었고, 법은 성폭력이 아니라고 판단했다. '사기결혼의 가해자'로 불리며 긴 소송에 시달렸고, 결국 체류 자격을 잃고 베트남으로 돌아가야 한 것이다(한국이주여성 인권센터, 2018). 푸엉의 삶에는 아동성폭력, 결혼중개 산업의 착취, 친족성폭력, 법적 2차 피해가 한 개인의 생애 속에서 중첩적으로 얽혀 있었다.

폭력의 좌표, 그것은 무엇을 '묻고' 있는가

젠더폭력 중 '여자라서' 폭력을 경험하는 것은 구조적 재난의 수준에 이르렀다. 강력범죄 중 살인 · 강도 · 방화의 발생 비율은 지난 10년 사이 감소했지만, 성폭력 범죄의 발생 비율은 약 1.3배 증가하였다. 전체 강력범죄 발생 건수 중 성폭력 범죄가 차지하는 비중은 2014년 87.5%에서 2023년 93.7%로 더 상승하였으며, 그 피해자의 82.7%가 여성이었다(대검찰청, 2024). 여성에 대한 폭력은 친밀한 관계에서부터 낯선 타인에 의한 무차별적인 공격에 이르기까지 전방위적으로 발생하고 있다. 한국여성의전화(2025)가 언론 보도 사건만을 집계한 최소치에 따르면, 남편이나 애인 등 친밀한 관계의 남성에게 살해된 여성은 최소 181명, 살인미수 등으로 살아남은 여성은 최소 374명이다. 일면식도 없는 남성에게 죽거나 죽을 뻔한 여성도 179명에 달했다(살해 25명, 살인미수 154명). 이들의 살인 및 살인미수 범행 동기 중 '성폭력 시도'가 19.2%로 가장 많았고, 그다음이 단지 '여자라서'(11.2%)였다.

2023년 11월, 한 편의점에서 여성이 폭행당했다. 가해자는 "여성이 머리가 짧은 걸 보니 페미니스트"라며 "페미니스트는 좀 맞아야 한다"고 말했다. 2016년 5월 17일 서울 강남역 10번 출구 부근 한 노래방 건물 화장실에서 23세 여성이 모르는 남성에 의해 살해당했다. 가해자는 "여성에게 평소 무시당했다"라면서, 피해 여성에 앞서 화장실에 들어왔던 남성 6명을 그냥 보내고 '여성'을 살해했다. '여자라서' 죽은 여성혐오 범죄로 규정되어야 한다며 '여자라서' 죽었다는 시위들이 이어졌지만, 이는 '묻지마 범죄'라고 발표되었다. 이로부터 9년이 지난 2025년에도 '여자라면 살기 편했을 텐데'라며 여성을 폭행하고, 여성 2명에게 흉기를 휘두른 범죄들 역시 '묻지마 범죄'로 발표되었다. '묻지마 범죄' 피해자가 여성만인 것은 아니다. 다만 '묻지마 범죄' 피의자 10명 중 9명은 남성이라는 보고는 젠더폭력의 맥락에서 중요한 시사점을 던져준다. 가해자들이 "사회가 자신을 무시해서" 범죄를 저질렀다고 발화하는 지점에서, 이는 주변화된 남성성이 여성은 물론 남성에 대한 폭력을 통해 남성성을 획득하려는 시도일 가능성을 내포하고 있다. 즉, 젠더폭력은 단순히 개인의 정신적 문제가 아니라, 사회 내 젠더규범과 혐오 감정이 결합하여 발생하는 구조적 현상인 것이다. 무차별 테러에서 남성도 피해자가 됨을 보여주는 사건에서 "여성만 위험한 것이 아니라 남성도 위험하다", "여성혐오 범죄는 없다" 등의 논의가 아니라 '여자라서' 더 취약했던 위치에 공감하고, 모두의 안전을 위해 어떤 변화가 있어야 할지를 함께 고민하고 함께 실천해야 할 것이다.

온라인 공간에서도 폭력은 진화하고 있다. 경찰청 통계에 따르면, 2024년 한 해 불법촬영물 발생 건수는 무려 7,202건을 넘어섰다. 2024년 한 해 동안 정부의 성폭력 상담센터에 '디지털 성폭력' 피해를 호소한 이들이 10,000명을 넘었다. 이는 전년도보다 14.7% 증가한 수치로, 특히 피해자의 70% 이상이 여성으로 나타났다(일요서울, 2025.9.30).

텔레그램을 활용한 디지털 성착취 사건, 그리고 가담자만 22만 명에 이른다는 딥페이크 성폭력은 우리 사회의 젠더폭력이 얼마나 깊고 조직적인지를 보여준다. 스토킹, 교제폭력, 딥페이크 성폭력 등은 종종 '신종 범죄'로 규정되지만, 이는 새로운 폭력이 등장한 것이 아니다. 형태와 기술은 달라졌을 수도 있지만 그 뿌리는 동일하다.

일상 속 문화로 정당화된 젠더폭력

성적 소문을 내서 여성의 명예를 떨어뜨리는 것이 로맨틱한 이야기로 전해져 온 '서동요', '열 번 찍어 안 넘어가는 나무 없다', '용기 있는 자가 미인을 차지한다' 등의 말들, 한국 드라마 속에서 흔히 보이는 손목 잡아채기, 벽에 밀쳐서 하는 키스 등은 익숙한 장면이고 수많은 스토킹과 교제폭력은 폭력으로 언어화되지 않고 '오늘부터 1일'이라는 로맨스의 시작이나 남성다움의 실천이었다.

'O양 비디오'는 인터넷 확산에 기여한 사건이었고(서울경제, 1999.3.17), 한국 인터넷은 성착취물로 성장했다(신동아, 2005.5.24). 또한, 국내외 음란물을 보는 것을 당연한 권리로 여겨왔으며, 성적 착취물을 '취존(취향 존중)'으로 인정해 온

문화가 깊이 자리하고 있다. 2007년 일본 음란물을 불법 유통한 혐의로 '김본좌'가 검거되자 네티즌들이 근조 표시와 함께'지켜주지 못해 미안해(지못미)'라는 글을 올리고, 그를 '음지의 슈바이처', '야동의 문익점'이라고 부르며 영웅시하였다. "김본좌께서 연행되시매 경찰차에 오르시며 '너희들 중에 하드에 야동 한 편 없는 자 나에게 돌을 던지라' 하시니 경찰도 형사도 구경하던 동네 주민들도 고개만 숙일 뿐 말이 없더라(본좌복음 연행편 32절 9장)(한겨레21, 2006.10.26) 등의 패러디는 불법 성적 콘텐츠 소비가 '다수가 공유하는 문화'로 통용되었음을 보여줬다. 해외 음란물을 공유하는 것을 넘어서 연인, 가족, 길거리 여성들을 불법 촬영하는 사진을 공유하고, 성범죄를 모의까지 한 소라넷 사이트는 '디지털 성착취'가 다수에게 일상의 문화였음을 보여준다. 공모와 방조 속에서 이 사이트는 17년간 운영되었으며, 폐쇄 이후에도 '소라넷의 계보를 잇겠다'라는 선언 아래 범죄는 계속되었다. '우리의 일상은 당신의 포르노가 아니다', '한국 여성의 인권에 대해 알고 싶으면 구글에 길거리를 검색해 보라'는 불법촬영 시위 참여자들의 피켓 문구들은 여성의 일상을 성적 대상화하는 사회를 정면으로 고발하는 외침이었다.

시트콤 캐릭터에서 비롯된 '야동순재'는 성적 콘텐츠 소비를 농담 · 캐릭터 소비로 포장하여, 대중적으로 무해한 유머처럼 둔갑시킨 사례이기도 하다. 디지털 성폭력이 놀이가 되는 문화에서 피해자의 고통은 조롱으로 소비되기도 한다. 2024년, 딥페이크 성착취물 대량 제작 및 유포 사건이 드러났을 때 많은 여성은 "혹시 나도 피해자일까" 하는 두려움에 휩싸였다. 그러나 각 대학의 온라인 커뮤니티 에브리타임에는 그 공포에 공감하기보다 "너는 안전하다", "진짜 몸도 아닌데 뭐가 문제냐", "성적 대상이 된 것을 감사해라"라는 글들이 올라왔다. 피해자의 불안과 공포를 조롱하는 이 반응은 폭력이 단지 가해자의 행위에 그치지 않고, 일부 사람들의 인식과 언어 속에서도 재생산되고 있음을 보여준다.

같은 해, 대학가에서는 '스토킹 놀이 챌린지'의 확산은 또 다른 논란을 일으켰다. "밤에 모르는 여자 집 바래다주기"라는 제목의 영상에는 좁은 골목길을 걷는 여학생 뒤로 남학생이 몰래 따라가며 "랜덤으로 아무 여자 골라서 집까지 안전하게 데려다주기"라는 자막이 붙어 있었다. 해당자들은 "그냥 장난이었다", "악의는 없었다"라고 해명했지만, 타인의 불안과 공포를 '악의 없는 놀이'로 소비하는 그 무감각함이 바로 폭력의 근원이다. 이러한 태도들은 젠더폭력의 바탕을 이루는 성별 권력의 불평등과 성적 지배의 문화를 그대로 재생산한다. 폭력을 조롱하거나 축소하는 일부 사람들의 태도는 '가해자 중심 사회'가 어떻게 유지되는지를 보여준다. 수많은 여성이 죽임을 당하고, 성폭력 피해를 겪으며, 여전히 일상에서 공포와 불안을 감내하고 있다. 그러나 여성의 두려움은 종종 조롱의 대상이 되고, 사회는 그 폭력을 외면한다. 그 사이 폭력은 다시 '문화'의 이름으로, '일상의 관습'으로 되살아난다. 조롱과 침묵, '장난'과 '악의 없음'이라는 말 속에서도 폭력은 용인되고, 심지어 낭만이나 유머, 전통의 언어로 정당화된다.

젠더폭력이 신체와 존엄을 훼손하는 심각한 범죄임에도, 일상의 문화 속에서는 놀이문화, 로맨스, 농담, 관심, 심지어 '자연스러운 본능'이라는 이름으로 포장되며 그 폭력성은 드러나지 않고 사소화 · 자연화되는 것이다.

이렇게 폭력은 문화의 언어를 빌려 일상에 스며들고, 구조적 불평등은 감정의 문제로 위장된다. 구조적 부정의는 사람들의 행위에 의해 생산, 재생산되는 것으로 이에 기여한 우리 모두가 부정의를 해결할 책임이 있다는 아이리스 매리언 영(Iris Marion Young)의 말처럼 우리에게는 구조를 바꾸기 위한 책임이 있다. 잘못된 문화를 수용하지 않고, 질문하고 저항하며, 사회구조를 바꾸는 실천이 필요하다. 예전에는 틀렸지만 틀린 줄 몰랐던 일이, 지금은 분명히 '틀린 일'로 규정되는 이유도 바로 그 질문 덕분이다.

오늘날 우리는 성폭력을 '상대방의 동의 없이 상대방의 성적 자기결정권을 침해하는 성적행위'로 정의하지만, 과거의 사회는 그렇지 않았다.

3. 법은 무엇을 보호하고 있는가?

정조에 관한 죄로 성폭력

우리 사회에서 성폭력은 오랫동안 '정조에 관한 죄'로 다뤄졌다. 1953년 제정된 최초의 형법은 강간과 강제추행죄를 '정조에 관한 죄'로 묶었다. 정조란 성적 관계의 순결을 지키는 일로, 혼전 순결과 혼인 후의 순결을 포함하며 주로 여성들에게 강요해 온 가치였다. 1955년 박인수 사건은 우리 사회의 법이 '정조'를 어떻게 해석하였는지를 보여준다. 70여 명의 여성을 농락해 혼인빙자간음죄로 기소된 가해자에게 1심 법원이 "법은 정숙한 여인의 건전하고 순결한 정조만을 보호한다"라며 무죄를 선고했다. 성폭력은 '보호받을 수 있는 정조를 가진 여성'이 '충분히 저항할 수 없는 상태에 있을 때'만 그 죄가 인정되었다. 또한 정조라는 것은 잘 간직해 두었다가 배우자에게 줘야 하는 것인데 이 정조를 가져간 것이 가해자이니, 피해자에게 가해자와 결혼을 권하는 법정의 풍경은 낯선 것이 아니었다.

2025년 9월 23일 역사적인 판결이 보도되었다. 강제로 키스를 한 남성의 혀를 절단했다가 중상해죄를 선고받은 최말자 씨에게 재심 법원은 61년 만에 정당방위로 인정하여 무죄를 선고한 것이다. 당시 18세였던 최말자 할머니는 노모 씨(당시 21세 남성)가 강제 키스를 시도하자 저항하며 그의 혀를 깨물어 일부 절단시켰다. 그 결과, 법원은 그녀에게 중상해죄 유죄 판결(징역 10개월, 집행유예 2년)을 선고했으며, 남성의 강간미수 혐의 등은 인정되지 않았다. '키스 한 번에 벙어리' 등 자극적인 제목으로 최 씨의 행실을 지적하는 듯한 기사가 쏟아져 나왔고, '결혼하라'는 2차 가해 등이 이뤄졌다. 당시 1심 재판부는 판결문에 이렇게 썼다. "노 씨가 혀를 넣었다는 것뿐이지, 그와 같은 강제 키스가 최말자 씨로 하여금 반항을 못 하도록 꼼짝 못 하게 해놓고 한 것은 아니라 할 것", "최 씨에게 (노 씨가) 대담하게도 키스하려는 충동을 일으키는 데 어느 정도의 보탬은 되었을 것이라는 도의적 책임도 있는 것이라 아니할 수 없다"(시사인, 2025.9.23). 우리 사회는 이 판결문으로부터 얼마나 나아갔을까? 2023년 발표된 여성가족부의 성폭력 실태조사에 의하면, 응답자의 46.1%는 '성폭력은 노출이 심한 옷차림 때문에 일어난다'라고 답했고, '피해자가 술에 취한 상태에서 성폭행을 당했다면 피해자에게도 책임이 있다'라는 대답도 32.1%에 달했다. 다수의 성폭력 사건에서 법원은 "성폭력을 피해자의 평소 행실 탓으로 돌리는 주장"을 "피해자 진술의 신빙성을 배척하는 사유로 삼을 수 없는"(청주지법 2021노94) "상당한 2차 피해"(서울중앙지법 2019고정215) 등으로 규정하고 있음에도 피해자를 회유하거나 피해자다움을 요구하는 일은 법원에서 자주 일어나는 일이다(프레시안, 2023.6.23). '정조에 관한 죄'가 '강간과 추행의 죄'로 바뀐 것은 1995년이니 그 인식과 문화가 얼마나 오래되고 견고한 뿌리를 가졌는지를 보여준다.

성적 자기결정권의 보장으로 나아가기

지금, 우리 사회의 성폭력 보호법익은 성적 자기결정권이다. 성적 자기결정권이란 자신의 몸과 성적 행위, 그리고 그 관계의 방향을 스스로 선택하고 결정할 수 있는 권리로, 이는 단순히 '성관계를 거부할 자유'가 아니라 '성적 주체로서 자신을 존중받을 권리'까지를 포함한다. 즉, 누구와 어떤 관계를 맺을지, 언제 멈출지, 어떤 방식으로 표현할지를 타인의 강요나 위계, 두려움 없이 스스로 결정할 수 있어야 한다는 것이다.

'정조의 보호'에서 '성적 자기결정권의 보장'으로 법과 사회의 인식이 이동한 역사적 전환점은 바로 성폭력특별법의 제정이었다. 1986년 부천서 성고문 사건은 그 인식을 근본적으로 흔들었다. 여성 노동자가 공권력에 의해 성고문을 당했다는 사실은 성폭력이 단지 개인 간의 범죄가 아니라 국가와 남성 중심 권력이 여성을 통제하는 구조적 폭력임을 드러냈다. 이후 연달아 발생한 김부남 사건(1991)과 김보은 · 김진관 사건(1992)은 결정적이었다. 김부남 사건에서 김부남은 어릴 적 자신을 성폭행한 가해자를 성인이 된 후 살해하면서, 공판 중 "나는 사람이 아니라 짐승을 죽였습니다"라는 말을 남겼다. 이 발언은 사회에 대한 분노이자 저항의 외침이기도 했다. 김보은 · 김진관 사건은 13년간 의붓아버지의 성폭력을 당한 피해자가 연인과 공모해 계부를 살해한 사건이다. 이 사건들을 계기로 여성운동은 "성폭력은 사회 구조의 문제"라는 문제의식을 본격적으로 공론화했다. 한국성폭력상담소 등 여성단체는 '성폭력특별법 제정 추진위원회'를 결성하여 피해자의 목소리를 공론화하고 국가의 책무를 요구했다. 이러한 국내 흐름은 국제 사회의 변화와도 맞물려 있었다. 〈여성에 대한 폭력 철폐 선언〉은 전 세계적으로 성폭력을 단순한 개인 간의 문제가 아닌, 구조적 차별과 인권침해의 문제로 바라보는 전환점을 마련했다. 이러한 국제적 논의와 국내 여성운동의 결집 속에서, 1994년 마침내 「성폭력범죄의 처벌 및 피해자보호 등에 관한 법률」(성폭력특별법)이 제정되었다. 이 법은 한국 역사상 처음으로 성폭력을 독립된 법률로 규정하고, 피해자 보호조치와 국가의 책임을 명문화했다.

이처럼 긴 시간의 투쟁과 사회적 논의를 거쳐, 성폭력의 법적 개념은 '정조'에서 '성적 자기결정권의 침해'로 바뀌었다. 이후 대상이 부녀에서 사람으로 확대되고, 친고제 폐지 등 상식의 변화에 따라 법도 개정되었다. 그럼에도 여전히 강간죄를 다룰 때 '폭행이나 협박이 피해자의 저항을 어렵게 만들었는가'에 초점을 맞추고 있다. 이러한 해석은 이른바 '최협의설'이라 불리며, 피해자가 공포나 충격으로 움직이지 못한 경우, 혹은 가해자와의 관계 속에서 위력이나 위계에 눌려 거부 의사를 명확히 표현하지 못한 경우를 폭력으로 인정하지 않는다. 그 결과, 피해자의 저항을 묻는 말이 피해자에게 쏟아지고, 폭력의 책임은 오히려 피해자에게 전가된다. 이처럼 '폭행 · 협박' 중심의 협소한 해석은 실제 성폭력의 현실을 설명하지 못하고, 수많은 피해자를 법의 보호 밖에 두는 한계를 드러냈다.

이러한 문제의식 속에서 등장한 것이 바로 '비동의간음죄' 논의다. 즉, 상대방의 명시적 동의 없이 성행위를 한 경우를 처벌하자는 것으로, 이는 폭행 · 협박 중심의 '최협의설'에서 벗어나 '동의 여부' 자체를 판단 기준으로 삼는 방향이다.

'비동의간음죄'의 도입을 반대하는 목소리가 존재한다. 일부는 "동의 여부를 기준으로 하면 남성에게 과도한 처벌이 이루어질 수 있다"라거나, "사적인 관계에 국가가 개입하는 것은 위험하다"라고 주장한다. 또 다른 반대 논리는 "거짓 신고나 무고가 늘어날 수 있다"라는 우려를 내세운다. 물론, 성범죄와 관련된 허위신고가 전혀 없는 것은 아니다. 그러나 성범죄 무고는 다른 범죄의 무고율보다도 낮은 수치이며(경향신문, 2025.2.10), 성범죄 고소에서 무고에 대한 두려움은 과장되어 있다.

더욱이 성범죄는 피해자가 사회적 낙인과 2차 가해에 대한 두려움으로 인해 신고율 자체가 매우 낮은 대표적인 범죄이다. 따라서 '무고'의 위험을 과장하여 말하는 것은 성범죄의 구조적 특성을 외면하는 행위다. 이러한 과장된 '무고론'은 근본적으로 "여성의 말은 믿기 어렵다"라는 오래된 젠더 통념을 강화하고, 피해자들의 발화를 위축시키는 2차 가해의 구조를 만든다. 결국 비동의간음죄 도입은 무고에 대한 우려를 넘어, 젠더 평등을 위한 사회적 의지를 법제화하고 성적 자기결정권을 실질적으로 보장하기 위한 윤리적 필연성의 문제로 접근해야 한다.

물론 제도의 신뢰성을 높이기 위해 허위 신고를 가려낼 법적 장치와 수사 절차의 정교화는 필요하다. 그러나 그것이 '비동의간음죄'의 필요성을 부정할 이유가 될 수는 없다. 비동의간음죄는 단지 법조문 하나의 개정이 아니라, "동의는 명확해야 한다"라는 사회적 상식이 법으로 구현되는 과정이다.

이미 유엔 여성차별철폐위원회(CEDAW)는 한국 정부에 비동의간음죄 도입을 권고했으며, 스웨덴 · 독일 · 영국 등 여러 나라들은 '동의 중심'의 강간죄 체계를 법제화했다. 국제 인권 기준뿐 아니라 시민 인식 역시 이미 그 방향으로 나아가고 있다.

2023년 '강간죄 개정을 위한 연대회의'의 인식 조사에서 시민의 97%가 '동의 여부'를 기준으로 한 법 개정에 찬성했다. 결국, 이미 우리 사회는 '동의 없는 성관계는 성폭력'이라는 상식을 가지고 있는 사회다. 우리가 논의해야 할 것은 '동의의 필요성'이 아니라, 그 동의를 어떻게 사회적 상식이자 관계의 문화로 정착시킬 것인가이다.

4. 동의의 재구성과 젠더폭력의 확장된 이해

'허락'을 넘어서 '적극적으로 합의하기'

'비동의'는 단순한 언어적 거절이 아니라, 상대방이 자유롭고 자발적으로, 두려움이나 위계에서 벗어나 선택할 수 있는 상태였는가를 기준으로 본다. 동의 없는 성관계는 그 어떤 형태로도 '합의된 관계'가 될 수 없으며, 이는 성적 자기 결정권의 핵심을 침해하는 행위다. 그러나 '동의'를 둘러싼 문화적 기반은 여전히 불평등하다.

오랫동안 사회는 남성을 '욕망과 리드의 주체'로, 여성을 '수동적이고 정숙한 존재'로 규정해 왔다. 이러한 성별 역할 고정관념은 성적 상호작용에서 여성의 자기결정권을 침묵시키는 기제로 작동한다. 여성에게 성적 정숙함이 강요되는 문화 속에서, 여성은 자신의 성적 욕망을 적극적으로 드러내거나 성관계에 명시적으로 동의하는 것을 꺼리게 된다. 성관계를 제안하거나, '좋아'라는 명확한 응답이 '쉬운 여자'로 낙인찍힐까 두려워 자신의 욕구를 검열하게 된다. 여성이 성적 제안은 아주 은밀한 방식으로 표현되어야 하거나 '침묵'을 강요받는 사회적 분위기로 이어지는 것이다. 이러한 맥락에서는 "여자는 좋을 때도 싫다고 말해야 한다"라는 위험한 통념이나 여성의 어떤 행동을 '성적 관계에 대한 동의적 신호'로 여기게 된다. 여성의 거절은 내숭이나 남성의 강한 주도에 대한 기대나 정복감을 충족시키는 문화적 신호로 변질되기도 한다. 반면, 남성에게는 관계를 '리드'하고 '쟁취'해야 한다는 압박이 가해지며, 여성의 미묘한 신호(분위기, 눈짓)를 읽어내는 능력이 '남자다움'의 척도로 작용했다. 결과적으로 성관계는 명시적이고 자유로운 '동의'가 아닌 분위기, 신호, 침묵이 동의로 해석되는 문화 위에서 성립됐다. "예스"라고 명확하게 말할 수 없는 사회에서는 "노" 또한 명확하게 작동하기 어렵다. 따라서 동의 여부를 판단하는 기준은 단순히 피해자의 행동이 아니라, 그 관계 속의 권력 구조와 사회적 위계를 함께 읽어야 한다.

동의를 단순한 '허락'이 아닌 서로의 존엄을 확인하는 언어이자 관계의 방식으로 확장하는 일이 필요한 것이다. 우리가 지향하는 동의는 남성 주도적 리드에 대한 '허락'을 구하는 수동적인 절차가 되어서는 안 된다. 진정한 성적 동의는 성별 역할과 권력의 위계에서 벗어나, 관계 당사자 모두가 자유롭고 평등하게 자신의 의사를 교환하는 '민주적 소통의 절차'로 재정립되어야 한다. 이는 성적 자기결정권을 실질적으로 보장하기 위한 문화적 토대의 핵심이다.

한국성폭력상담소는 이러한 전환을 위해 '적극적 합의' 개념을 제시한다. 첫째, 동의는 명시적이어야 한다. 서로 합의하는 내용이 무엇인지 말 또는 행동으로 분명하게 드러나야 한다는 것이다. 둘째, 의식이 있을 때 이뤄져야 한다. 잠들었거나 술이나 약물에 취해 있다면 동의를 할 수 없는 상태로 보아야 한다. 의식이 없는 사람에게는 성적 동의를 받으려고 물어보지도 말아야 한다. 셋째, 충분한 정보와 이해를 바탕으로 이뤄져야 한다. 모든 당사자는 자신이 동의한 성적 행위가 어떤 성격인지, 사회적으로 어떻게 인식되는지, 자신 또는 상대방에게 어떤 영향을 미칠 수 있는지, 서로 지켜야 할 권리와 의무는 무엇인지, 다른 선택도 가능한지 등을 충분히 알고 이해하고 있어야 한다. 넷째, 평등하게 이뤄져야 한다. 동등한 관계여야 하며, 성적 행위와 관련된 대화를 대등하게 할 수 있어야 한다. 힘 또는 권력 차이가 명백한 관계에서는 상대방에게 성적 동의를 구하는 시도 자체가 폭력적일 수 있으며, 친밀한 관계라도 완벽하게 평등한 관계는 존재하기 어렵기 때문에 상대방이 자발적으로 합의하는 것인지 등에 대한 주의가 필요한 것이다. 다섯째, 모든 과정에서 항상 이루어져야 한다. 성적 동의는 언제든지 취소, 철회, 번복할 수 있다(한국성폭력상담소, 2022).

성적 행위는 일반적으로 자연스럽게 흘러가는 과정으로 이해되며, 그 흐름 속에서 '동의'를 구하는 것은 어색하거나 분위기를 깨는 일로 여겨지기도 한다. 그러나 '동의'란 단순히 '예(yes)'라는 한마디가 아니라 적극적으로 합의하는 것이며, 서로의 몸짓과 눈빛, 숨결을 읽어가는 언어적 · 비언어적 교감의 과정이다. 그것은 행위의 허락 절차가 아니라 관계의 신뢰와 즐거움을 깊게 하는 소통의 언어이자, 서로의 존엄을 확인하는 윤리적 행위다.

확장되는 젠더폭력, 협소한 해석을 넘기

성폭력은 단지 물리적 강제가 있을 때만 성립하는 범죄가 아니다. 관계 속의 위계, 사회적 · 경제적 권력, 그리고 두려움이나 경직 같은 보이지 않는 강제력 속에서도 발생하며, 강제된 신체 접촉뿐 아니라 동의 없이 촬영 · 유포되거나 성적으로 대상화되는 모든 상황을 포함한다. 디지털 성폭력은 디지털 기기와 정보통신기술을 매개로 온 · 오프라인상에서 발생하는 젠더기반 폭력으로, 동의 없이 상대의 신체를 촬영하거나 유포 · 유포 협박 · 저장 · 전시하는 행위와 사이버 공간에서 타인의 성적 자율권과 인격권을 침해하는 행위로 정의되고 있다.

2025년 8월, 허위 영상물(딥페이크 음란물) 유포 혐의로 기소된 30대 남성에게 무죄가 선고되었다는 보도가 있었다(동아일보, 2025.8.21). 그는 텔레그램 대화방에서 여성이 나체를 드러낸 AI 합성사진을 공유했지만, 법원은 "피해자가 실존하지 않을 수도 있다"라는 이유로 무죄를 선고했다. 딥페이크 영상 속 인물이 실존하지 않아도 성적 대상화의 효과는 분명히 존재하며, 실제 피해자 외에도 사회 전체의 안전감에 해를 끼친다는 비판이 잇따랐다. 실제로 일부 국가는 '피해자가 실존하지 않아도, 실제 인물로 인식될 수 있는 경우'를 처벌 대상으로 포함하도록 법을 개정하고 있다. 2025년 7월, 대법원은 영상통화 중 상대방의 나체 모습을 몰래 녹화 · 저장한 행위에 대해 성폭력처벌법 위반 혐의를 무죄로 확정했다(연합뉴스, 2025.7.3). 이 판결은 "피해자가 스스로 화면에 신체를 드러낸 것을 저장한 것"이라는 이유로, 녹화가 '촬영'에 해당하지 않는다고 본 것이며, 상대방의 동의 없이 녹화하고, 소지하고 있는 것에 대해 죄가 없다고 판단한 것이다. 이러한 판단은 디지털 공간에서의 '동의'와 '피해'가 얼마나 협소하게 이해되고 있는지를 단적으로 보여준다.

여성가족부가 2024년 발표한 〈디지털 성범죄 관련 국민 인식조사 보고서〉(전국 만 19세 이상 남녀 1,200명 대상)에 따르면, 응답자 10명 중 1명(16.1%)이 디지털 성범죄를 직 · 간접적으로 경험했다고 답했으며, 95.3%가 그 심각성을 인식하고 있었다(로이슈, 2025.9.7). 또한 한국여성 인권진흥원 디지털성범죄피해자지원센터에 따르면, 2024년 한 해 동안 접수된 디지털 성범죄 피해 건수는 16,833건으로 전년 대비 15.6% 증가했다. 피해자의 48.2%가 20대 여성이었으며, 피해 유형 중에서는 '유포 불안'이 가장 높은 비중을 차지했다(파이낸셜뉴스, 2025.8.20).

이는 단순히 '유포된 결과'가 아니라 언제든 유포될 수 있다는 두려움 그 자체가 이미 피해로 작동함을 보여준다. 피해자들은 일상의 사진을 검열하고, SNS 계정을 비공개로 전환하며, 자신의 자유를 제약하는 방식으로 젠더폭력에 대응하고 있다. 허위 영상물 예방을 명목으로 한 학교에서는 여학생들만 강당에 불러 "조심하라"고 교육하여 논란이 되었다. '옷차림을 조심하라', '밤늦게 다니지 마라'는 식의 말은 '사진 업로드를 조심하라'는 언어가 되어서 젠더폭력에 대한 책임을 피해자에게 전가하는 구조를 반복하고 있다. 예방은 누구의 신체도, 이미지도, 의사에 반해 소비되지 않는 사회적 감수성과 법적 구조를 만드는 것, 바로 거기에 있다.

5. 일상의 윤리, 보편적 상식으로 '성인지감수성'

형법 제20조는 "법령에 의한 행위 또는 업무로 인한 행위 기타 사회상규(社會常規)에 위배되지 아니하는 행위는 벌하지 아니한다"라고 명시하고 있다. 사회상규는 사회 구성원이 일반적으로 옳다고 받아들이는 도덕 감각과 윤리 관념인

데, 젠더폭력 사건에서는 이 조항이 자주 '면책의 근거'로 오용된다. 가해자는 "사회상규상 용인되는 수준이었다"라고 주장하며 폭력임을 부정하고, 일부 변호사들은 이를 근거로 '무죄 판결 사례'를 홍보한다. 젠더폭력 예방에 대한 가해자 처벌에 대한 부분과 법의 개선은 매우 중요하다. 그러나 사회가 어떤 상식을 가지고 있는가에 대한 질문 역시 매우 중요하다.

젠더폭력은 법의 영역뿐 아니라 일상의 문화와 무의식 속에 깊숙이 뿌리내려 있다. 이 폭력의 사슬을 끊고 '안전한 세상'이라는 궁극적인 목표에 도달하기 위해서는 법과 제도의 개선을 넘어, 우리 사회 구성원 모두의 성인지감수성을 높이는 것이 필요하다는 것을 의미한다. 성인지감수성이란 일상생활에서 경험하는 다양한 상황 안에서 남성과 여성이라는 성역할에 대한 고정관념이나 편견, 성차별적인 요소를 인식하고 감지해 내는 민감성을 의미한다.

법원의 판결문에서 '성인지감수성'이라는 용어가 명시적으로 등장하면서, 법원이 성폭력 · 성희롱 사건을 심리할 때 피해자가 처한 특별한 사정을 충분히 고려해야 한다는 새로운 심리 기준으로 자리 잡게 되었다. 성인지감수성이 명시된 최초 판결은 학생들을 상대로 성희롱을 한 대학교수가 해임되었고, 이에 대해 교수가 불복하여 교원소청심사위원회를 상대로 해임 처분 취소소송을 제기한 건에 대한 대법원 판결이다. 학생들에게 "뽀뽀해 주면, 추천서를 만들어 주겠다", "나랑 사귀자, 데이트 가자"는 등의 말을 하거나, 수업 중 뒤에서 껴안는 듯한 자세로 지도하는 등의 행위로 해임 처분을 받았는데, 1심은 해임이 적법하다고 보았으나, 2심은 일반적이고 평균적인 사람의 입장에서 성적 굴욕감이나 혐오감을 느꼈다고 보기 어렵고, 피해자들의 진술은 신빙성을 인정하기에 곤란하다며 교수의 성희롱을 부정하고 해임 처분을 취소하였다. 대법원은 2심 판결을 파기환송하면서 '성인지감수성'을 언급하였다.

판결문은 "법원이 성희롱 관련 소송의 심리를 할 때에는 그 사건이 발생한 맥락에서 성차별 문제를 이해하고 양성평등을 실현할 수 있도록 '성인지감수성'을 잃지 않아야 한다(양성평등기본법 제5조 제1항 참조). 그리하여 우리 사회의 가해자 중심적인 문화와 인식, 구조 등으로 인하여 피해자가 성희롱 사실을 알리고 문제를 삼는 과정에서 오히려 부정적 반응이나 여론, 불이익한 처우 또는 그로 인한 정신적 피해 등에 노출되는 이른바 '2차 피해'를 입을 수 있다는 점을 유념하여야 한다. 피해자는 이러한 2차 피해에 대한 불안감이나 두려움으로 인하여 피해를 당한 후에도 가해자와 종전의 관계를 계속 유지하는 경우도 있고, 피해 사실을 즉시 신고하지 못하다가 다른 피해자 등 제3자가 문제를 제기하거나 신고를 권유한 것을 계기로 비로소 신고를 하는 경우도 있으며, 피해 사실을 신고한 후에도 수사기관이나 법원에서 그에 관한 진술에 소극적인 태도를 보이는 경우도 적지 않다. 이와 같은 성희롱 피해자가 처하여 있는 특별한 사정을 충분히 고려하지 않은 채 피해자 진술의 증명력을 가볍게 배척하는 것은 정의와 형평의 이념에 입각하여 논리와 경험의 법칙에 따른 증거 판단이라고 볼 수 없다."고 판시하고 있다(대법원 2018.4.12. 선고 2017두74702).

2018년 대법원에 상고된 박모 씨의 강간 · 폭행 혐의 사건은 성범죄 사건 심리에서 '성인지감수성'을 형사사건에 적용하는 결정적인 계기가 되었다. 모텔 CCTV 영상 속 피해자의 모습이 "강간 피해자의 모습이라 보기엔 지나치게 자연스럽다"라는 이유로 피해자 진술을 배척했다. "박 씨의 폭행 · 협박으로 인해 피해자가 항거 불가능하거나 현저히 곤란하게 되었는지 의문"이라고 판단해 1 · 2심에서 무죄를 받자, 피해자와 피해자 남편이 억울함에 목숨을 끊었다. 이후 대법원은 '성인지감수성'을 언급하면서, 피해자의 대처 양상은 개인 성정 및 구체적 상황에 따라 다르게 나타날 수밖에 없으므로, '피해자다움'이라는 고정된 이미지에 갇혀 진술의 증명력을 배척해서는 안 된다고 판시하였다(대법원 2018.10.25. 선고 2018도7709 판결).

성인지감수성이 무조건적인 피해자의 진술만을 따라야 한다는 것은 아니다. "성범죄 사건을 심리할 때에는 '성인지적 관점'을 유지하여야 하므로, 개별적·구체적 사건에서 성범죄 피해자가 처하여 있는 특별한 사정을 충분히 고려하지 않은 채 피해자 진술의 증명력을 가볍게 배척하는 것은 정의와 형평의 이념에 입각하여 논리와 경험의 법칙에 따른 증거판단이라고 볼 수 없지만, 이는 성범죄 피해자 진술의 증명력을 제한 없이 인정하여야 한다거나 그에 따라 해당 공소 사실을 무조건 유죄로 판단해야 한다는 의미는 아니다"라고 명시하고 있다(대법원 2024.1.4. 선고 2023도13081 판결).

젠더폭력은 우리가 모두 함께 해결해야 할 구조적 문제이다. 오랫동안 폭력을 사소화하거나 자연스럽게 여기고, 피해자에게 책임을 전가하며 가해자를 동정하는 문화 속에서 유지됐다. 이러한 가해자 중심의 문화와 낡은 법적 통념이 2차 피해를 반복적으로 만들어왔다. 그러나 우리는 이제 그러한 문화에 질문을 던지고 있으며, 법과 제도 역시 사회적 상식을 반영하여 변화하고 있다. 법과 문화가 상호작용을 하며 안전하고 자유로운 사회를 이루기 위해서는 모두가 책임 있는 주체로 나서야 한다. 이를 위해 '성인지감수성'을 일상의 윤리로 삼을 필요가 있다.

11세기 잉글랜드의 고다이바 부인은 남편인 영주가 농노들에게 과도한 세금을 부과하자 세금 인하를 요구했다. 영주는 조롱하듯 "알몸으로 말을 타고 마을을 돌면 생각해 보겠다"라고 말했다. 고다이바 부인은 그 제안을 받아들였고, 그녀가 말을 타고 마을을 돌 때 마을 사람들은 문을 닫고 커튼을 내림으로써 자신들의 방식으로 그녀를 지지하였다. 수치를 돌려주지 않은 그 시민적 실천을 보면 우리 또한 폭력을 마주했을 때, 그리고 피해자에 대해 그 순간 더 나은 실천을 할 수 있을 것이다. 관습과 상식을 깨는 정치적 행동을 '고다이버즘(godivaism)'이라고 하는데 용기와 그 용기를 존중하는 공동체적 감수성이 지금 젠더폭력 예방을 위한 중요한 실천 과제일 것이다. 용기와 공감, 존중이라는 도덕적 상식이 우리 사회의 보편적 윤리가 될 때, 누구나 새벽 두 시에도 안전하게 달릴 자유를 누릴 수 있을 것이다.

읽을거리 & 볼거리

1. 『디지털 시대의 페미니즘』 (한국여성학회 기획, 2024, 한겨레출판)
디지털 기술이 권력과 일상을 재편하는 시대, 온라인 공간의 젠더 불평등과 폭력을 페미니즘의 언어로 분석한다.

2. 『여성혐오를 혐오한다』 (우에노 지즈코 저, 나일등 역, 2022, 은행나무)
현대 사회 전반에 뿌리내린 여성혐오를 통렬히 분석하며, 사회 제도 속에서 재생산되는 차별의 구조를 날카롭게 드러낸다.

3. 『모두를 위한 페미니즘』 (벨 훅스 저, 이경아 역, 2017, 문학동네)
일상과 사회 전반에서 페미니즘이 왜 필요한지를 명확히 보여주는 입문서로, 모두가 평등하게 공존하는 사회의 비전을 제시한다.

4. 『가해자보다 피해자가 잘 사는 세상을 원해』 (푸른나비 외 지음, 2022, 일다)
젠더폭력 생존자 10명이 폭력 이후의 삶을 직접 기록하며, 피해자에게 더 나은 삶을 보장해야 한다는 메시지를 전한다.

5. 『폭주하는 남성성』 (한국성폭력상담소 기획, 2025, 창비)
가부장적 남성연대가 여성을 배제하고 착취하는 방식을 드러내며, 일상과 사회 전반의 폭력과 혐오 구조를 분석해 '남성성의 재구성'을 질문한다.

6. 〈꼬리에 꼬리를 무는 이야기, "나는 죄가 없다 - 최말자, 61년 만의 재심"〉 (2025, SBS)
강제 키스에 저항해 남성의 혀를 깨문 최말자 씨의 사건을 통해, '정조' 중심 법 인식의 변화를 되짚는다.

생각하기

1. 최근 1년 젠더폭력 사건을 다룬 기사를 찾아보고, 판결, 기사문, 댓글 등에 어떠한 통념이 작동하는지를 설명해 보자.

2. “라면 먹고 갈래?”, “넷플릭스 보러 갈래?”라는 말이 생긴 맥락을 생각하며, 관계 속에서 동의는 어떻게 표현되어야 하는지 토론해 보자.

3. 성폭력이나 스토킹 등 젠더폭력과 관련된 현재의 법과 제도를 찾아보고, 폭력 예방과 피해자 보호를 위한 법과 제도를 제안해 보자.

CHAPTER 10

남성성의 기본 개념과 폭주하는 남성성

1. 들어가며: 남성성 논의의 출발점
2. 남성성에 개념 속에서 생각하기
3. '남성성/들'은 어떻게 구성되어 있는가?
4. 젠더적 실천과 폭주하는 남성성
5. 결론 및 요약

1. 들어가며: 남성성 논의의 출발점

남성성은 단일하지 않고 사회적 관계 속에서 다양하게 드러난다는 인식이 점점 널리 퍼지고 있다. 과거에는 남성을 하나의 고정된 성격이나 역할로 이해하는 경향이 강했지만, 최근 한국 사회의 담론에서는 '남성성들(masculinities)'이라는 표현을 사용해 여러 형태의 남성성을 구분하려는 시도가 나타나고 있다. 예를 들어, 청년 남성이 겪는 취업 · 군대 · 결혼 등은 당대의 사회 · 문화 · 경제적 상황과 맞물리며, '지배적 남성성'의 기대와 충돌하고 좌절하는 청년들의 남성성이 있다. 반면, 온라인 커뮤니티를 포함한 다양한 매체에서는 여성혐오적 언어와 경쟁적 태도로 남성성을 드러내는 집단이 부각되며, 사회적 논란을 만드는 남성성이 있다. 동시에, 돌봄의 실천을 통해 좀 다른 남성성을 기대하는 실험적인 움직임도 나타나고 있다.

이처럼 한국 사회에서 남성성 담론은 갈등과 모색이 공존하는 장을 형성하고 있다. 따라서 이번 파트에서는 남성성을 단일한 모습으로 설명하지 않고, 코넬이 제시한 다양한 남성성 개념을 중심으로 한국 사회의 맥락에서 어떻게 나타나고 있는지를 설명할 것이다. 더불어 '폭주하는 남성성'의 개념을 통해 한국 사회에서 일어나고 있는 젠더폭력의 양상을 함께 분석하고자 한다. 이를 통해 남성성 논의가 단순히 개인의 성격 문제가 아니라 사회적 관계와 권력 구조 속에서 이해되어야 함을 보여줄 것이다.

본격적인 논의에 들어가기에 앞서 남성성의 개념을 분명히 이해할 필요가 있다. 우리는 일상에서 남성성을 흔히 '남자다움'이라는 말과 혼용해서 사용하기도 한다. 그러나 남성성은 단순히 남자답다는 추상적 표현이 아니라, 사회가 기대하는 남자다움을 실현하기 위해 개인이 수행하는 구체적인 실천을 뜻한다.

예를 들어, 힘이 세야 한다거나, 감정을 드러내지 않아야 한다거나, 가족의 생계를 부양해야 한다는 모습은 오랫동안 전형적인 남성성의 이미지로 자리 잡아왔다. 이는 곧 사회가 제시한 '지배적 남성성'이라는 이상향을 따르기 위해 남성이 행하는 구체적인 행동과 태도라고 할 수 있다.

사회학자 래윈 코넬(Raewyn W. Connell)은 『남성성/들(masculinities)』에서 남성성이란 단순히 개인의 성격이 아니라, 권력과 관계의 구조 속에서 서로 위계와 긴장을 이루는 개념으로 설명한다. 즉, 남성성은 남자들이 똑같이 공유하는 단일한 성질이 아니라 사회적 맥락 속에서 서로 다른 형태로 나타나며, 그 사이에는 지배와 공모, 종속과 주변의 관계가 존재한다. 예를 들어, 어떤 사회에서는 힘과 권위를 강조하는 남성의 모습이 '지배적 남성성'으로 자리 잡고, 이를 인정하거나 따르는 태도가 '공모적 남성성'으로 나타난다. 반대로, 동성애 남성처럼 전통적 기준에서 벗어난 경우는 '종속적 남성성'으로 분류되며, 인종 · 계급 · 지역 차이에 따라 '주변적 남성성'도 존재한다.

또한, 코넬은 남성성이 타고나는 성질이 아니라고 강조한다. 남성성은 생물학적 본능에서 비롯되는 것이 아니라, 사회가 오랫동안 기대해 온 규범과 문화적 관계 속에서 만들어진 결과이다. 예를 들어, '남자는 울면 안 된다'라는 말은 자연스러운 사실이 아니라 오랜 사회적 규범이 반복적으로 주입된 결과이다. 따라서 남성성은 시대와 사회가 달라짐에 따라 변할 수 있으며, 고정된 것이 아니라 끊임없이 변화하고 실천되는 과정으로 이해되어야 한다.

코넬의 연구에 비롯하여 최근 한국 사회에서도 남성성에 대한 논의가 더욱 활발해지고 있다. 이번 파트에서 다룰 '폭주하는 남성성'을 포함하여 학계에서는 '하이브리드 남성성', '포용적 남성성', '부드러운 남성성', '돌봄 남성성' 등 다양한 개념이 제시되며 연구가 광범위하게 진행되고 있다. 동시에 대중문화 속에서도 여러 형태의 남성성이 투영되고 있으며, 드라마 · 영화 · 예능 프로그램 속에서 서로 다른 남성성의 이미지가 빠르게 소비되고 있다. 드라마와 영화를 보면 전통적인 남성성을 비판적으로 묘사하기도 하며, 돌봄과 감정 표현에 서툴지만 노력하는 아버지나 친구 같은 캐릭터들이 긍정적으로 그려지고 있다.

특히, 대중매체, 교육, 사회적 관계 등을 통해 전통적으로 요구되던 남성성에서 벗어나, 다양성을 존중하는 새로운 남성성을 자신의 정체성 일부로 수용하는 분위기가 점차 확산되고 있음을 느낀다.

그렇다면 우리는 왜 남성성에 대해서 논의를 해야 할까? 이 글을 읽는 남성들은 대부분 과거 아버지의 세대와 다르게 살고 있음을 실감하고, 스스로도 전통적인 남성성을 지향하지 않고 있음을 느끼고 있을 것이다. 하지만 남성성에 대한 논의는 "나는 어떤 남성인가?"를 질문하는 것이 아니다. 나는 이 질문에 대해서 남성성은 젠더 관계 속의 장소이자 그 장소에서 남녀가 관여하는 실천이고, 그런 실천이 육체적 경험, 인격, 문화에서 만들어 내는 효과(R. W. 코넬, 2013)이기 때문이라고 답하고 싶다. 이 말을 풀어 쓰자면, 남성성은 젠더 관계 속에서 특정한 지위를 차지하고, 말하고, 행동하고 관계 맺는 방식을 통해서 실천되며 사회에 영향을 준다는 의미로 해석할 수 있을 것이다. 이번 파트에서 우리는 빠른 이해를 위해 시대 변화 속에서 남성들이 겪는 경험의 차이와 사회적 요구의 변화를 이해하고 그 속에서 나타나는 사회 문제를 인식하는 것을 남성성의 이해와 논의의 출발점으로 삼을 것이다.

다양한 변화에도 불구하고 우리는 여전히 다양한 젠더 갈등 속에서 살아가고 있다. 지금의 청년 세대는 취업 경쟁, 불안정한 노동 시장, 경제적 어려움 속에서 각자의 불평등을 경험하며 대립한다. 남성들은 주로 병역 문제와 취업 경쟁에서 불평등을 호소한다. 대부분의 남성은 약 18개월에서 21개월가량 군 복무를 하게 되며, 그만큼 학업과 경력에서 뒤처진다는 부담을 느낀다. 또한 취업 시장에서 늘어난 경쟁자와 불안정한 일자리 속에서 변화하는 사회가 요구하는

'가족 부양자' 역할을 감당하기 어렵다고 토로한다. 여성들은 여전히 직장과 일상에서 잔존하는 차별을 마주하고 있다. 임금 격차, 경력 단절, 성희롱 · 데이트 폭력 등은 여전히 해결되지 않은 문제로 남아 있으며, 많은 여성들은 안전과 권리를 지키기 위해 끊임없이 노력하고 있다.

이러한 현실은 온라인 공간에서도 드러난다. 예를 들어, '퐁퐁남', '인셀', '보슬아치'와 같은 혐오 표현이 빠르게 확산되며, 사회적 갈등을 증폭시키고 있다. 이는 남성과 여성 모두가 겪는 불평등 경험이 상대 집단에 대한 적대감으로 전환되면서, 젠더 갈등이 심화되는 양상을 보여준다.

퐁퐁남

연애 경험이 없거나 적은 남성이 젊은 시절 성적으로 문란하게 놀았던 여성과 결혼해 사는 것을 남이 먹었던 음식 그릇을 설거지만 한다는 것에 비유하는 여성혐오적 표현인 설거지론에서 설거지를 하고 있는 유부남을 '퐁퐁남'으로 정의함

출처: 서울경제 (2021.10.25). 온라인 달군 '퐁퐁남' 뭐길래…남성들끼리 갈등 폭발했다.

단편적인 예시를 통해서도 우리는 사회 변화 속에서도 여전히 대립하는 젠더 갈등이 존재함을 확인할 수 있다. 이러한 갈등은 개인의 성격 차이에서만 비롯된 문제가 아니라, 사회가 남성과 여성에게 부여해 온 역할 기대와 제도적 환경이 복합적으로 작용한 결과이다. 따라서 지금 이 시기에 남성성을 논의하는 일은 각 집단의 고통을 비교하거나 서열화하려는 시도가 아니라 문제의 구조를 정확히 이해하려는 시도라는 것을 이해하기 바란다.

남성성 논의가 필요한 이유는 남성성의 규범이 어떻게 구성되어 있고 전파되는지, 그리고 그것이 어떤 영향을 주는지를 살펴볼 때 대립을 줄이고 해결의 실

마리를 찾을 수 있다고 믿기 때문이다. 이는 곧 남성성을 연구하는 학자들이 공통적으로 기대하는 바라고 생각한다.

남성성 논의는 개인의 삶을 이해하는 데에도 중요한 의미를 가진다. 전통적 남성성의 기대와 현실의 간극 속에서 많은 사람들이 좌절을 경험한다. 예를 들어 '무뚝뚝한 아버지'의 모습처럼 감정을 드러내지 말아야 한다는 규범은 관계 속 의사소통을 막고, 가족을 부양해야 한다는 책임감과 압박은 모든 짐을 혼자 지게 하여 고립을 심화시킨다. 이러한 상황은 개인의 행복뿐 아니라 가족 · 친구 · 사회적 관계에도 부정적 영향을 남긴다. 따라서 남성성에 대한 성찰은 '이룰 수 없는 이상향'에 대한 간극을 해소하고 관계의 질을 높이는 실천으로 이어질 수 있다.

무엇보다 남성성 논의는 새로운 선택지를 열어준다. 이 파트를 구성하고 있는 주된 목적은 전통적 규범을 무너뜨리는 것이 아니다. 오히려 이 글을 읽는 독자가 스스로 자신의 가치와 관계에 맞게 다양한 방식으로 남성성을 성찰할 수 있도록 가능성을 확장하는 데 있다. 지배적인 남성성의 가치를 따르는 것이 아니라 개인의 가치를 존중하는 다양한 남성성의 길이 열릴 때 스스로 폭넓은 삶의 전략을 선택할 수 있게 된다. 이러한 선택지의 확장은 곧 사회적 갈등을 줄이고 더 나은 관계를 맺을 수 있는 기반이 될 것이다.

2. 남성성에 개념 속에서 생각하기

우리는 사회에서 나타나는 문제들을 구체적으로 살펴볼 필요가 있다. 예를 들어 흔히 나타나는 젠더 갈등의 문제인 군 복무에 대해서 다음과 같이 생각해 볼 수 있다. 앞서 설명했듯이 남성성은 개인의 성격만으로 설명될 수 있는 문제가 아니다. 한국 사회의 법과 제도는 남성과 여성에게 서로 다른 경험을 만들어내며, 이는 세대별 차이와 갈등으로 이어지기도 한다. 대표적인 예가 병역 제도이다. 현행 법률에 따라 남성에게 부과되며, 헌법과 병역법은 모든 남성이 병역의무를 성실히 수행해야 한다고 규정한다. 이러한 제도적 현실은 청년 남성에게 부담으로 작용하는 동시에 군 복무를 하지 않는 여성에 대한 반발로 이어진다.

과거에는 군 복무가 곧 남성성을 증명하는 과정으로 인식되었다. "군대를 다녀와야 진짜 남자다"라는 말이 있을 정도로, 군 복무는 지배적 남성성의 상징이었다. 당시에는 군 복무 경험만으로도 사회적 존중을 받을 수 있었으며, 경제적 소득 및 자기계발에서도 일정한 이득을 누릴 수 있었을 정도로 매우 가치 있는 일로 인식되었다. 그러나 시대가 변화하면서 군 복무는 더 이상 남성성을 증명하는 주요한 통과의례가 되지 못하고 있다. 오히려 군 복무는 '시간 낭비'라는 인식이 강해지고, 현역 대신 사회복무요원으로 복무하면 '신의 아들', 병역 면제를 받으면 '신'이라는 이야기 또한 관련 키워드로 검색하면 쉽게 찾아볼 수 있다.

그렇다면 지금 청년세대에게 어째서 군대에 대한 키워드는 젠더 갈등의 원인이 된 것일지 생각해 볼 필요가 있다. 갈등의 한쪽에서는 "왜 남자만 군대를 가야 하는가"라는 주장이 제기되고, 다른 쪽에서는 "군 복무 제도 자체를 만든 것은 과거의 기득권 남성인데, 왜 여성에게 책임을 묻는가"라는 반론이 나온다. 그러나 이 논쟁을 단순히 성별 대립으로만 보는 것은 문제의 본질을 놓치는 것이다. 군 복무는 과거에 지배적 남성성의 상징이었지만, 오늘날에는 경제적 능력과 사회적 지위가 남성성의 핵심 가치로 자리 잡으면서 그 의미가 크게 줄어들었다. 다만, 여기서 우리가 주의해야 할 것은 지배적 남성성이 약화되었다고 생각하는 것이다. 지배적 남성성은 단순히 힘을 잃은 것이 아니다. 오히려 군 복무를 둘러싼 논쟁은 단순한 불만과 저항으로만 볼 수 없고, 오히려 군 복무에 대한 역차별이 반복적으로 제기되면서, 군 복무 경험의 가치는 역설적으로 더 강조되기도 한다. 즉, 군 복무를 마친 남성은 그 고통을 감내했다는 사실만으로도 사회적 권위(사회복무요원에 대한 차별, 군 경험에 대한 자랑 등) 얻게 된다. 청년 남성들의 주변적 위치는 군 복무에 대한 역차별을 주장하는 동시에 일정 수준의 사회적 권위를 얻는 상황이 나타나는 것이다. 결국 군 복무 문제는 단순히 남성과 여성의 대립 구도가 아니라, 시대 변화 속에서 남성성이 어떻게 재생산되고 있는지를 보여주는 중요한 단서라고 볼 수 있다.

이처럼 남성성에 대한 논의는 사회적 갈등 속에서 '누가 더 힘든가'를 겨루는 방식으로 다루지 않는다. 대신 남성성을 고정된 성격이 아니라 사회적 관계와 권력 속에서 형성되는 다층적 현상이다.

3. '남성성/들'은 어떻게 구성되어 있는가?

호주 출신 사회학자 래윈 코넬(Raewyn W. Connell)은 『남성성/들(Masculinities)』에서 남성성을 단일하고 고정된 개념이 아니라, 사회적 관계와 권력 구조 속에서 위계적으로 형성되는 다층적 현상으로 설명한다. 즉, 남성성은 모두가 똑같이 갖는 성격이 아니라 사회와 제도가 만들어 놓은 기준에 따라 서로 다른 형태로 나타나며, 그 안에는 지배와 공모, 종속과 주변의 관계가 얽혀 있다. 코넬은 남성성을 이해하기 위한 기본 틀로 네 가지 유형을 제시한다. 나는 코넬의 이론을 설명하기 위해서 다양한 방법을 고민했지만, 기본적인 이론을 최대한 쉽게 설명하고 나중에 다룰 '폭주하는 남성성'에서 더 깊게 다루고자 이번 파트에서는 『남성성/들(Masculinities)』 3장(pp.111-137)의 내용을 나의 방식으로 최대한 쉽게 설명했다.

헤게모니적 남성성은 '어떤 남성성이 사회에서 가장 인정받고 중심 자리를 차지하는가'를 설명하는 개념이다. 먼저 '헤게모니'라는 말은 그람시(Antonio Gramsci)가 사용한 개념으로 단순히 힘으로 억누르는 지배가 아니라 사람들이 '당연하다'고 믿고 따르는 문화적 영향력을 뜻한다. 쉽게 말해, 사회에서 다수가 자연스럽게 따라가고 싶어 하는 규범이나 이상이 바로 헤게모니다.

남성성에도 이런 헤게모니가 존재한다. 어느 시대, 어느 사회에서든 '이런 남자가 가장 멋있다'거나 '이런 모습이 진짜 남자답다'라는 기준이 만들어지고, 그 기준이 다른 남성성보다 더 높게 평가된다. 예를 들어, 어떤 시대에는 군인처럼 강하고 용감한 모습이, 또 다른 시대에는 재벌처럼 부와 권력을 가진 모습이 이상적인 남성성으로 여겨질 수 있다.

하지만 중요한 점은 실제로 이런 헤게모니적 남성성을 가진 남성이 항상 가장 큰 권력이나 돈을 가진 것은 아니라는 사실이다. 때로는 영화 속 영웅 캐릭터처럼 현실에 존재하지 않는 이미지일 수도 있다. 또 어떤 부유한 남성의 사적인 삶은 사회가 이상적으로 여기는 남성성과는 전혀 다를 수도 있다. 코넬은 이 부분에 대해서 1950년대 시드니에서 유명한 재벌가 남성이 게이/트랜스베스타이트 사회의 핵심 인물이었음을 말하며, 그들의 재산이 냉전시대의 정치적 분위기와 경찰의 괴롭힘을 막아줬다고 설명한다.

그럼에도 불구하고 기업, 군대, 정부 같은 조직 같은 사회의 주요 제도는 남성성을 이상적인 기준으로 내세우며 유지하려 한다. 그래서 많은 사람들이 비판해도 쉽게 흔들리지 않는다. 이것이 바로 폭력으로 억누르지 않고도 사람들에게 권위를 인정받는 헤게모니의 힘이다. 우리가 주의해야 할 것은 헤게모니가 완벽한 통제를 이루고 있다고 단정하는 것이다. 그렇기 때문에 사회 변동과 함께 헤게모니적 남성성 역시 변화하듯이, 오늘날에도 과거 전통적인 남성성에서 부정하고 배척하던 것을 자신의 정체성으로 포섭하고 협상하는 혼종성이 나타나기도 한다.

헤게모니적 남성성은 고정되어 있는 것이 아니라 시대에 따라 변한다. 사회가 변하고 가부장제를 지탱하는 방식이 달라지면 이전에 '남자답다'고 여겨지던 모습은 힘을 잃고 새로운 남성성이 중심에 설 수 있다. 따라서 헤게모니적 남성성은 단순히 한 가지 모습이 아니라 시대와 사회적 조건에 따라 계속 바뀌는 '지배적인 남성성의 기준'이라고 이해할 수 있다.

▷ 헤게모니적 남성성

헤게모니적 남성성은 사회적으로 가장 '우월한' 위치를 차지하는 남성성의 규범적 모델로 다른 남성성과 여성성을 지배 · 정당화하는 남성성 형태를 의미한다.

힘, 이성성, 독립성, 경쟁성 같은 특성이 이상적 기준으로 제시되며, 이를 통해 젠더 권력의 위계를 유지하는 방식으로 작동한다.

출처: Connell, R. W. (2013). 남성성/들(Masculinities). 이매진.

종속적 남성성은 남성들 사이에서도 위계가 존재하며, 그중 일부 남성성이 사회적으로 낮은 위치에 놓이는 것으로 볼 수 있다. 특히, 서구 사회에서는 오랫동안 이성애 남성이 중심에 서고 동성애 남성이 그 아래에 놓이는 구조가 이어져 왔다. 단순히 "게이는 남자답지 않다"라는 낙인만의 문제가 아니라 실제 생활에서 차별과 억압을 겪게 되는 것이다.

예를 들어, 게이 남성은 정치적 · 문화적 배제(종교 및 보수 정치 세력), 법적 차별(동성애 행위를 처벌하는 법), 사회적 폭력(길거리 폭행이나 위협 및 살해 등), 경제적 차별(채용 및 직장 내 불이익), 개인적 고립(가족 및 주변인의 배척)과 같은 현실적 불이익을 겪는다.

가부장적 사회에서 '게이다움'은 헤게모니적 남성성에서 추방된 모든 특성이 모이는 상징적 공간이 된다. 예를 들어, 섬세한 취향이나 성적 표현 방식 등이 남성다움에서 배제되어 '여성적'이라고 낙인찍힌다. 그래서 게이 남성은 종종 여성성과 동일시되며, 이것이 동성애 혐오 공격의 이유가 되기도 한다.

하지만 종속적 남성성은 게이 남성에게만 국한되지 않는다. 이성애 남성이나 소년 중에서도 사회가 요구하는 기준에 맞지 않으면 쉽게 조롱과 배제의 대상이 된다. 예를 들어, 운동을 잘 못하거나 소극적이고 조용한 성격을 가진 남자아이들은 "계집애 같다", "기생오라비", "마마보이" 같은 말을 들으며 놀림을 받는다. 이 역시 남성성이 여성성과 연결되어 조롱당하는 방식이다.

따라서 종속적 남성성은 남성 집단 내부의 위계에서 가장 아래로 밀려난 모습이라고 할 수 있다. 이 개념은 남성성 안에도 힘의 차이가 존재하며, 그 과정에서 많은 남성이 억압을 경험한다는 사실을 보여준다.

▷ 종속적 남성성

종속적 남성성은 사회적으로 우위에 있는 헤게모니적 남성성에 비해 낮은 지위에 놓이며, 그 규범에 의해 열등하거나 비정상으로 규정되는 남성성을 의미한다.

이 남성성은 권력 구조 속에서 주변화되고, 지배적 남성성의 기준에 미치지 못한다는 이유로 평가절하되는 방식으로 작동한다.

출처: Connell, R. W. (2013). 남성성/들(Masculinities). 이매진.

공모적 남성성은 헤게모니적 남성성을 직접 실천하지 않으면서도, 그 체제에서 이익을 얻고 유지하는 남성성을 뜻한다. 사실 헤게모니적 남성성을 완벽하게 따르는 남성은 없다. 예를 들어, 모든 남성이 영화 속 영웅처럼 강하거나, 재벌처럼 부유하거나, 정치 지도자처럼 권력을 가지는 것은 아니라는 의미다. 하지만 그렇다고 해서 그들이 아무런 이득을 얻지 못하는 것도 아니다. 대부분의 남성은 여성보다 상대적으로 더 많은 사회적 이익, 즉 '가부장적 배당금'을 누린다. 여기서 '가부장적 배당금'이란 남자라는 이유만으로 사회에서 평균적으로 더 많은 기회와 혜택을 얻는 것을 가리킨다.

이처럼 많은 남성은 직접적으로 여성 위에 군림하지 않아도 가부장제가 유지되는 한 그 결과로 이득을 얻게 된다. 이런 태도를 가리켜 '공모적'이라고 한다. 다시 말해, 공모적 남성성은 헤게모니적 남성성 일선의 위험을 감수하지 않고도 지배적 남성성과 손잡고 이익을 나누는 방식이다.

예를 들어, 어떤 남성들은 결혼 생활이나 공동체 속에서 아내와 타협하고, 어머니를 존중하며, 가정에서 폭력을 행사하지 않고, 집안일도 일정 부분 분담한다. 겉으로 보기에는 평등하고 협력적인 모습이 많다. 그러나 동시에 사회 속에서 여성은 여전히 남성보다 낮은 위치에 놓여 있고, 남성은 그 구조의 혜택을 '당연하게' 누린다.

즉, 공모적 남성성은 노골적인 지배를 하지 않아도 여전히 가부장제의 이득을 함께 향유하는 방식이라고 이해할 수 있다. 이것은 단순히 게으른 남성성의 변형판이 아니다. 매우 넓게 퍼져 있고 사회적으로 섬세하게 구성된 현실적 남성성의 형태다.

공모적 남성성

공모적 남성성은 직접적으로 지배적 남성성을 수행하지 않더라도 그 구조가 제공하는 이득을 향유하며 결과적으로 젠더 권력 체계를 유지 및 강화하는 남성성을 말한다.

출처: Connell, R. W. (2013). 남성성/들(Masculinities). 이매진.

주변화된 남성성은 계급, 인종, 민족 같은 사회 구조와 젠더가 서로 얽히면서 만들어지는 남성성을 가리킨다. 앞서 본 헤게모니적, 종속적, 공모적 남성성은 주로 남성 집단 내부의 위계와 관계를 설명한다. 하지만 실제 사회에서는 계급 차이, 인종차별 같은 다른 힘도 동시에 작동한다. 이 과정에서 어떤 남성성은 사회의 중심에서 밀려나 '주변적 위치'에 놓이게 된다.

코넬은 이것의 예로 흑인 남성성이 백인 중심 사회와 깊이 연결되어 있다고 말한다. 흑인 스포츠 스타는 '힘세고 강한 남자'의 상징으로 칭송받기도 하지만, 동시에 흑인 남성을 '위험한 존재'로 보는 인종차별적 시선 속에서 강간범 같은 부정적 이미지로 소비되기도 한다. 이런 방식으로 흑인 남성성은 백인 사회의 성 정치 속에서 이용되고 규정된다.

또한 경제적 조건도 주변화된 남성성을 만든다. 미국 흑인 남성들에게 높은 실업률과 도시 빈곤은 단순한 개인 문제가 아니라 제도적 인종차별의 결과이며, 이는 곧 흑인 남성성의 특성을 규정짓는 중요한 요소가 된다.

나는 이러한 예시를 한국적인 예시에 맞춰서 설명하고자 한다. 예를 들어 대기업 정규직이나 공무원 같은 '안정된 직장'이 남성성의 기준처럼 여기지는 상황에서, 배달 · 택배 · 대리운전 등에 종사하는 남성들은 무능하고, 경제적으로 불안정하다는 시선을 받을 수 있다. 이는 노동시장의 불평등이 남성성 위계에 반영된 대표적인 사례가 될 수 있다.

주변화는 단순히 '사회적 약자'라는 뜻이 아니다. 중요한 점은 주변화된 남성성은 언제나 지배집단의 헤게모니적 남성성과 비교되는 방식으로 존재한다는 것이다. 예를 들어 비정규직 남성이 개인적으로 돈을 많이 모아 명성과 부를 얻더라도 그 성취가 비정규직 남성 전체의 사회적 지위 상승으로 이어지지는 않는다는 것이다. 다시 말해, 개인의 성공은 구조적인 차별을 지우지 못한다는 말이다. 이런 주변화된 남성성은 동성애자, 노동계급 남성, 이주민 남성 등 다양한 집단에서 나타난다. 정리하자면, 주변화된 남성성은 사회적 조건 속에서 형성되는 관계적 위치다.

▷ 주변화된 남성성

주변화된 남성성은 인종 · 계급 · 지역 등 사회구조적 요인 때문에 권력에 접근하기 어렵다. 이들은 헤게모니적 남성성과 동일한 특성을 가지고 있어도 지배적 위치를 차지하지 못하는 남성성을 의미한다.

출처: Connell, R. W. (2013). 남성성/들(Masculinities). 이매진.

코넬은 많은 남성들이 지배적 남성성을 온전히 실천하지 못하지만, 집단적 차원에서 일정한 이익을 공유한다고 설명하며, 이것을 가부장적 배당(patriarchal dividend)이라고 부른다. 즉, 남성이라는 이유만으로 상대적으로 더 높은 임금, 더 많은 사회적 존중, 더 나은 승진 기회 등을 얻는 것이다. 군 복무나 직장 생활에서 지배적 남성성의 기준에 미치지 못하는 경우에도, 남성이라는 집단에 속해 있다는 사실 자체가 여성보다 구조적 이익을 누리게 만든다는 것이다. 이는 남성성의 위계가 단순히 개인 차원이 아니라 사회 구조 전반에서 작동한다는 것을 보여주기도 한다.

▷ 가부장적 배당금

가부장적 배당금은 사회의 젠더 권력 구조 속에서 남성들이 자동적으로 얻는 특권과 이익을 의미한다. 이는 임금 · 지위 · 권위 등에서 남성이 구조적으로 유리한 위치를 갖도록 하는 집단적 보상이다.

출처: Connell, R. W. (2013). 남성성/들(Masculinities). 이매진.

또한 이러한 위계는 한 국가 내부에만 존재하는 것이 아니라, 세계적 차원에서도 작동하는 질서라고 지적된다. 전 세계적으로 남성은 노동, 재산, 정치권력에서 구조적 이익을 얻고 있으며, 특히 여성의 지위가 낮은 지역일수록 남성들이 누리는 상대적 혜택은 더 크다. 이를 세계적 젠더 질서라고 부른다. 예를 들어, 노동 시장에서 남성은 고임금 일자리를 차지하는 반면, 여성은 저임금 · 비정규직 노동에 몰리는 현상은 국가를 초월해 반복되고 있다는 것이다. 이처럼 남성성은 지역적 차원뿐 아니라 국제적 차원에서도 불평등을 강화하는 방식으로 작동한다.

4. 젠더적 실천과 폭주하는 남성성

남성성에 대한 개념에서 지속적으로 강조하는 것은 '남자다움'을 얻기 위한 실천의 과정이다. 위에서 설명된 개념들은 단 하나의 특징을 작성한 목록으로 구분할 수 없으며, 무엇이 남성적이라고 구분할 수 없다. 결국 젠더는 반복적인 실천을 통해 형성되기 때문이다. 남성성 또한 우리는 어떠한 실천을 포착하는 개념으로 접근해야 한다. 그렇다면 최근 대두되고 있는 폭주하는 남성성은 어떠한 실천을 포착한 개념인지 생각해 보자.

폭주하는 남성성은 '해로운 남성성'이라는 개념을 통해 이해해 보고자 한다. 해로운 남성성(toxic masculinity)은 전통적 남성성 가운데 특히 여성혐오, 동성애혐오, 폭력적인 지배 등을 조장하는 측면을 지칭한다. 해로운 남성성은 성폭력, 가정폭력, 학교폭력 같은 사회 문제와 밀접하게 연결되기도 하며, 남성 스스로에게도 해롭다. 감정을 억압하고 자립만을 강조하는 문화는 우울증, 중독, 스트레스 같은 정신 건강 문제를 악화시킨다. 따라서 해로운 남성성은 남성과 여성 모두를 포함하며, 사회 전체에 부정적인 영향을 미친다.

이러한 개념에서 폭주하는 남성성은 남성성이 경쟁, 폭력, 혐오와 결합해 제어되지 못하는 상태로 이해할 수 있다. 이는 남성성 자체가 문제라는 뜻이 아니라, 사회가 남성에게 요구하는 '남자다움'이 과도하게 강조되면서 공격성과 배제의 방식으로 표출되는 것이다. 예를 들어 학교에서 "남자는 울면 안 된다"는 말은 감정 표현을 막고 분노와 공격성만을 강화한다. 이러한 상황이 반복되면 남성성은 서로를 지배하거나 타인을 억압하는 방식으로 '폭주'하기도 한다.

여기서 중요한 점은 직접 폭력을 행위하거나 혐오를 드러내는 것만이 폭주하는 남성성에 해당하는 게 아니라는 것이다. 많은 남성들은 헤게모니적 남성성이 만들어내는 폭력과 억압에 적극 가담하지 않으면서도, 이를 제재하지 않고 묵인함으로써 그 구조를 유지하기도 한다. 그렇기 때문에 우리가 다룰 젠더폭력과 폭주하는 남성성의 개념은 단순히 개인의 일탈적 행위가 아니라, 불평등한 젠더 관계 속에서 폭력으로 이어지는 구조적인 현상으로 이해해야 한다.

남성성 규범은 오랫동안 경쟁, 지배, 공격성과 같은 힘과 통제를 남자의 본질적 특성으로 강조해 왔다. 이러한 문화적 규범은 남성들이 때로는 폭력을 정당화하도록 만든다. 실제 젠더폭력 사건을 살펴보면, 언론에서 종종 가해자의 내성적 성격, 나약함, 패배감 등을 강조해 설명하곤 한다. 그러나 중요한 점은 이러한 특성들을 폭력의 원인으로 해석하는 것은 섣부른 판단이다. 많은 가해 남성들은 자신이 처한 주변적 지위에 대한 분노를 폭력으로 전환하며, 이를 정당화의 도구로 사용한다는 것을 인식해야 한다.

주목해야 할 것은 이들이 자신의 위치를 판단하는 기준이 어디에 있느냐는 점이다. 가해자들은 남성 동성 사회를 준거집단으로 삼으며, 외모, 경제력, 군복무 경력, 여성에 대한 성적 지배 능력 등이 주요한 평가 기준이 된다(권김현영 외, 2025). 따라서 이들이 행사하는 폭력은 단순한 일탈적 행위가 아니라, 자신의 남성성을 실천하고 확인하려는 시도로 이해할 수 있다.

하지만 헤게모니적 남성성에서는 여성에 대한 폭력이 정당하다고 하지 않는다. 오히려 남성의 폭력은 사회적으로 '성공한 남성'이 아니라, 주변부로 밀려난 '실패한 남성'에게서 자주 표현된다. 대표적으로 비자발적 독신주의자를 뜻하는 인셀(incel, involuntary celibate)집단은 자신들의 좌절과 고립을 여성혐오로 전환(Laura Bates, 2023)하며, 젠더폭력을 정당화한다.

문제는 이러한 '실패한 남성'들의 폭력이 사회적으로 완전히 배제되지 않고 '정의 구현'이나 '질서 회복'이라는 형태로 활용된다는 점이다. 그들의 행위는 폭력 그 자체로는 규탄되는 동시에 '정의 구현'이나 '질서 회복'과 같은 자의적인 행동의 형태를 양산하며, 헤게모니적 남성성을 강화하고 이를 통해 공모한 남성들에게 일정 수준의 가부장제적 배당금을 얻는 과정으로 이어지기도 한다. 이러한 과정에서 피해자 혹은 여성에 대한 추가적인 피해(신상공개, 사회적 낙인 등)는 고려되지 않는다.

사회에서 벌어진 폭력 사건이나 범죄가 단순히 개인의 일탈로만 설명되면, 구조적 불평등은 가려지는 법이다. 반대로 사건에 이름을 붙이고 사회적 의미를 부여할 때, 불평등한 젠더 관계가 정치적 쟁점으로 부상한다. 이를 위해서 사건에 대한 공적 언어를 바꾸고, 사회 전체가 구조적 문제를 성찰하도록 만드는 과정이 필수적이다.

2016년 5월 17일 새벽, 강남역 인근 공용화장실에서 한 여성이 일면식도 없는 남성에게 살해당하는 사건이 발생했다. 가해 남성은 "여성들에게 무시당했다"는 이유로 여성을 공격했다고 진술하였다(한겨레, 2016). 사건 직후 경찰은 이를 정신질환자의 '묻지마 범행'으로 규정하려 했으나, 사회적 반응은 달랐다는 것을 주목해야 한다.

사건 현장인 강남역 10번 출구에는 수천 장의 추모 포스트잇이 붙으며 시민들의 자발적인 추모와 항의가 이어졌다. 메모들에는 "여성이라는 이유만으로 죽임을 당했다", "여성혐오가 불러온 범죄다"라는 목소리가 적혀 있던 것을 기억한다. 이처럼 개인의 범행으로 축소될 수 있었던 사건은 '강남역 살인 사건'이라는 이름으로 불리며 사회적 · 정치적 쟁점으로 떠올랐다.

재미있는 점은 사건이 발생했을 때, 폭력에 동조하는 남성들은 없었지만, 동시에 남성사회 안에서도 가해자는 '잘못된 남성'으로 규정하고 자신의 '건전함'을 강조하는 서사로 소비되었다는 것이다. 여기서 비폭력적인 남성들은 가해자의 극단적 폭력을 자신과 대비시키며, 오히려 자신들의 위치를 상대적으로 정상적이고 합리적인 것으로 정당화하는 모습도 보여졌다.

이 과정은 아이러니하게도 헤게모니적 남성성을 더 공고히 한다. 실패한 남성의 폭력은 '잘못된 남성'으로 규탄되지만, 그 대척점에 서 있는 비폭력적 남성들은 스스로를 '건전한 남성'으로 규정하며 지배적 질서에 편입되고자 한다. 동시에 헤게모니적 남성성은 법적 체제와 정치적 영향력을 통해 시민 보호를 표방하며, 여성을 보호의 대상으로 삼고, 그 주체를 남성으로 지정하기도 한다. 결국 이러한 구조 속에서 주변화된 남성성의 폭주는 헤게모니적 남성성을 영속화하며, 주변적 남성들의 지위 변화를 이끌기보다 지배적인 젠더 질서와 그 권력을 유지하는 도구로 작동한다.

이러한 젠더 질서의 재생산을 단절하기 위해서는 젠더폭력을 주변화된 남성을 통해 합리화하는 방식이 아닌, 범죄가 발생한 맥락이 어떤 연속선 안에서 형성되었는지를 살피는 시도가 필요하다. 우리는 가해자의 행위를 단일한 폭력사건으로만 볼 것이 아니라, 그가 어떤 사회적 관계 속에서 범행의 동기를 형성했는지를 분석해야 한다. 다시 말해, 폭력의 순간을 독립된 범행으로 해석하기보다, 그 이전에 누적된 실천(예를 들어 남성 동성 사회성 속 여성 혐오)을 추적하는 것이 중요하다. 이러한 접근이 폭력을 방관하고 용인하는 젠더 질서의 근본적인 구조를 드러내고, 폭주하는 남성성이 재생산되는 과정을 이해하게 된다.

2022년 부산 서면 돌려차기 사건 역시 이러한 맥락에서 이해할 수 있다. 이 사건은 귀가하던 여성을 뒤따라가 폭행해 의식을 잃게 한 뒤, 성폭력을 시도한 범죄로 사회적 충격을 주었다. 당시 수사기관은 도주 한 가해자의 휴대폰에서 강간과 관련된 키워드를 검색한 흔적을 발견했음에도 피해자가 혼수상태였다는 이유로 성폭력 여부를 적극적으로 규명하지 않았고, 사건은 한동안 단순한 살인미수 사건으로 분류되었다(이데일리, 2023.5.22). 그러나 이후 피해자가 직접 피해 사실을 진술하며 법적 투쟁을 이어간 결과, 사건은 강간살인미수로 재분류되었다.

대부분의 사건은 피해자를 중심으로 두고 피해자를 보호한다는 명목으로 피해자의 진술을 입증하는 것에만 초점을 맞추기 때문에 가해자의 행위 맥락을 규명하지는 않는다. 만약 가해자가 청소년기부터 또래 남성과 함께 폭력을 일삼았고, 여성의 성을 구매한 이력과 교제하던 여성을 스토킹하는 등 성적 지배를 학습하는 경험을 지속해 왔다는 것에 주목해 왔다면, 성폭력 혐의의 가능성을 빠르게 인지했을 것이다.

2024년 4월에 발생한 '거제 교제살인 사건'은 친밀한 관계에서 여성의 결별 통보를 받아들이지 못하고 폭력을 행사한 대표적인 젠더폭력의 사례이다. 이 사건이 발생했을 당시에는 이미 두 사람의 관계는 끝난 상태였으며, 두 사람이 교제하는 기간에도 계속해서 데이트폭력 신고 11건이 있었으나, 대부분 처벌불원을 표시해 사건은 종결되었던 것으로 나타났다. 사건 당일에도 술에 취한 가해자는 피해자의 자취방 비밀번호를 알아내 무단으로 침입하여 폭행을 가했고, 그 둘은 헤어진 상황임에도 만난 지 3주년인데 다른 사람과 놀았다는 것이 폭행의 이유였다(JTBC News, 2024.4.17). 사건 이후 경찰은 가해자를 긴급체포했지만, 검찰이 '사안의 긴급성이 부족하다'는 이유로 긴급체포를 불승인해 약 8시간 만에 석방되기도 하였다.

이 사건은 연인 관계에서 발생한 폭력이 얼마나 쉽게 '사적인 일'로 치부되며, 그 결과 얼마나 심각한 비극으로 이어질 수 있는지를 단적으로 보여준다. 피해자는 무려 열한 차례나 폭행과 스토킹을 신고했지만, 수사 기관은 그 관계를 '연인 간 다툼'으로 간주했다. 또한 수사와 재판 과정에서도 폭력의 본질은 끝내 제대로 다뤄지지 않았다. 재판부는 이 범행을 '감정 대립 중 우발적으로 발생한 폭행'으로 규정했으나, 폭력은 결코 순간적인 감정의 폭발이 아니었다. 반복된 통제, 감시, 스토킹, 폭행은 '사랑'이라는 이름으로 포장된 권력의 실체로 이해해야 한다. 이때까지 우리 사회에서 많은 친밀한 관계에서 나타나는 폭력을 단순히 개인 간 갈등의 영역에 가둠으로써, 폭력의 구조적 성격을 외면해왔다.

문제는 바로 이 지점에서 드러난다. 친밀한 관계 속 폭력을 '사적 문제'로 축소하는 사회에서는 피해자는 항상 고립되고, 제도는 그 고립을 방조하게 된다. 폭력의 신호는 이미 관계 속에서 수없이 나타나고 있다. 문제는 그것을 '사적 영역'으로 해석하는 사회적 태도다. 폭력은 개인의 성격이 아니라, 권력의 구조가 만들어낸 결과이다. 이미 사회에서는 '안전이별'과 같은 신조어가 말해주듯이 교제폭력 및 스토킹 피해를 당하지 않기 위해 노력하는 보편성이 존재함에도 거제 교제살인 사건은 이 단순한 사실을 다시 한 번 일깨운다.

사회는 오랫동안 남성에게 '책임감'을 남성성의 핵심 가치 중 하나로 학습시켜왔다. 이러한 규범은 연애 관계에서도 그대로 적용되어, 남성이 관계의 주도자이자 보호자 역할을 해야 한다는 기대를 만들어 왔다. 그러나 데이트 폭력의 문제를 남성성의 관점에서 다시 바라본다면, 남성이 관계 속에서 어떤 행동을 실천하고 있는지 확인하고 그 방향이 달라져야 함을 알 수 있다. '남성은 여성을 지키고 보호해야 한다'는 인식은 겉보기에는 책임감처럼 보이지만, 실제로는 관계의 위계를 전제하고 여성을 의존적 존재로 규정하는 고정관념이다. 물론 이러한 인식을 바꾸기 위해서는 개인의 태도 변화만으로는 충분하지 않다. 제도적 체계와 사회적 인식 전반에서 남성과 여성의 관계를 평등하게 구성할 수 있는 구조적 개선이 나타나야 함은 분명하다.

5. 결론 및 요약

이번 파트에서는 코넬의 '남성성/들(masculinities)' 이론을 토대로 한국 사회의 젠더 관계 속에서 남성성이 어떻게 형성되고, 때로는 폭력과 결합하여 '폭주하는 남성성'으로 나타나는지를 살펴보았다. 핵심은 남성성은 타고난 본성이 아니라 사회가 기대하고 요구하는 규범 속에서 끊임없이 만들어지는 '관계적 실천'이라는 점이다.

코넬은 남성성을 헤게모니적, 공모적, 종속적, 주변화 네 가지 범주로 설명하였다. 이들은 고정된 성격 유형이 아니라 사회 구조 속 권력 관계에 따라 변하는 위치다. 어떨 때는 지배적 남성성의 기준에 부합해 권위를 얻을 때가, 또 다른 경우는 그 체제에 공모하거나 배제되며, 때로는 인종 · 계급 · 노동 조건에 따라 주변화된다. 이러한 위계는 개인의 성향보다 사회가 정한 젠더 질서의 결과이다.

'폭주하는 남성성'은 단순한 '폭력적인 남자'의 문제가 아니다. 남성성이 경쟁과 지배, 공격성의 문화적 규범과 결합하면서 폭력으로 분출되는 사회적 현상이다. 우리는 강남역 살인 사건, 부산 돌려차기 사건을 통해서 남성의 주변화된 위치와 좌절이 여성혐오와 결합하며 폭력으로 전환된 사례를 학습하였다. 이때 '실패한 남성'의 폭력은 단지 일탈이 아니라, 비폭력적 남성의 '정상성'을 강화하는 방식으로 헤게모니적 남성성을 어떻게 재생산하는지를 확인했다. 따라서 폭주하는 남성성을 이해하는 일은 젠더폭력의 구조적 맥락을 분석했다고 볼 수 있다.

또한 거제 교제살인 사건이 보여주듯, 친밀한 관계 속 폭력은 여전히 '사적 문제'로 축소되어 사랑이라는 이름 아래 반복되는 통제와 감시는 권력의 문제이며, 남성성 규범이 작동하는 사회적 실천임을 확인했다. "남성은 여성을 보호해야 한다"는 통념은 보호의 언어로 포장된 위계일 뿐이다. 폭력 예방은 개인의 태도 변화뿐 아니라, 제도와 문화 속에서 남녀 관계의 평등을 보장하는 구조적 개혁을 통해서 가능할 것이다.

남성성 논의의 목적은 전통적 규범을 부정하거나 남성을 비난하는 데 있지 않다. 오히려 스스로의 관계와 가치에 맞는 다양한 남성성의 실천을 탐색함으로써 더 평등한 관계, 더 안전한 사회를 만드는 데 있을 것이다. 감정 표현, 돌봄, 협력, 공감과 같은 새로운 남성성의 실천은 남성 자신을 해방시키는 동시에 젠더폭력을 예방하는 기반이 될 것이다.

남성성에 대한 공부는 결국 '나 자신을 어떻게 살아갈 것인가'라는 질문을 마주하게 된다. 나 또한 과거의 전통적인 남성성 규범 속에서 자라왔다. 감정을 드러내지 말아야 한다는 생각, 무언가를 지켜야 한다는 책임감, 경쟁에서 이겨야만 인정받는다는 믿음이 내 안에 존재한다는 것을 인정하기까지 오랜 시간이 걸렸다. 더불어 시간이 지나며 나는 이 믿음들이 나를 강하게 만드는 것이 아니라 오히려 나를 억누르고 있다는 사실을 깨닫게 되었다. 남성성의 굴레에서 벗어나는 일은 생각보다 쉽지 않지만, 벗어나려는 시도 자체가 이미 성찰의 과정이라는 것을 알게 되었다.

나는 내가 쉽게 하는 행동일수록 과거의 규범이 남긴 흔적일 수 있다는 사실을 자주 느낀다. 예를 들어, 연애를 하면서 느꼈던 질투와 집착의 감정은 단순한 성격 문제가 아니라, 내가 주도해서 나의 애인을 지켜야 한다는 오래된 규범의 잔재일 수도 있다는 것이다. 그 사실을 자각하고 나서부터, 나는 내 감정을 관찰하기 시작했고, "내가 왜 이렇게 반응하는가?"라는 사소한 질문을 던지며 조금씩 달라지고 있었을 것이다. 감정을 숨기기보다 솔직하게 말하고, 상대의 반응을 경청하는 과정에서 비로소 내가 실천해 왔었던 남성성의 경계를 넘어서는 작은 변화들을 체험할 수 있었다.

이런 성찰은 결코 혼자서만 이룰 수 있는 일이 아니다. 나는 주변 사람을 통해서 나의 행동을 비춰보기도 했으며, 그 과정에서 새로운 나를 발견하기도 했다. 내 안의 남성성 규범이 흔들릴 때마다 불안하기도 했지만, 그 순간이 바로 해방의 순간이기도 했다. 이러한 개인의 성찰은 사회적 변화를 향한 첫걸음이 된다고 생각한다. 남성성은 개인의 성격이 아니라 관계 속에서 실천되는 것이므로, 한 사람의 변화는 주변의 관계와 문화를 바꾸는 씨앗이 된다. 내가 감정을 표현하고, 폭력의 구조를 비판적으로 바라보는 순간 조금 다른 남성성들이 모이기 시작한다. 따라서 남성성에 대한 논의는 비판을 넘어 자기 이해와 실천의 장으로 나아가야 할 것이다.

남성성의 성찰은 결국 "나는 어떤 남성으로 살아갈 것인가"라는 질문을 반복하는 일이다. 이 질문은 남성을 변화시키기 위한 강요가 아니라, 더 자유롭고 평등한 관계를 만들기 위한 탐구의 과정이다. 나에게 성찰은 나를 해방시키는 과정이었고, 동시에 타인과 새로운 관계맺음을 배워가는 길이었다. 우리가 각자의 자리에서 이런 성찰을 이어가며, '폭주하는 남성성'이 아닌 '함께하는 남성성'을 만들어 갈 수 있게 되기를 바란다.

읽을거리 & 볼거리

1. 『남성성/들』 (R. W. 코넬, 2013, 이매진)
   남성성이 사회적 관계 속에서 어떻게 구성되고 위계화되는지를 체계적으로 제시한 젠더 연구의 고전

2. 『폭주하는 남성성』 (권김현영 외, 2025, 동녘)
   현대 한국 사회에서 '해로운 남성성'이 어떻게 만들어지고 폭력과 혐오로 이어지는지를 다양한 사례를 통해 분석했다.

3. 『증명과 변명』 (안희제, 2024, 다다서재)
   오랫동안 우울과 강박에 시달리다 죽음을 계획한 청년과의 대화를 통해 한국 청년 남성 삶의 구조적 압박과 내면의 질문을 탐색하는 기록

더 생각하기

1. 나의 감정을 표현할 때 나는 어떤 '문장'을 만드는지 생각해 보고 남들과 비교해 보자.
2. 좀 다른 남성은 어떤 남성일까?
3. 연애 관계 속에서 권력은 어떻게 작동할까?
4. 취업, 연애, 결혼에서 여전히 남성의 경제력이 강조되는 이유는?

CHAPTER 11

여성주의와 정치

1. 젠더, 우리 정치의 가장 핫한 그 이름
2. 여성주의 정치현실
3. 다시, 여성주의 정치로
4. 젠더 갈등을 넘어, 민주주의의 성찰로

1. 젠더, 우리 정치의 가장 핫한 그 이름

우리 정치는 왜 이대남과 이대녀만 남겼나

최근 한국 정치에서 성별 차이를 상징적으로 보여주는 용어가 바로 '이대남'과 그에 대응해서 등장한 '이대녀'일 것이다. 소위 '이대남 현상'은 주로 20대로 대표되는 청년 남성의 보수화 경향, 더 극단적으로는 극우화 현상을 가리킨다. 이 현상은 '일베' 등 남성 중심 온라인 커뮤니티에서 출발해 서울시장 보궐선거와 대통령 선거에서 뚜렷해진 보수화 경향으로 주목받았고, 때로는 극단적인 정치적 행동으로 이어졌다고 평가받는다. 청년이라면 통상 사회변화를 꿈꾸고 정치에 있어 진보적인 가치관을 주로 표방할 것이라는 세간의 인식이 있다. 이와 달리 실제 청년 세대, 그중에서도 남성의 보수화 경향이 강해졌다는 것이 이 현상에 주목하는 이유이기도 하다.

▷ 국민 46%는 '중도'... 이대남은 보수, 이대녀는 진보 우위

□ 진보 · 보수 각 27%…중도 46% 응답 多, 50대 남성 진보 43%, 70세 이상은 보수

국민 46%는 자신의 정치적 이념 성향을 '중도'로 규정하고 있는 것으로 나타났다. 한쪽 이념에 갇히지 않고 사안마다 합리적 판단을 지향하는 '캐스팅보터'로 스스로를 인식하고 있는 셈이다. 진보와 보수라고 답한 비율은 각각 27%로 양분되며 균형을 이뤘다. 다만 2030세대에서 남성은 보수 성향, 여성은 진보 성향에 쏠리며 성별에 따른 차이가 두드러졌다.

광복 80년을 맞아 한국일보 의뢰로 한국리서치가 공개한 인식 조사에 따르면, 자신의 이념 성향이 어떠하다고 생각하는지를 묻는 질문에 응답자의 46%가 '중도'라고 답했다. 진보와 보수 성향은 둘 다 27%로 동일하게 나타났는데, 진보 중에서도 '중도진보'(22%)

라는 답변이 '진보'(5%)보다 높았다. 보수도 마찬가지로 '중도보수'(21%) 응답이 '보수'(6%)보다 많았다.

다만 세대와 성별에 따라 이념 성향은 확연하게 갈렸다. 2030세대에선 중도 성향이 절반 이상을 차지했지만 성별에 따라 남성은 보수, 여성은 진보가 더 두드러지는 것으로 나타났다. 20대 남성은 보수가 36%로 진보(14%)보다 두 배 이상 많았다. 30대 남성도 보수 28%, 진보 20%로 보수 우위를 드러냈다. 반면 20대 여성에선 진보가 37%, 30대 여성은 진보가 27%로 진보 성향이 더 높았다. 자신을 보수로 규정한 응답자는 13%에 불과했다.

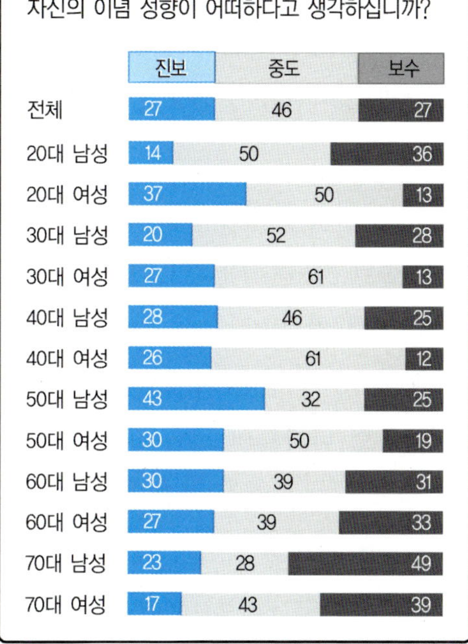

40~50대는 진보, 60대 이상은 보수 성향이 압도했다. 특히 50대 남성 중 진보 성향이라고 답한 응답자는 43%로, 전 세대를 통틀어 가장 높았다. 반면 70세 이상 남성은 보수가 49%로 가장 높았다. 70세 이상 여성도 39%가 자신을 보수로 규정했다.

지역별로는 전통적 보수 지지층이 많은 부산 · 울산 · 경남(PK), 대구 · 경북(TK)에서 보수 비율이 각각 31%과 34%로 나타났다. 더불어민주당 텃밭인 광주 · 전라 지역은 진보(37%)가 보수(18%)보다 두 배 이상 많은 숫자를 차지했다.

출처: 한국일보 (2025.8.6). 국민 46%는 '중도'... 이대남은 보수, 이대녀는 진보 우위.
https://www.hankookilbo.com/News/Read/A2025073117230005630

반면 20대 여성의 투표 경향과 정치적 성향은 다른 궤적을 보였다. 대통령 탄핵 광장에서의 응원봉 물결은 팬덤문화의 연장선상에서 있으면서도 그 이전의 촛불시위와 마찬가지로 새로운 집회 문화의 시작을 알렸다. 각종 선거에서도 20대 여성의 투표는 뚜렷한 진보성향을 나타내었다. 그러나 일부에서는 특정 정당과 정치인을 중심으로 한 팬덤 정치로 과도하게 경도되었다는 비판도 제기되었다.

정치학에서는 근대화가 진전되면서 과거와 달리 여성이 남성보다 더 투표에 참여할 뿐만 아니라 이들이 진보적 정당을 지지하는 경향을 '현대적 성차'라는 개념을 통해 설명한다.[1)] 실제로 전 세계적으로 정치 사안에 대한 성 격차가 뚜렷해졌다. 파이낸셜 타임스는 미국 스탠퍼드 연구진의 연구를 인용하면서 미국과 유럽 국가들의 청년층에서 보수적 세계관을 가진 남성들에 비해 여성들은 진보적 세계관을 가진 경향이 나타났다고 밝혔다.[2)] 그 격차는 많게는 30% 포인트 가까이 벌어졌다. 해당 연구에서는 한국은 그 격차가 50% 포인트 수준에 달한다고 지적하며 낮은 출생율과 혼인율이 이러한 성 격차에 기반한다고 지적했다.

1) Inglehart and Norris (2003). 구본상 (2024), p.34에서 재인용.

2) 파이낸셜 타임스 (2024.1.26.) 'A new global gender divide is emerging' https://www.ft.com/content/29fd9b5c-2f35-41bf-9d4c-994db4e12998?sharetype=blocked#comments-anchor

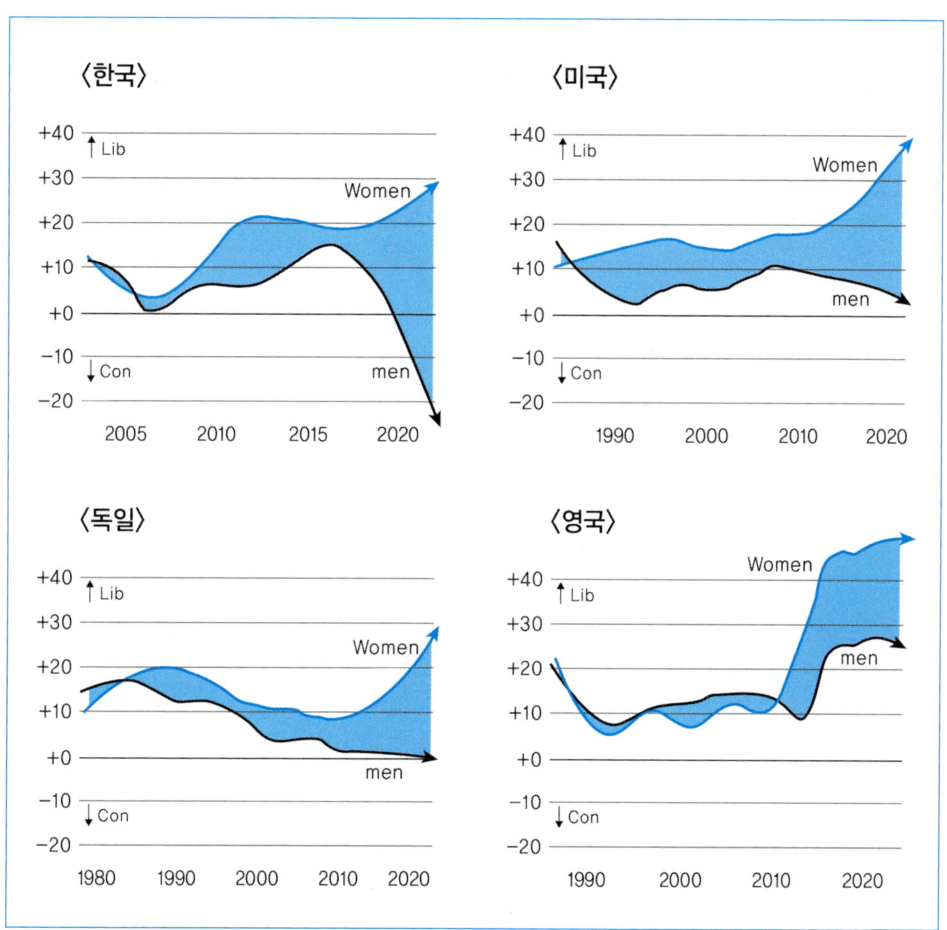

[그림 11-1] 한국, 미국, 독일, 영국의 청년층에서 남성과 여성의 정치적 성향 차이

주: 세로축의 위로 올라갈수록 진보성향을, 아래로 갈수록 보수 성향을 나타낸다고 가정할 때 한국, 미국, 독일, 영국의 청년층에서 남성과 여성의 정치적 성향 차이가 뚜렷하게 벌어지고 있는 것을 볼 수 있다. 그중에서도 한국이 가장 큰 격차를 보인다.

출처: 파이낸셜 타임스 (2024.1.29).

그러나 정치 영역에서 청년층을 중심으로 한 성 격차는 있는 그대로의 사실로 받아들이기에는 지나치게 극단화되어 있다. 무엇보다 청년 유권자는 중장년층과 비교할 때 자원이나 효능감 모두에서 정치적 무력감과 불안감을 겪고 있는 대표적인 세대이다. 이들이 '젠더 갈등'을 통해서만 정치적 존재감을 드러낸다는 것은 다른 세대와의 갈등과 경합, 청년층에 당면한 생존의 문제 등을 생각해볼 때 조금 이상하지 않은가? 이는 미디어와 정치 영역에서 과도하게 청년층을 젠더 갈등의 주체로만 소환하는 것은 아닌지 한번쯤은 생각해 볼 문제이다. 즉 그동안 정치 참여에 소극적이었던 청년층을 동원하기 위해 정치권이 이들 내 성차를 과장하고 적극적으로 활용한 것은 아닌지에 대한 의문을 제기해 볼 필요가 있다.

'여성가족부 폐지'라는 일곱 글자

이대남 담론이 정치 전면에 등장한 계기는 2021년 4월 치러진 서울시장 보궐선거에서부터라 할 수 있다. 20대 남성 다수가 보수 후보를 지지하면서 '이대남'이 정치적 세력으로 주목받았고 이 현상을 곧 대선 국면으로 이어졌다. 반면 20대 여성은 양당의 후보에게 엇비슷한 지지를 보낸 반면 여성의당을 포함한 기타 후보에게 상대적으로 높은 지지율을 보냈다. 해당 선거는 진보 진영에서 벌어진 일련의 권력형 성범죄가 초래한 보궐선거였기 때문에 20대 남성의 보수진영 지지가 반드시 반페미니즘이나 여성운동에 대한 반대만을 의미한다고 할 수 없다. 그러나 보궐선거 결과가 '이대남'의 승리로 규정되면서 이전까지 일부 커뮤니티나 소수 남성 정치인들의 행동으로 인식되던 여성운동과 페미니스트들에 대한 공격이 공적 담론의 영역으로 들어와 정치적 위상을 갖게 되었다는 것이 전문가들의 분석이다(신경아, 2023: 141).

[그림 11-2] 윤석열 대통령 후보의 '여성가족부 폐지' 일곱 글자 공약

출처: 페이스북(facebook).

특히, 2022년 제20대 대통령 선거에서 등장한 '여성가족부 폐지'라는 일곱 글자는 젠더 갈등을 선거 전략으로 활용한 대표적 사례였다. 선거 초반까지만 해도 성폭력 근절을 강조하던 보수 후보 측은 돌연 여성가족부 폐지를 공약으로 내세우며 특정 성별 · 연령층의 표심을 겨냥했다. 이는 여성계의 분노와 청년 여성의 문제의식을 '젠더 갈등'이라는 구도로 전환시키며 청년 남성 동원 전략으로 작동했다. 실제 연구에 따르면 여성가족부 폐지에 대한 태도는 성차별주의와 직접적인 상관관계보다는 정당 지지, 대통령에 대한 신뢰도와 같은 정치적 변수와 긴밀히 연결되어 있었다. 이는 곧 여성가족부 폐지가 성차별 담론을 넘어 정치 쟁점으로 자리 잡았음을 의미한다.

그러나 최근 정치 영역에서 보이는 성별 갈라치기는 청년층 내부의 균열을 선거 과정에서 과도하게 부각되고 동원된 측면이 존재한다. 연구에 따르면 20대 대선과 지방선거 이후, 젠더 갈등 인식은 점차 완화되는 모습을 보였다. 2023

년 초 조사에서는 지역 · 이념 · 대북 갈등 인식은 높아진 반면, 세대와 젠더 갈등 인식은 오히려 감소했다(구본상, 2023: 77). 이는 젠더 갈등에 대한 정치권과 언론의 관심은 성차별 문제 그 자체에 대한 관심과 해결에 있지 않다는 것을 보여준다.

정치적 동원을 넘어 정치 주체로

2015년 이후 여성운동은 온라인을 넘어 오프라인으로 확산되며 사회 변화를 촉발했다. 강남역 여성살해 사건은 여성들이 스스로를 당사자로 여기며 "우연히 살아남았다"는 집단적 자각을 불러일으켰다. 미투운동은 조직 내 권력형 성폭력을 폭로했고, 불법촬영 편파수사 규탄시위는 일상 속 차별과 억압을 드러냈다. 여성들은 "과거로 돌아갈 수 없다"는 선언으로 변화를 선택했고 그 변화의 흐름은 많은 법과 제도의 변화를 이끌어냈다. 이런 변화에는 여성뿐 아니라 남성들의 공감과 지지가 있었다.

그러나 이러한 운동의 확산은 동시에 강한 반발을 불러왔다. 안티페미니스트 백래시는 사회경제적 불안 속에서 분노를 여성과 페미니즘에 투사하는 방식으로 나타났다. 백래시는 사회적 약자의 성취를 위협으로 전환시키며, 가장 취약한 집단을 더욱 취약하게 만든다. 경험적 연구들은 젠더 갈등 인식의 근본적 해결책으로 국가와 제도에 대한 신뢰 회복을 지적한다. 그러나 이는 단기간에 이루어지기 어렵다. 분명한 사실은 이러한 백래시를 선거 국면에서 정치적으로 동원하게 되면 갈등 해소는 더욱 어려워진다는 점이다. 이를 방치할 경우 젠더 갈등은 고착화되고, 민주주의 자체에 대한 불신으로 이어질 수 있다. 젠더 갈등에 기반한 정체성 정치의 부상, 이에 대한 기득권의 반발, 정당 정치의 양극화가 그 전형적 결과일 것이다.

따라서 한국 사회는 젠더 갈등을 단순히 대립과 동원의 수단이 아닌 성찰의 과제로 다루어야 한다. 무엇보다 대선과 같은 정치적 전환기를 앞두고 잠재적 갈등을 공론장에서 충분히 논의하는 것이 필요하다. 이는 민주주의가 갈등을 조정하고 사회적 신뢰를 복원하는 본래의 기능을 회복하는 길이 될 것이다.

2. 여성주의 정치현실

성평등을 향한 매우 느린 걸음

민주주의의 역사는 배제의 정치에서 보편의 정치로 확대해가는 과정이라 해도 과언이 아니다. 민주주의 정치의 발달 과정은 평범한 사람들이 누구나 투표하고 정치에 참여할 수 있는 정신을 담고 있지만 그 과정에서 거저 주어지는 것은 아무것도 없었다. 직접 민주주의의 기원인 그리스 소도시의 민주정에서는 여성과 노예를 제외한 남성만이 민주주의 가치를 향유할 수 있었다. 신분제 사회에서는 귀족과 양반만이 정치를 독점했고, 프랑스혁명에서 인간과 시민의 권리를 선언했지만 그 '인간'에서 여성은 제외되었다. 미국에서는 남북전쟁 이전까지 흑인에게는 투표권이 없었고 인구 산정 시에도 백인의 3/5으로 취급되었다.

그중에서도 여성의 참정권은 근대 민주주의 제도에서 가장 늦게 확보된 권리 중 하나로 평가받는다. 여성의 참정권이 인정되기까지는 기나 긴 투쟁의 역사가 있었다. 프랑스혁명 시기 "여성은 태어날 때부터 모든 분야에 있어 남성과 동등한 권리를 갖는다"고 주장했던 올랭프 드 구즈는 단두대의 이슬로 사라졌다. 영국에서 서프러제트(suffragette)라고 불렸던 여성참정권자들은 평화적인 방법의 청원과 같은 합법적 수단이 불가능해지자 단식투쟁과 폭력 시위를 이어갔다. 여성참정권은 영국 식민지였던 뉴질랜드가 1893년 최초로 도입한 것을 시작으로 호주, 유럽 일부가 뒤를 이었다. 큰 희생이 뒤따른 끝에 영국은 1918년, 미국은 1920년, 프랑스는 1940년대가 되어서야 여성의 선거권을 인정했다. 사우디아라비아의 경우 2015년이 되어서야 여성은 제한적으로 투표권을 인정받았다.

오늘날 대부분의 국가에서는 18세 이상의 여성이라면 누구나 투표할 권리가 있는 것은 물론 세계 곳곳에서 여성 정치인의 리더십을 확인할 수 있다. 프랑스는 2012년 역사상 최초로 여성과 남성의 동수 내각을 구성했고, 2015년 캐나다에서도 동수 내각이 출범했다. 독일은 최초의 여성 총리인 앙겔라 메르켈이 역대 최장수 총리로 임기를 마무리 지었다. 2024년에는 스위스, 아이슬란드, 멕시코 등에서 여성 대통령이 선출되었고 영국, 이탈리아와 태국, 아이슬란드 등에서도 여성 총리가 탄생했다. 국제의원연맹(IPU)과 유엔여성(UN Women)에 따르면 사회 전반적으로 여성의 정치적 영향력은 확대되고 있다.

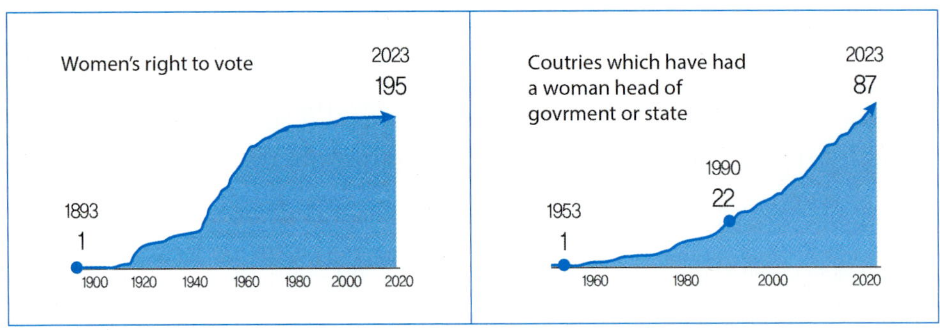

[그림 11-3] 여성의 참정권 가능 국가 수
출처: Gapminder.

[그림 11-4] 여성이 정치리더인 국가 수
출처: Gapminder.

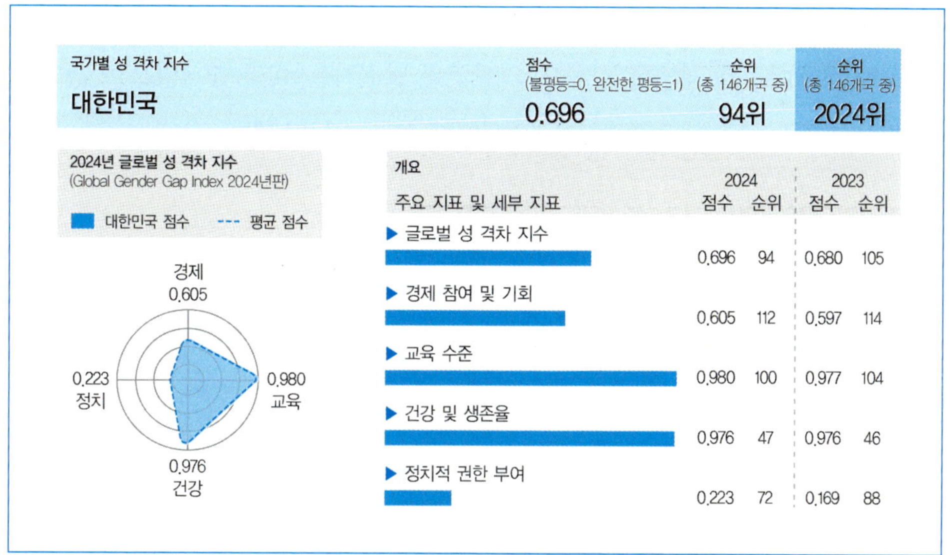

[그림 11-5] 세계경제포럼(WEF) 보고서에 따른 한국의 2024년 글로벌 성 격차 지수

그러나 한국의 경우 성 격차 지수 중에서도 정치적 의사결정 영역에서 두드러지게 저조한 성적을 보이고 있다.[3] 이는 동시대 수준에서 비교해볼 때 여성의 정치적 대표성이 지나치게 낮은 결과이다. 2024년 제22대 총선에서 역대 가장 많은 60명의 여성 의원이 당선된 바 있으나 여성의원 비율 20%는 OECD 회원국 평균(33.8%) 및 IPU 회원국 평균(26.9%)에 비해 여전히 낮은 수준이다. 제21대 총선에서 여성의원 비율이 19%, 제20대 총선에서의 비율이 17%임을 감안할 때 4년마다 1~2%의 성장은 매우 느린 걸음이 아닐 수 없다. 여성대통령을 배출한 바 있으나 탄핵으로 임기를 마무리 짓지 못했고, 17개 광역 단체에서 여성광역단체장은 27년째 0명이라는 기록을 유지하고 있다. 기초단체장의 경우 226명 중 여성은 단 7명으로 그 비율은 3.1%에 불과했다. 시 · 도 의회의원 당선자 779명 중 여성은 115명으로 14.8%를 차지했고 구 · 시 · 군 의회의원 당선자

3) 세계경제포럼(WEF)의 '전 세계 성 격차(Global Gender Gap)' 보고서.

2,601명 중 여성은 650명으로 25.0%였다. 부산의 경우 [그림 11-6]에서 보는 바와 같이 비례대표를 제외한 시 · 도 의회의원 당선자는 42명 중 4명으로 광역시에서도 하위권에 속한다(중앙선거관리위원회 선거통계시스템).

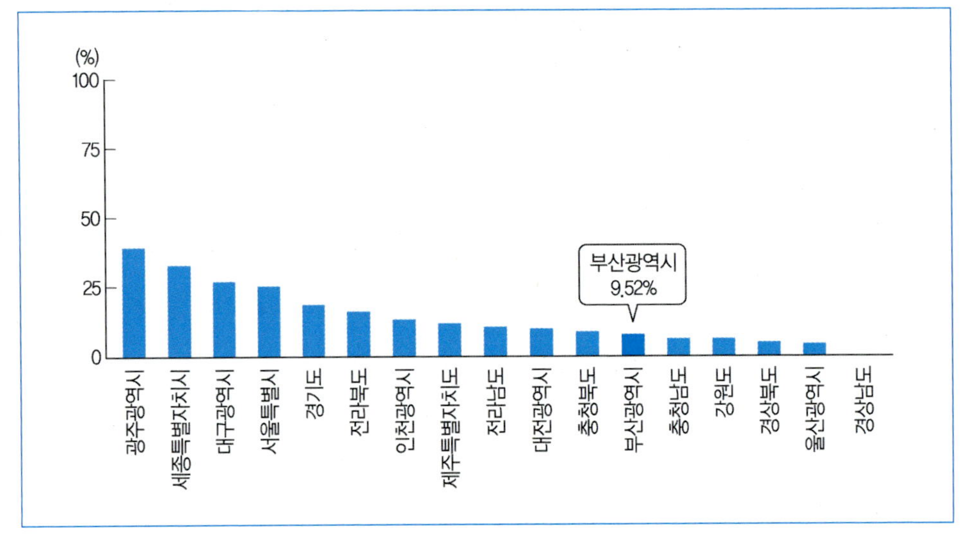

[그림 11-6] 제8대 지방선거(2022년) 중 전국 시도의원 여성당선인 비율

여성정치인이라는 극한직업

여성의 정치적 대표성 문제는 단순히 양적인 차원에서 그치지 않는다. 2020년 미국 대선 경선에 도전한 바 있는 엘리자베스 워런(Elizabeth Warren)은 여성정치인으로서 겪는 어려움과 성차별적인 이중잣대를 토로한 바 있다. 그는 "(여성정치인으로서) 성차별이 있다고 하면 모두가 '투덜이'라고 하고, 없다고 하면 수많은 여성들이 '어느 별에서 왔다고 생각하느냐'는 질문을 받는다"고 말했다. 또 동료 정치인들로부터의 성희롱과 여성 정치인에 대한 부정적 인식도 언급했

다.[4] 대선 후보조차도 경험하는 이와 같은 성차별은 대다수의 여성 정치인이 직면하는 어려움이다. 때문에 근본적으로 정당 내 여성의 지위와 역할을 비롯한 성평등한 조직 문화에 대한 고려가 필요하다. 성차별적인 문화는 성평등 정책 추진의 어려움을 가중시키고, 여성 정치인에 대한 사회적 수용성을 낮추는 핵심적인 원인이다.

한국의 경우 학력, 사회 진출, 여성 인권 법제화 등 다방면에서 빠른 속도로 여권 신장을 이루어낸 바 있다. 여러 통계에서 보는 바와 같이 여성이 정치에 진입하는 문턱은 낮아졌지만 당 대표나 국회 주요 요직, 행정부 고위직 등 권력의 핵심으로 올라갈수록 유리천장은 여전히 견고하게 존재한다. 여성 정치인의 경우 정치자금 확보의 어려움, 남성 중심의 조직 문화, 뿌리 깊은 성차별적 편견, 온라인상의 혐오와 괴롭힘 등 재정적, 구조적, 문화적 장벽에 가로막혀 있다.

정당은 여성의 정치 참여를 규정한 제도를 실행해야 하는 핵심 주체이지만 여전히 뿌리 깊은 남성 중심적 조직 문화를 가지고 있다. 이를 단적으로 보여주는 일화가 있다. 지역의 한 여성 시의원이 당선 이후 한 기업체의 사장이 면담을 요청해 왔다고 한다. 그런데 그는 “남자 시의원이라면 룸살롱에서 뵙자고 하면 되는데 여성분은 어디서 뵙자고 해야 할지 모르겠다”고 말했다고 한다. 그러자 그 여성 시의원은 “여기 의원회관 사무실에서 보면 됩니다”라고 답했다고 한다. 한국 사회의 정치 지형이 그간 어떻게 남성 중심의 네트워크로 움직여 왔는지 알 수 있는 일화이다. 한국 사회에서 오래 된 남성 문화는 정치 영역에서 예외가 아니며, 이는 여성의 정치 진입을 실질적으로 가로막는 비공식 제도로 작용한다.

더 심각한 것은 현재까지도 정당 내에서 여성 정치인 및 당직자에 대한 일련의 성희롱, 성폭력 사건이 벌어지고 있다는 것이다. 이는 비교적 성평등 가치를

4) https://time.com/5798122/elizabeth-warren-woman-president-america/

우위로 내세우는 진보 정당이라고 해서 예외가 아니다. 광역단체장에 의한 일련의 성폭력, 성희롱 사건은 우리 사회에 큰 충격을 주었다. 최근까지도 일부 정당에서는 당내 성비위 사건을 제대로 해결하지 못하는 모습을 보여주었다. 성희롱 사건의 심각성이나 문제점을 축소하려는 발언도 공개되어 국민 눈높이에 맞지 않는다는 비판이 이어졌다. 우리 사회는 미투운동을 거쳐 일상 속에서 벌어지는 성폭력 문제를 가시화하고 피해자다움의 통념에 도전했다. 그 결과로 시민의 사회적 성인지감수성이 향상되었다. 성폭력, 성희롱 사건이 일어나는 환경도 문제지만 정치권에서 성희롱, 성폭력 사건을 해결하는 역량을 제대로 보여주지 않는다는 것은 더 심각한 문제이다.

우리는 여전히 빵 그리고 장미가 필요하다

지금까지 살펴본 바와 같이, 정치 영역은 구조적, 환경적, 문화적 측면에서 오랫동안 여성을 주변화시켜 왔다. 이런 문제를 개선하기 위해 1995년 제4차 세계여성대회에서 채택된 북경행동강령은 여성의 정치적 대표성 확대를 요구했다. 20세기 초반 참정권운동이 '빵과 장미'[5]를 요구하며 정치 참여에 있어 형식적 평등을 이루어냈다면, 21세기를 향하는 길목에서 실질적 평등에 대한 요구가 세계적으로 확산된 것이다.

실질적 평등을 이루기 위한 수단으로 여성에 대한 정치적 할당제 등이 유럽연합과 미국을 비롯한 세계 여러 국가에서 채택되었다. 정치적 할당제는 의회의 일정 비율 이상을 여성으로 충원하기 위한 적극적 조치(Affirmative Action)의

5) '빵'은 먹고 살 수 있는 권리, 즉 생존권을 의미하고 '장미'는 인간다운 존엄을 지키며 살 권리, 여기서는 참정권을 의미한다.

일환이다. 유럽 연합의 경우 28개 회원국 가운데 3개국은 헌법에서 할당제를 명기하고 있고 다른 9개국은 선거법에 이를 추가했다. 19개국에서는 주요 정당들이 자발적 할당제를 도입했다. 할당제를 도입한 회원국들의 경우 국회에서의 여성 비율이 가장 빠르게 증가하기도 했다는 점에서 여전히 가장 강력한 대안의 하나라고 할 수 있다(안숙영, 2019: 13).

한국의 경우 여성의 정치적 대표성 확대는 해방 직후부터 꾸준히 문제제기가 되었지만, 실제 제도화에 이르기까지 오랜 시간이 걸렸다(권수현, 2021: 51). 대표적인 정책으로 여성에 대한 정치적 할당제를 들 수 있다. 한국에서의 정치적 할당제는 2000년 정당법 개정을 통해 처음 도입되었다. 비례대표 후보의 30% 이상을 여성으로 추천하도록 한 것이 시작이며, 2004년에는 이 비율이 50%로 상향되었다. 2010년 이후에는 지방의회 지역구 선거에도 제한적으로 여성 의무공천제가 적용되었다. 이 제도를 통해 2004년 제17대 총선에서 여성 국회의원 비율이 처음으로 두 자릿수를 기록했고, 2024년 제22대 총선에서는 여성 의원이 20%(60명)에 달하는 성과를 거두었다. 그러나 앞서 살펴본 바와 같이 그 증가 추세는 둔화되어 OECD 평균에도 못 미치는 것이 현실이다. 능력주의, 공정 담론과 맞물린 '역차별' 비판과 청년 세대의 부정적 여론 확대 역시 제약 요소로 작용한다(고민희 · 이혜영, 2024: 157).

다음으로 여성추천보조금과 여성정치발전비가 있다. 여성추천보조금은 정당이 여성 후보를 일정 비율 이상 공천할 경우 국고보조금을 추가로 지급하는 제도이다. 여성정치발전비는 정당이 여성 후보를 찾기 어렵다는 이유로 할당제 이행을 회피하는 문제에 대응하여 도입된 제도이다. 여성추천보조금은 2002년 광역의회 선거부터 적용되어 2004년 총선과 2006년 기초의회 선거로 확대되면서 전국적으로 정착하였다. 실제로 2018년 지방선거에서 민주당은 여성 후보를 38.4% 공천하며 제도의 성과를 보여주었다. 여성정치발전비는 2004년 정치자금

법 개정을 통해 경상보조금 총액의 10% 이상을 여성 정치인 육성과 참여 확대에 사용하도록 의무화하였다(김은경 외, 2022). 그러나 여성추천보조금의 경우 국회의원 선거에서는 제대로 활용되지 않는 경우가 많고 여성정치발전비 역시 정당 내 여성 인재 발굴이나 체계적 정치인 육성에 기여하지 못했다는 비판을 받는다.

이 세 제도는 여성의 정치적 진출을 확대하는 데 있어 상호 보완적 역할을 해왔다. 여성할당제는 제도적 강제력을 통해 여성 의원 수를 단기간에 늘렸고, 여성추천보조금은 재정 인센티브를 통해 정당의 여성 공천을 유도했으며, 여성정치발전비는 장기적으로 여성 정치인 육성을 위한 기반을 마련했다는 점에서 의의가 크다. 따라서 한국 사회가 성평등한 정치 구조를 실현하기 위해서는 지역구 의무할당 강화, 보조금 단가 조정, 여성 정치인 교육 · 육성 시스템 강화 등 제도의 실질적 개선이 필요하다.

3. 다시, 여성주의 정치로

정치에 다양성이 필요한 이유

건강한 민주주의 사회는 시민 각자의 좋은 삶에 대한 공평한 인정으로부터 시작된다(찰스테일러, 2020: 46). 정치학자 박상훈의 지적처럼 시민으로서의 좋은 삶은 그들 사이의 공통된 문제를 다루는 좋은 정치가 있어야 가능하다. 좋은 정치는 사회의 지속가능한 발전을 담보하는 정치이다. 급변하는 정세와 환경 변화 속에서 지속가능한 발전을 만들어가기 위해서는 다양성이 존중되어야 한다. 이는 갯벌의 생명력에는 생물 종의 다양성이 전제되어 있는 것과 같은 이치이다. 우리가 정치 환경의 다양성을 말하는 이유는 여성을 비롯하여 보다 다양한 시민 주체들이 정치에 참여할 수 있는 환경이 중요하기 때문이다.

무엇보다 여성의 정치 참여 확대는 단순히 성별 다양성을 넘어, 사회적 약자의 목소리를 대변하는 데 기여한다. 가족, 보건, 복지, 환경 등 전통적으로 소외되었던 정책 분야에서 여성의 관점이 반영되는 경우가 많아지면서 정책의 질과 포용성이 향상되기 때문이다. 여성 정치인의 증가는 미래 세대 여성과 청년들에게 긍정적인 역할 모델을 제시하며, 정치에 대한 관심과 참여 의지를 높이는 효과를 낳는다. 정치 영역에서 이러한 다양성을 확보한 사례를 살펴보면, 할당제가 없이 성공한 사례는 거의 없다고 할 수 있다. 특히 수많은 정치적 행위자들 중에서도 정당에 주목할 필요가 있는데, 여성의 정치 참여를 규정한 제도를 실행해야 하는 핵심주체는 정당이며, 정당의 의지에 따라 제도의 효과가 달라질 가능성이 높기 때문이다. 여성대표성을 비롯한 다양성 확보에 있어 선거제도에 참여하는 정당의 역할이 더욱 지대하다(이진옥 외, 2022).

여성의 권리는 인간의 권리다

여성의 정치적 대표성 확대는 단순히 수적 확대를 넘어 정치 영역에서의 성인지적 시각을 강화하고 여성 관련 법안 발의와 통과를 이끌어내는 주요한 역할을 한다. 행정에서의 성인지적 인식의 확장은 여성주의 정치 실천의 주요한 성과이기도 하다. 이러한 여성 정책은 궁극적으로 더 나은 세상을 만들어가기 위해 우리 모두가 그 방향성을 동의할 수 있는 정책이다. 한국에서 여성 정책은 1983년 국무총리 산하 여성정책심의위원회에서 출발하여, 여성부(2001년), 여성

가족부(2005년)로 확대 · 강화되었다. 초기 정책이 요보호 여성 중심의 복지에 머물렀다면, 최근에는 남녀 모두의 경험을 반영하는 성인지적 정책으로 방향을 전환했다. 이는 여성 문제를 사회 전체의 문제로 바라보는 중요한 변화였다.

고용 · 노동 분야에서는 성차별 해소와 일 · 가정 양립 지원이 큰 성과였다. 1987년 제정된 남녀고용평등법은 2001년 '여성차별 금지'에서 '남녀차별 금지'로 확대되었으며, 적극적 고용개선조치(AA)를 통해 공공기관과 대기업에서 여성 고용 비율이 상승했다. 또한 육아휴직의 유급화, 배우자 출산휴가 확대 등은 가족 친화적 문화를 확산시키며 여성의 경제활동 지속을 뒷받침했다. 가족법 영역에서는 2005년 호주제 폐지가 대표적인 성평등 성과였다. 이는 부계 중심 가족 질서를 해체하고 부부 평등, 자녀 양육권과 재산 분배의 균형을 가능하게 했다. 또한 성인지 예산제도(2006년 도입)는 국가 재정 과정에 성평등 관점을 반영하는 기반을 마련했다.

여성 폭력 관련 법제도 크게 진전했다. 1990년대에 제정된 성폭력특별법, 가정폭력특별법, 성매매특별법은 피해자 보호와 가해자 처벌을 강화했다. 나아가 2018년 여성폭력방지기본법은 성폭력, 가정폭력뿐 아니라 스토킹, 데이트폭력, 디지털 성폭력까지 포괄하여 종합적 · 체계적 대책을 마련했다. 특히 2차 피해 방지 의무화는 피해자의 권리를 실질적으로 보호하는 진일보한 조치였다.

여성 의원의 증가는 법과 제도의 변화를 실제로 이끌어내는 핵심 동력이었다. 제17대 국회에서 여성 의원 1인당 여성 관련 법률안 발의 건수는 남성 의원보다 훨씬 높았다. 여성 의원들은 성폭력, 가정폭력, 일 · 가정 양립, 여성 정치 참여 확대 등 다양한 분야에서 새로운 법률안을 적극 발의하였고, 이는 입법의 질적 · 양적 성장을 가능하게 했다. 더 나아가 남성 의원들도 여성 문제를 사회 전체의 문제로 인식하는 방향으로 변화하며 성인지성이 확산되었다(김원홍 외, 2008: 152).

이처럼 한국의 여성 정치 참여 확대와 성평등 법제의 변화는 단순히 여성의 권리를 보장하는 수준을 넘어, 사회 전반의 민주성과 포용성을 강화하는 성과를 거두었다. 여성 의원과 여성정책의 성장은 성차별적 구조를 해체하고 사회의 다양한 목소리를 제도 속에 반영하게 했다. 오늘날 성평등은 특정 집단만의 과제가 아니라 사회 전체의 과제이다. 여성 정치인의 증가와 성인지적 법제의 확산은 한국 사회가 더 평등하고, 더 정의로운, 더 나은 사회로 나아가는 중요한 기반이 되었다.

해외 사례와 한국의 의미 있는 시도

지금까지 살펴본 바와 같이 여성 대표성과 성인지 정책 확대는 민주주의의 성숙을 위해 강화되어야 할 과제이다. 평등한 시민권의 원리에 기초를 두고 빈곤과 불평등 개선을 위해 노력하는 것은 앞으로도 중요한 의미를 가진다. 이는 전 세계적으로 시민들의 자발적인 모임과 결사체를 중심으로 전개되어 정치 영역에까지 확대되고 있다. 세계와 한국에서의 여러 의미 있는 정치적 도전과 사례를 살펴보고자 한다.

프랑스는 오랫동안 정치 영역에서 여성 진출이 매우 낮았지만, 1990년대 말 큰 전환점을 맞았다. 1999년 헌법 개정을 통해 "법률은 선출직과 공직에서 여성과 남성의 동등한 취임을 촉진한다"는 조항을 삽입하고, 2000년 동수법(빠리떼법)을 제정하여 정당이 후보자 명단에서 남녀를 동등하게 추천하도록 의무화했다. 이 제도 덕분에 여성 의원 수는 꾸준히 늘었으며, 이후 차별금지법(2008), 양성평등법(2014) 등 후속 법제를 통해 실질적 성평등을 보장하려는 노력이 이어졌다. 프랑스의 경험은 여성의 정치 참여를 확대하기 위해 헌법과 법률 차원에서 명확한 근거를 마련하는 것이 결정적임을 보여준다.

미국은 여성 정치인을 발굴하고 지원하는 시민사회 기반의 정치 네트워크가 강하게 자리 잡았다. 에밀리리스트(EMILY's List)는 1985년 설립된 조직으로, 민주당 소속 여성 후보들에게 초기 선거 자금을 모아 지원한다. 낙태권 보장을 지지하는 여성 후보를 중심으로, 기부자 네트워크를 구축해 자금 · 전략 · 홍보를 지원하면서 미국 의회 내 여성 의원의 성장을 견인했다. 쉬슈드런(She Should Run)은 2011년 창설된 비당파 단체로, 특정 정당이나 의제에 국한되지 않고 모든 여성의 정치 참여를 독려한다. 정치 경험이 없는 여성들에게 출마를 준비할 수 있도록 멘토링 · 교육 · 네트워크를 제공하며, "여성은 정치를 해야 한다"는 인식을 사회 전반에 확산시켰다. 이처럼 미국은 정당 내부 제도보다는 여성 유권자와 후보자를 직접 연결하는 네트워크와 기금 조직을 통해 여성 정치 세력화를 추진했다는 점이 특징이다.

한국의 여성주의 정치는 제도적으로는 2000년대 초반 성별 할당제 도입을 통해 일정한 진전을 이루었지만, 본격적인 독자적 세력화의 흐름은 2015년 페미니즘이 대중적으로 확산된 이후에 두드러졌다. 2016년 '페미당당'과 같은 시도가 온라인에서 창당 움직임을 보였으나 정당법상의 높은 제약을 넘지 못했다. 이후에도 여러 여성주의 집단이 정치 참여를 실험했다. 2020년에는 단 37일 만에 창당된 여성의당이 총선에서 21만 표를 얻으며 제도 정치에 도전장을 내밀었다. 비록 원내 진입에는 실패했으나 "모든 대표와 후보는 여성으로 한다"는 원칙을 당헌에 명시하며 강한 메시지를 던졌다.

한편, 정당 창당만큼 주목받은 흐름은 시민사회 기반의 여성 정치 운동이다. '한국여성연합'과 '한국여성단체협의회' 등 여성운동 연대체는 정치 영역에서 꾸준한 목소리를 내어 왔다. 2017년 창립된 '정치하는엄마들'은 돌봄 문제를 사회적 의제로 끌어올리며 유치원 3법과 어린이 생명안전법 제정 등 실질적 성과를 거두었다. 이들은 모성을 사적인 영역이 아닌 사회적 권리로 재정의하며 한국 정치에 새로운 패러다임을 제시했다. 이와 함께 '한국여성의정', '한국여성정치네트워크', '한국여성정치연구소', '젠더정치연구소 여세연' 등은 성별 할당제 확대와 젠더 관점의 정치 교육을 꾸준히 추진해 왔다. 또한 2016년 총선을 앞두고 150여 개 여성단체가 결집한 '여성 총선 대응 공동행동'은 비례대표 50%·지역구 30% 여성 후보 할당제를 요구하며 제도 개선을 촉구했다. 이러한 흐름은 아직 제도 정치에서 충분한 성과를 내지는 못했지만, 여성주의 정치 세력화가 단순한 구호를 넘어 구체적인 제도 개혁과 정책 성과로 이어질 수 있음을 보여주는 중요한 전환점이었다.

지금까지 해외와 한국의 사례를 살펴보았다. 프랑스와 미국의 사례는 제도 개혁과 시민사회 네트워크가 각각 다른 방식으로 여성의 정치 참여를 촉진할 수 있음을 보여준다. 한국에서는 아직 여성주의 정당이 제도 정치에 안정적으로 진입하지 못했지만, 여성 스스로가 정치의 주체로 등장했다는 점에서 중요한 의미를 갖는다. 또한 이러한 시도는 향후 헌법 개정, 공직선거법 개정 등 제도적 보완과 맞물려 한국 사회의 민주주의를 성평등하게 확장하는 기반이 될 것이다.

4. 젠더 갈등을 넘어, 민주주의의 성찰로

'사람은 정치적 동물'이라는 아리스토텔레스의 오랜 명제를 떠올리지 않더라도 우리 모두는 한 국가나 사회의 시민으로서 정치와 분리된 존재일 수 없다. 한국 사회는 특히 두 차례의 대통령 탄핵과 촛불 광장에서 응원봉 광장으로 이어지는 뜨거운 정치적 경험을 공유해 왔다. 정치에 관한 우리의 열정이 여성혐오 정치나 성별 대립으로 과도하게 왜곡되어 소비된다면 그것이야말로 낭비가 아닐까. 만약 정치에 대한 여성주의적 관점을 수용하고 이를 바탕으로 오늘날의 정치를 이해하고 접근한다면, 우리는 보다 생산적인 논의를 통해 새로운 정치적 가능성을 모색할 수 있을 것이다.

이를 위해 지금까지 여성주의 정치라는 주제로 한국 사회를 돌아보았다. 젠더 갈등은 단순히 정치적 동원의 수단이 아닌 민주주의의 성찰 과제로 다뤄야 한다. 여성주의 정치는 결국 우리 사회 정치의 다양성을 보장하며, 이러한 다양성이 지속가능한 사회 발전의 핵심 요소이다. 여성의 정치 참여 확대는 단순한 성별 균형을 넘어 사회적 약자의 목소리를 제도에 반영하고 정책의 포용성을 강화하는 데 기여한다. 한국의 여성 정책 발전과 성평등 법제의 성과를 살펴보면 성인지적 관점이 행정 · 입법 전반에 확산되고 있다. 이 또한 여성의 정치 참여 확대의 성과로 이해할 수 있다. 나아가 프랑스의 동수법, 미국의 시민사회 기반 네트워크, 한국의 여성주의 정당 실험과 시민운동 등 해외와 국내의 다양한 사례를 통해 여성주의 정치가 민주주의 심화와 성평등 사회 건설의 핵심적 동력임을 확인할 수 있다.

이처럼 여성주의 정치는 정치 · 경제 · 사회 · 문화 전반에 걸친 여성주의적 실천을 바탕으로 한다. 여성주의 정치에 대한 이해는 단순한 성별 간 대립을 넘어, 오늘날 사회의 구조적 갈등을 성찰하고 민주주의의 방향을 재정립하는 중요한 계기가 된다. 오늘날 사회현상의 하나로서 여성주의 정치 현실을 깊이 있게 보고 함께 고민하는 시간을 가져보길 바란다.

읽을거리 & 볼거리

1. 『백래시 정치』 (신경아, 2023, 동녘)
페미니즘이 이룩한 성취에 대하여 최근 한국 사회에서 벌어지고 있는 반발과 저항을 '백래시' 관점에서 분석하여, 여성주의적 관점에서 현실의 변화를 위한 실천적 방안을 모색한다.

2. 『젠더 갈라치기 정치』 (홍찬숙, 2025, 세창출판사)
한국 사회 내 성별 갈등을 조장하는 정치적 현상들을 비판적으로 분석하여, 연대와 소통을 통해 젠더 평등을 위한 새로운 실천을 제안한다.

3. 〈세상을 바꾸는 여성들〉 (레이첼 리어스 감독, 2019)
여성들이 단순히 피해자가 아닌, 사회 변화를 주도하는 주체로서 용감하게 행동하는 모습을 통해 성평등의 중요성과 여성의 역동적인 힘을 강조한다.

4. 〈서프러제트〉 (사라 가브론 감독, 2016)
19세기 말 20세기 초 영국 여성들의 참정권 쟁취를 위한 투쟁과 희생을 담아낸 영화로 여성참정권운동의 역사적 의의와 그 중요성을 생생하게 담아냈다.

5. 〈퀸메이커〉 (오진석 연출, 넷플릭스, 2023)
가부장적이고 남성 중심적인 정치판에서 두 여성이 연대하여 기존 권력에 맞서 싸우고, 새로운 여성 리더십을 세워가는 과정을 보여준다.

1. 왜 정치 대표성 분야에서의 성평등은 이렇게 느릴까?
   한국의 교육 등 성평등 지표는 세계에서도 우수한 수준이지만 정치 대표성 분야에서 가장 뒤처지는 모습을 보인다. 이유는 무엇일까?

2. 미국의 적극적 우대 조치
   여성의 참여를 확대했다고 평가하지만 동시에 역차별 논란을 일으키고 있다. 적극적 우대조치가 필요하다면 왜 필요한가? 아니라면 평등을 도모할 다른 대안이 있는가?

CHAPTER 12

부산 지역의 대학여성운동의 역사와 지역에서 페미니스트로 살아남기

1. 2018년의 두 장면
2. 우리가 있었다
3. 2015년 페미니즘 대중화 이후 대학여성운동과 디지털 페미니즘
4. 지역에서 페미니스트로 살아남기
5. 결론 및 요약

1. 2018년의 두 장면

장면 #1.

2018년 성폭력 피해를 밝히던 '미투 운동'으로 40여개 대학에서 60여명 가해자가 드러났다. 그 가운데 부산대는 29명의 피해자가 용기를 내 6명의 성폭력 가해 남자 교수를 지목했다(부산일보, 2018.9.6). 수년에 걸쳐 여러 학생이 피해를 받았으며 미처 드러나지 않은 성폭력이 더 있을 수 있다는 짐작이 가능한 상황이어서 대학 구성원 전수조사가 필요하였다. 한 대학에서만 이렇게 많은 성폭력이 공론화되자 여러 질문이 떠올랐다. 오랫동안 많은 성폭력이 은폐되었던 이유는 무엇일까? 피해자가 나서기 전 까지 대학은 무얼 하고 있었나?

우리는 성폭력 공론화 과정에서 피해자 비난이 공공연히 일어나는 현실을 인식하며 두 가지 지점에 주목해야 한다. 첫 번째, 성폭력은 성별 관계와 사회적 지위에 따른 위계에서 발생한다는 것, 두 번째는 한국에는 성폭력 특별법이 엄연히 존재하고, 대학 구성원에게 적용하는 성폭력 예방과 처리에 관련한 학칙이 시행 중이라는 점이다.

대학에서 교수가 가진 권력은 학생에게는 절대적으로 인식된다. 학업 평가와 취업, 사회 진출에 교수의 평가가 큰 영향을 끼치기 때문이다. 대학 사회의 위계 최상위에 있는 교수가 일으킨 성폭력이라 여학생들은 오랫동안 숨기고 견뎌야 했다. 더불어 학생들은 성폭력을 처벌하기 위해 학내에서 할 수 있는 일들에 대해 잘 알지 못했을 뿐만 아니라 학내 기구를 신뢰하지 않았다. 대학 사회의 성폭력 예방, 피해자 보호와 가해자 처벌을 위해 만들어진 학칙, 상담소, 인권센터 등이 20년 전부터 준비되어 있었지만 학내 구성원들과 공유하지 못했다. 더불어 대학은 공동체로 기능하기 어려운 파편화된 울타리로 변해 있었다.

[그림 12-1] 2018년 부산지역 미투 집회 웹포스터

장면 #2.

2018년 5월부터 12월까지 서울 혜화동에는 한 번도 본 적 없는 거대한 여성의 대열이 만들어졌다. 2015년 여성혐오를 재전유하고 되돌려주는 '미러링'을 통해 남성 중심적 언어 권력을 탈환한 메갈리아가 등장했고(이원윤, 2023), 그를 비웃듯 2016년 강남역 여성혐오 살인사건이 일어났다. 명백하고 날카로운 젠더 폭력이 여성을 향했지만, 공포는 오롯이 여성의 몫이었으며 많은 여성들이 매일 남성에 의해 죽고 성착취 당하고 있었다. 그래서 여성들은 온전한 삶을 희구하며 온라인에서 연대하고 경찰, 검찰, 정부가 여성을 남성과 동등하게 대하고 있지 않다는 분노를 축적하고 있었다. 그러던 차에 여성이 피해자인 사건과 남

성이 피해자인 사건을 대하는 공권력의 속도 차이를 문제시하며 전국의 여성들이 서울 혜화동으로 모였다. 역대 최대, 미래에도 능가하기 어려운 수 만 명의 여성이 모인 혜화의 거리는 응축한 이야기의 집합체였다. '편파수사'는 하나의 도화선이었을 뿐 오랫동안 흩어져 비가시화되었던 여성에 대한 폭력, 불법촬영, 온라인 성착취 등을 여성의 목소리로 밝혔다. 공권력과 남성중심사회에 대한 쩌렁쩌렁한 분노와 혜화에 모인 서로를 향한 발랄하고 뜨겁던 다정함이 공존하던 그곳에서 응결된 힘의 근원에는 무엇이 있었을까?

2018년의 두 장면은 새로운 세대 여성의 운동을 보여준다. 폭발하는 연결을 통해 가려졌던 사실이 수면위로 한꺼번에 떠올랐다. 망망대해의 외로운 섬처럼 여겼던 자신의 문제가 일시에 거대한 사회적 문제로 전화하며 우리의 이야기가 된 것이다. 이처럼 유래 없는 한순간의 터짐은 앞선 시간의 움츠림을 동반한다. 억눌린 힘이 외부로 일시에 터져 나갈 수밖에 없던 이유는 무엇이었을까? 여러 이유가 있겠지만, 기성 여성운동이 포용하지 못하는 새로운 세대 여성들의 삶과 관련이 있을 것이다.

오늘날 여학생들은 남학생 보다 대학 진학률이 높고, 여학생 비율이 높거나 성비가 비등한 대학이 늘어나는 등 여성의 처지가 남성과 동등한 수준이 된 듯 보인다(대학교육연구소, 2012). 하지만 취업과 사회생활은 여전히 여성에게 불리한 사회구조 속에 놓여 있다. 게다가 개인 능력주의가 팽배해 모든 것을 개인의 탓으로 떠넘기는 시대적 흐름과 페미니즘에 대한 백래시는 페미니즘의 영향을 받으며 성장한 여성들의 인식과 배치된다. 더불어 여성에 대한 폭력은 디지털과 접속해 고도화되어 디지털 네이티브 세대의 삶을 파고들었고 누구도 안심할 수 없는 세태이다. 이러한 현실에서 새로운 세대만의 고민과 욕구가 부상했지만 이를 해소할 매개가 현실에서는 부재했다.

새로운 세대와 기성세대의 엇갈림, 단절 현상은 비단 오늘날만의 문제가 아니라 과거부터 현재까지 이어져 왔으며 미래에도 그러할 가능성이 높다. 그렇기 때문에 언제나 새로운 세대는 기존의 운동이 담지할 수 없는 영역이었고, 항상 그들만의 길을 만들어왔으며, 자신만의 방식을 창안했다. 2018년의 두 장면과 2015년 이후 페미니즘의 대중화는 불쑥 솟아오른 것 같아 보이지만, 기실 기존의 운동이 그리던 파동 위에 다른 물결이 생성되어 리듬이 달라졌기 때문이다. 이와 같은 변화는 1980년대부터 지금까지 연속된다. 과거의 유산을 딛고 그 시대의 혁신을 담당했던 이들이 자신의 몸에 맞게 여성운동을 개조해 왔던 계보를 살펴보며 지난 운동의 성과를 돌아보고 다음의 변혁을 상상해볼 때이다.

2. 우리가 있었다

여대생의 증가와 총여학생회 설립

1983년 학원자율화 조치 이후 4년제 대학에 진학한 여학생 수는 30% 내외로 증가하였다. 남성들의 공간이었던 대학에 여학생들이 등장하며 무시할 수 없게 되자 대학은 대학생활 지도와 생활연수 등 여학생에 관한 제반문제를 다루기 위해 '여학생처'를 신설했다. 당시 부산의 한 국립대에서는 신입 여학생만 생활연수에 참여하도록 의무화해 다도, 조리, 기타 예법 등을 교육하여 여학생들이 전근대성에 반발하였고, 여학생부의 설문조사를 통해 이 사실을 공론화하여 중단하게 만들었다(부대신문, 1988.3.7). 더불어 부산지역의 여러 대학에서는 의대

등 일부 학과가 학생 선발에서 여학생을 배제한 정황이 포착되었다(부산일보, 1984.1.20). 이와 같은 모습은 당시 사회적으로 여성을 남성과 동등하지 못한 존재로 바라보며 대학에서도 교육이나 지도가 필요한 대상으로 인식하였음을 여실히 보여준다.

이러한 시대적 배경 속에서 1984년부터 '총여학생회'가 대학에 등장했다. 여학생들이 선거를 통해 여학생을 위한 대표를 선출하고자 목적하였다. 그들은 여학생 자치기구의 전례가 없었기 때문에 학생회 운영방식을 준용하여 총여학생회 회칙을 만들고 단과대학과 학과에 여학생회나 여학생부를 만들었다. 총학생회와 다르고 사회의 여성운동과도 동일하지 않는 활동 내용은 사회적 연대와 여학생들의 관심사를 탐색하며 구성하였으며, 예산은 학생회 내부에서 설득하고 싸우며 확보하였다. 여학생만의 독립된 자치 기구이자 대학여성운동 기구인 총여학생회는 1989년 70개 대학에 설립되었으며, 1995년에는 82개 대학에 존재하였다(전국여대생대표자협의회, 1995). 당시 산업대학을 포함한 일반대학 수가 113개였으니 많은 여학생들이 여학생 자치를 원했던 사실을 알 수 있다.

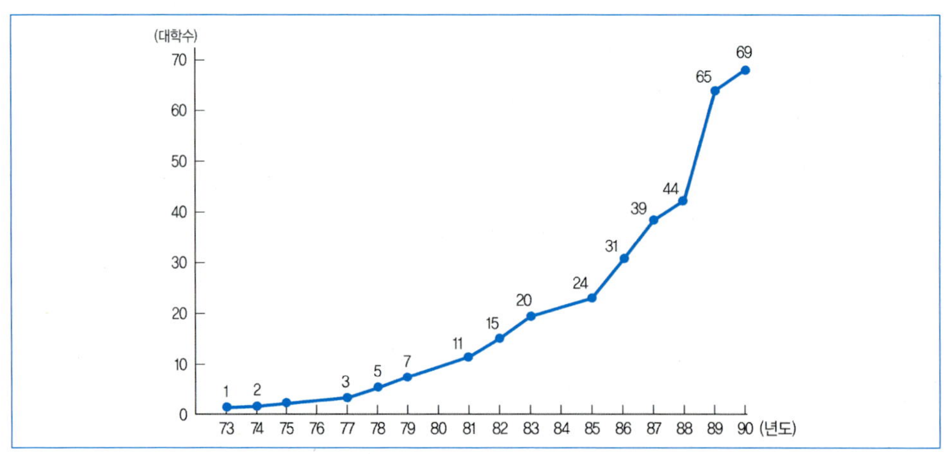

[그림 12-2] 여성학 개설교의 증가 추세(조형, 1990년)

이렇게 총여학생회가 전국적으로 동시에 설립된 영향은 페미니즘 대중화의 기반을 다지는 것으로 이어졌다. 대학에 페미니즘 이론과 페미니스트 인식론 등을 통해 현실을 분석하는 여성학이 확산되는 계기를 총여학생회가 마련한 것이다. 1977년 대학 교과과정에 여성학이 처음 개설된 이후 1987년까지 31개 대학에 개설되었는데 1989년 여성학을 개설했거나 개설 예정인 대학은 70개였다(조형, 1990). 이처럼 2년간의 여성학 강좌 급증 배경에 총여학생회가 있다. 당시 각 대학의 총여학생회는 선거공약으로 여성학 강좌 개설을 제시하고 여성학 현황 조사와 자료 수집을 하였으며 여성학 개설 지지 서명운동과 여성학 특강 실시 등을 통한 준비 작업을 하며 학교 측에 여성학 개설을 요구한 결과로 대학에서 여성학 수업이 증가하였다.

이처럼 전국적으로 동시에 하나의 사안으로 응집할 수 있었던 이유는 총여학생회 간의 연대체가 존재했기 때문이다. 1989년 총여학생회가 모여 '전국여대생대표자협의회 준비위(이하 전여대협)'를 만들었다. 지역 협의체는 그보다 앞서 만들어졌는데 광주전남, 경남, 대구경북, 대전, 부산울산, 전북, 충청, 서울, 경기인천, 수원 등으로 구성하여 지역 안에서 교류하고 소통하며 협력했다(전여대협, 1995). 이와 같은 여대생 연대체는 대학의 여학생자치를 평준화하고 사회적 연대를 수행하도록 기능하였다. 이들은 각각의 대학에서 소수였지만, 연대를 통해 신속하고 강력한 추진력을 가지고 공동대응할 수 있었다. 그 결과 여학생 휴게실, 성폭력 예방 및 처리에 관한 학칙, 생리공결제 등을 대학에 도입했다. 생리공결제의 경우 2004년 부산의 동아대 총여학생회에서 '생리휴강제'란 이름으로 첫 도입되면서(세계일보, 2005.3.24) 2006년 국가인권위원회가 초 · 중 · 고에 권고하며 확산되었다.

더불어 총여학생회는 여성운동뿐만 아니라 학생운동과 사회민주화운동에서 여성을 대변하였다. 당시 학생운동은 남성성을 표상하며 여성을 보조적으로 위치시켰기 때문에 학생운동 사회가 대학여성운동을 대하는 인식이나 시선 또한 차별적이어서 학생운동 사회 일부 구성원들은 표면적으로는 운동의 분열과 약화에 대한 우려였지만, 실질적으로는 총여학생회 설립에 대한 부정적 인식과 저항을 표출하였다. 하지만 여학생이 남학생과 동일한 학생운동의 리더 자리에 서자 여학생들은 긍정적으로 반응했다.

○○ 언니가 굉장히 독보적이었어요. 독보적인 사람이었어요. 굉장히. 어찌 보면 ○○ 언니가 하나의 (롤모델이었어요) "멋있다. 여자도 저렇게 강하게 될 수도 있고" (남자들과) 똑같았어요.

총여학생회장은 여학생들에게 롤모델이 되었고 무엇이든 할 수 있다는 가능성의 신호로 읽혔다. 현재 정치적 대의기관, 공기업, 대학 등에서 여성의 대표성 제고를 위해 여성할당제를 의무화하고 있듯, 남성 중심적 대학사회에서 여학생 대표자의 출현 그 자체로 여성에 대한 인식을 향상시킨 기제가 되었다고 할 수 있다.

반성폭력운동과 학칙 제정

1990년대는 대학 반성폭력운동이 시작되어 성에 기반한 차별과 차이 등을 담론화하며 성폭력 예방과 처리를 위한 학칙을 제정했다. 계기는 1992년 친족 성폭력의 피해자가 가해자를 죽음에 이르게 한 사건이 뉴스에 보도되면서였다. 성폭력의 피해자이자 살인사건의 피의자가 대학생이어서 학생운동 차원의 대대적인 구명운동이 벌어졌다. 당시 학생들은 성폭력을 '여성모두의 문제'이자

'우리 모두의 삶을 파괴하는 행위'로 규정하였고 각 대학의 총여학생회가 주축이 된 구명운동은 성폭력추방운동으로 확산됐다(민경자, 1999). 이 사건을 계기로 대학 내에 성교육 강좌를 열며 학내 성폭력 문제에 접근했는데, 부산대의 성의식 설문조사 결과 응답 여학생의 70%가 성폭력 피해를 겪었다고 밝혔다(부대신문, 1995.3.27). 그 후 1994년 서울대 신정휴 교수 사건을 통해 성폭력이 위계에 의해 발생한다는 점과 성폭력은 혼자 참지 말고 공론화해야 하는 사회문제임이 명백해지면서 1990년대 중반 이후로 대학은 반성폭력 담론의 공론장으로 진화했다.

이 과정에서 총여학생회 운동 방식을 비판하며 '영 페미니스트'가 등장했다. 이들은 서울의 신촌과 관악의 대학을 중심으로 나타났는데, 여성운동의 독자성과 여성 내부의 차이를 가시화하며 문화운동 방식을 도입하고 선거가 필요 없는 수평적 공동체로서 '여학생위원회'를 총여학생회의 대안으로 제시하였다(달과 입술, 2000). 그리하여 1990년대 후반부터 2000년대 초반까지 대학여성운동은 두 그룹으로 분화되어 연대와 협력보다는 각자의 방식으로 운동을 전개하였다.

다만, 이 두 그룹이 동시에 집중한 분야가 바로 반성폭력운동이었다. 총여학생회는 1997년부터 반성폭력 학칙 제정을 위한 집중 활동에 돌입해 1998년 9월 부산대, 1999년 3월 동아대를 시작으로 '성폭력 규제와 처리에 관한 학칙'이 제정되어 2002년에는 352개 대학 가운데 92.3%가 학칙이나 규정을 갖추었다(경향신문, 2002.3.1). 특히 부산에서 먼저 학칙이 제정된 이유는 총여학생회가 주도적으로 반성폭력운동을 전개해 성폭력 사건을 공론화하여 학생들 사이에 학칙의 필요성에 대한 공감이 높아졌을 뿐만 아니라, 총여학생회 연대체, 전여대협, 부경여대협에서 학칙안을 미리 구비하고 공동 대응했기 때문이다.

특히 이 학칙은 학생 및 교직원 등 전체 대학 구성원이 적용받고 성폭력을 '성적 자기결정권' 개념에서 포괄적으로 규정하고 성폭력 예방 및 신고를 위한

'상담소'를 상시적으로 운영하고 총여학생회가 추천하는 여학생이 성폭력 조사처리 관련 위원회에 참여를 하도록 강제했다. 여기서 흥미로운 점은 여성계의 지속적 요구에도 불구하고 성폭력특별법이나 남녀차별금지법이 성적 자기결정권 개념을 외면하였지만 대학에서는 받아들여졌다는 부분이다. 대학여성운동은 사회가 구현하지 못하는 이상을 대학에서 실현하는 것을 추구해 대학을 한국사회에서 성폭력 신고 및 처리 체계가 가장 잘 갖추어진 곳으로 만들었다(일다, 2004.9.13). 그리하여 대학은 폭발적인 성폭력 공론장으로 변모하였다. 부산대에서는 2000년 한 해에만 10명의 여학생들이 총여학생회로 성폭력 신고를 하였고 화장실 훔쳐보기, 남성 성기 노출, 강제추행, 농활 성폭력 등이 드러났다. 이에 따라 화장실 칸 내 비상벨 설치와 농활대 반성폭력 자치 규약 등을 구체화하고 당시 학칙의 미비점을 보완하기 위한 학칙 개정운동으로 이행하였다(임봉, 2024).

여성주의 웹진의 도전

1990년대 중후반 인터넷 보급과 상용화는 온라인에서 여성운동을 추동해 웹진 제작, 인터넷 여성 커뮤니티 활동, 여성주의 인터넷 언론 창간 등의 활동이 펼쳐졌다. 부산에서는 2001년 "여성의 목소리여! 치마를 걷어 부치고 가부장제의 담을 뛰어넘자!"는 슬로건을 내건 부산대학교 여성주의 웹진 '월장'이 등장하며 지역 대학여성운동의 전환을 알렸다. 이들은 4월 25일 창간호의 '도마 위의 예비역'을 통해 병역 후 대학으로 돌아온 남학생들이 대학 내에서 보이는 남성중심성과 군사주의 문화에 대해 패러디하며 비판했다. "예비역 선배들의 권위적인 모습들로 인해 그 앞에서 다른 의견을 이야기하는 것조차 불가능한 문화가 있다"는 문제인식을 "예비역을 1백% 적으로 상정" 선언하며 도발적으로 드러낸 도전이었다. "예비역이 싫은 다섯 가지 이유"는 음담패설과 군대라는 집단이 암묵적(?)으로 용인하고 조장해내는 매매춘 문화, '내리까시'(얼차려)란 이름의 집단폭력, 술자리에서의 성폭력 등을 지적했다(경향신문, 2001.5.28). 이러한 월장의 글은 풍자와 조롱, 농담을 담은 가벼운 에세이였으며, 누구나 공감하고 나누던 이야기였다(일다, 2017.2.28). 심지어 부산대 교지가 연초에 동일 소재의 글을 게재하였으나 아무 논란이 없었다.

[그림 12-3] 성폭력학칙제정 세미나 자료집

그러나 예비역들이 웃으며 떠들던 행위를 차용한 내용과 정중하지 않은 말투에 '긁힌' 전국의 예비역들이 몰려들어 "밤길 조심해라", "월요일 네 수업에 찾아 간다"며 협박하고 "××를 찢어 죽일 년들", "지금 강간 때리러 간다" 같은 언어적 성폭력을 쏟아내며 월장 창간 3일 만에 학교 서버를 다운시켰다. 게다가 월장 회원의 전화번호를 포르노 사이트에 공개하고, 여성회원전용 게시판을 해킹하는 등의 사이버성폭력을 일삼았다. 이에 부산대 총여학생회, 부산성폭력상담소 등 11개 단체가 함께 '월장 관련 사이버성폭력 대책위'를 구성하여 기자회견과 토론회를 통해 사이버성폭력의 심각성과 규제방향을 알아보며 비이성적 사이버테러에 공동대응하였다(한국여성단체연합, 2002).

한편, 월장의 예비역 비판에 분노한 전국의 예비역들은 "조국의 안녕과 평화를 위해 수고한 예비역들을 욕되게 한 월장을 엄중 처단하겠다"며 '안티월장' 커뮤니티를 개설하였다. 이들은 월장의 법적 처벌을 꾀했지만 경찰의 "실제 법적으로 문제되지 않는다"는 판단과 안티월장 활동의 사회적 공감과 지지를 얻지 못한 채 6월 23일 부산대의 월장토론회에 초대받았다. 하지만 안티월장은 한국사회의 군사주의 문화에 대한 일반적 토론 보다는 월장의 기사에 초점을 맞추길 주장하다가 뜻대로 되지 않자, 토론회 전날 "그동안 월장의 비판에 앞장섰던 제2기 안티월장은 이 끝없는 소모전에 종지부를 찍고 더 발전된 방향으로의 문제해결을 모색하고자 금일을 기하여 모임의 해체를 선언하는 바이다"라는 성명서를 게시하며 사라졌고, 월장 토론회를 끝으로 이 사태는 마무리되었다(월장, 2001).

이처럼 월장의 풍자적 비판에 예비역들은 왜 발끈했을까? 당시 월장의 글에 대한 입장을 묻는 설문조사에서 여학생들은 '동의'와 '공감'을 더 많이 표했는데, 대학 사회에서 예비역이 주도하는 군사주의와 남성중심 문화는 새로운 발견이나 낯선 이야기가 아니었다는 사실을 방증한다. 더불어 논쟁 당시 일부 남성들은 월장의 예비역 비판에 동조하기도 했던 것에서 알 수 있듯이 남성이라도 모두 동의하는 문화도 아니었다. 월장의 글은 바로 여학생이 주체였기 때문에 문제화되었다고 볼 수 있다. 병역의 의무를 가지는 남성들만 비판할 수 있는 영역, 여성은 고마움을 표해야 하는 것이 마땅한 '성역'을 비판하고 잘못을 지적하자 난폭한 언설과 위협 등으로 남성성의 극단을 보여주고, 무지막지한 반말 욕설로 여성에 대한 무시와 경멸을 표출했다. 월장의 글에 대해 남성들이 보여준 감정의 대폭발은 이성을 상실한 예비역 문화의 적나라한 전시였을 뿐이었다.

[그림 12-4] 웹진 월장 사이버 성폭력 관련 대자보

이처럼 월장의 도전으로 온라인 시대에 여성이 주체가 되어 여성의 입장에서 말한다는 것은 큰 저항과 반향을 부를 수 있는 일이라는 점이 명징하게 드러났으며, 남성중심성을 부정하는 여성에게는 성폭력으로 응징하려는 공격적 남성성을 확인했다. 더불어 이 모든 일을 겪고도 움츠려들지 않는 여성주의의 정당성과 자신감이 증폭하고 있었다.

그 후 월장은 2003년 8호까지 웹진을 내 대학과 사회 다방면의 가부장성을 꼬집고 여성주의의 가능성을 확장하고자 시도하였다. 취업과 직장에서 성차별, 성희롱 교수 풍자, 만화와 영화에서 보이는 여성의 이미지에 대한 분석, 페미니스트가 된 과정 소개, 여성의 성적 쾌락추구, 여성을 배제하는 자본주의 스포츠에 대한 비판 등 온라인 광장에서 적극적으로 말하고 풍자하였다.

3. 2015년 페미니즘 대중화 이후 대학여성운동과 디지털 페미니즘

2015년 디지털 공간에서 다른 사람을 화나게 하거나 불쾌하게 하는데서 즐거움을 느끼는 '트롤링'을 추구하는 인터넷 커뮤니티 디시인사이드에서(정의솔, 2022), 전염병 메르스의 확산을 여성 탓으로 매도한 '메르스 갤러리'를 여성들이 점유하고 그동안 남성이 여성을 공격한 혐오의 언어를 되돌려주는 '미러링'을 통해 '메갈리아'가 탄생하였다. 메갈리아는 폭풍처럼 나타나 여성혐오의 디지털 공간을 휩쓸었으며 디지털 성범죄라는 개념을 만들며 여성을 집단 강간하던 소라넷을 폐쇄하고 페미니즘 대중화의 초입을 개척했다. 그 후 2016년 강남역 여성혐오 살인사건을 기점으로 페미니즘 운동은 폭발적인 대중운동으로 성장하였다. 이는 인터넷 환경과 디지털 모바일 기술 변화로 본격화된 소셜 미디어 덕분이다. 모바일과 결합한 소셜 미디어의 일상화와 대중화는 페미니즘 운동이 기존과 비교할 수 없는 신속하고 광범위한 공론의 장을 형성하도록 만들었다. 바로 그 시점에서 부산의 대학여성운동은 소모임과 동아리를 중심으로 복원되었다. 경성대, 동아대, 신라대, 부산대에 여성주의 동아리와 소모임이 생겼고 이들이 모여 '부산캠퍼스페미네트워크'라는 연대체를 구성해 활동하였다. 경남에도 경남대, 경상국립대, 국립창원대, 진주교대에 페미니즘 동아리가 만들어졌고 이들이 모여 경남지역 페미니즘 동아리 연합 '아우르니'를 만들었다. 이렇듯 2016년 이후로 대학마다 시기는 다르지만 전국적으로 페미니즘 동아리가 생겨나 학내 활동을 하였다. 이들의 사례를 살펴보면, 혼자 페미니즘 공부를 하던 중 강남역 사건을 계기로 개인의 한계를 인식하며 조직의 필요성을 절감해 주변 사람들을 설득하며 페미니즘 모임을 만들었고, 강남역 사건 1주기를 준비하며 학내에 대자보를 부착하다가 다른 페미니즘 모임의 존재도 알게 되어 학내에서나 외부에서 연대하는 사이가 된 경우가 있었다(김현미, 2018). 다른 경우는 여성학 강의를 들으며 자신과 비슷한 친구들을 모아야겠다는 생각을 하며 담당 교수에게 명단을 추천받아 5명 정도가 같이 모임을 하며 페미니즘 동아리로 이어진 사례가 있다. 또 학내 여성학대학원이나 젠더 연구 교수의 도움, 여성학 강의 수강을 통한 깨달음, 여성단체에 재직하거나 여성학 대학원에 재학 중인 여성주의 선배의 도움이 계기가 되어 다양한 정보를 제공받고, 행사를 열 수 있는 기회를 확보하며 페미니즘 소모임이 유지되고 있었다. 예를 들면, 학내 불법촬영 탐지 활동할 때 불법촬영 탐지기를 경찰에서 단독으로 빌리기 어려웠는데 여성단체의 도움을 받았다든가, 여성주의 선배들이 후원금을 모아 건네거나, 자신들이 기획한 행사를 치를 수 있도록 공간을 확보해 주는 등의 일들이다. 이러한 페미니즘 활동을 지지하는 세력의 유무는 대학에서 페미니즘 활동이 지속되는데 큰 힘이 되었다. 반면, 이전 세대의 기록이 없고 단절되어 있는 점과 총여학생회의 부재는 대학에서 페미니즘 활동을 막막하게 만들었으며, 온라인에서 지속되는 페미니즘에 대한 반감과 공격 등의 백래시, 중앙 동아리 심사에서 여성 편향성을 이유로 승인받지 못하는 등의 어려움을 겪었다(최문정, 2022).

이와 같은 대학 페미니즘 동아리 활동은 과거 총여학생회가 활동했던 시기에 비하면 조직의 규모면에서는 축소되었다. 하지만, 모바일 기기와 소셜 미디어를 기반으로 한 정보에 대한 높은 접근성과 누구나 말할 수 있는 환경 조성은 과거보다 더 많은 여성들이 쉽게 페미니즘을 접하고 자신의 생각을 말하고 실천할 수 있도록 안내하였다(김은주, 2019). 바로 이러한 점들이 앞서 공유한 2018년의 두 장면, 폭발하는 여성의 연결을 만든 것이며 수도권과 지역의 차이를 벗어나 지역과 세계가 교차할 지점을 생성한다.

설문조사에 따르면 2030 여성은 페미니즘의 영향을 빼고 말할 수 없다. 2019년에는 20대 여성 2명 중 1명이 '나는 페미니스트이다'고 응답하였고, 2025년 5월 조사에서는 2030 여성 59.8%가 '페미니즘을 지지한다'고 밝혔다(여성신문, 2025.5.12). 1980년대부터 차곡차곡 쌓아온 페미니즘의 씨실과 날실들은 전방위로 연결되어 사회적 영향력을 발휘하고 있으며 페미니즘이 직조한 거름망으로 알맹이와 쭉정이를 구분할 수 있게 된 것이다. 그에 따라 2030 여성의 47%는 정치적 선택에서도 젠더 이슈의 영향을 받았으며 20대 초반은 52.6%로 더 높게 나타났다. 이와 같은 결과는 페미니즘이 여성 인식의 필터링으로 기능함과 더불어 일상을 위협하는 디지털 성폭력이 우리 사회에 만연해 있기 때문이다.

메갈리아가 주도하여 폐쇄한 100만 가입자의 소라넷을 시작으로, 디지털 성범죄 아웃(DSO)이 공론화한 불법촬영물과 웹하드 카르텔, 추적단 불꽃이 끈질기게 쫓아 폭로한 여성의 성을 착취하며 돈벌이 도구로 삼았던 N번방, 대학마다 터지던 단톡방 성폭력, 2024년에는 22만 7천여 명이 가해자로 연루된 딥페이크 성범죄로 200개 이상의 초 · 중 · 고교, 대학교에서 피해자가 속출했다(한겨레, 2024.8.22). 이처럼 누구도 안심할 수 없는 디지털 성폭력과 온라인 환경은 여성들이 먼저 심각성을 알리며 나서고, 추적하여 성착취 현장을 보여준 뒤에야 사회적으로 문제시되며 범죄로 규정되었다. 더불어 여성의 성이 이렇게 쉽고도 끔찍하게 착취당하고 있는 현실과 마주하며 여성들은 더욱더 페미니즘 인식과 연결되었다.

과거 대학여성운동은 이제 대학의 경계를 무너뜨리며 세대 전체의 여성운동으로 진화하였다. 대학이란 공간에서 여전히 페미니즘운동은 유효하지만, 여성혐오와 페미니즘 백래시의 위협, 두려움과 싸우는 디지털 페미니즘은 세대를 아우르며 동행하고 있다. 이들은 디지털을 기반으로 인식을 공유하고 신속하게 응집해 현실에서 행동하는데 「스토킹범죄의 처벌 등에 관한 법률(약칭: 스토킹처벌법)」을 제정한 사례를 통해 이를 확인할 수 있다. 2020년 5월 4일 창원에서 고깃집을 운영하던 60대 여성이 10년간 스토킹하던 남성에게 살해당했다. 이를 계기로 창원여성살림공동체와 경상도비혼공동체 WITH, 여성의당 경상남도당, 경남여성단체연합 등이 스토킹처벌법 제정의 21대 국회 회기 내 우선 처리를 촉구하며 법 제정을 위한 기자회견, 집회, 피해자 법정 지원, 법정 모니터링 등 다양하게 쉬지 않고 움직였다. 그 결과 2021년 3월 24일 「스토킹범죄의 처벌 등에 관한 법률」 제정안이 국회 본회의를 통과하였으며, 다음날 스토킹 살해 피의자의 징역 20년이 확정되었다. 「스토킹처벌법」으로 그동안 '좋아서 그런다'며 봐주던, 상대방의 의사에 반해 지속적으로 당사자와 가족 등을 따라다니거나 지켜보는 행위, 전화하고 문자를 보내는 등의 행위가 모두 스토킹범죄로 인정되었다. 뿐만 아니라 신고에 따른 긴급응급조치로 100미터 이내 접근금지와 휴대폰 등을 이용한 연락을 금할 수 있게 되었다. 이렇게 보면 1년 채 안 되는 시간 안에 법을 제정한 것 같지만, 「스토킹처벌법」은 1999년에 발의되어 20년 넘게 국회에 계류 중인 상황이었다. 그래서 온라인과 현실을 누비며 TV, 라디오 등의 대중매체와 X 등의 소셜 네트워크와 소셜 미디어를 모두 활용해 삽시간에 스토킹 문제의 심각성을 공유하며 대중적 분노와 법 제정의 필요성을 국회로 모았다(한성희 외, 2023). 억울한 여성의 죽음에 기성 여성운동 세대와 디지털 세대가 협력해 가능한 성과였다.

4. 지역에서 페미니스트로 살아남기

모든 인프라와 가능성, 기회가 서울로 집중되는 시대에 지역에서 페미니스트로 산다는 것은 어렵게 느껴진다. 하지만 앞선 시간에도 지역에서 페미니스트로 성장하고 누구도 가지 않은 길을 손수 개척한 많은 이들이 있었다. 저자 또한 부산의 페미니스트로서 30년 가까이 살아왔다. 그래서 지역에서 살아가는 1020세대의 페미니즘 지구력 기르기에 도움이 되길 바라며 대학시절부터 현재까지 삶의 과정을 공유한다. 별 도움이 안 될 수도 있지만 한 번 읽어주시길 요청 드린다.

고등학생 때까지 나는 성차별, 페미니즘 이런 단어를 마음에 남기지 못했다. 남동생을 잘 돌보는 누나의 역할이나 엄마를 무시하는 아버지를 향한 반감은 있었지만 그 감정의 근원과 실체를 몰랐다. 시류에 편승하듯 양귀자의 『나는 소망한다 내게 금지된 것을』, 공지영의 『무소의 뿔처럼 혼자서 가라』 등을 읽었지만 솔직히 시큰둥한 감정이 솟아올라 '여자도 자기만 잘하면 될 텐데 왜 이러는 거지?'라고 생각했다. 그러다 대학생이 되어 신입생환영회, 예비대학에서 총여학생회 부회장 언니를 만났는데 그냥 좋았다. 아, 멋있었다는 말이 맞겠다. 자신감 있는 표정으로 당당하게 말하고 많은 사람들 앞에서도 어깨를 펴고 있는 모습에 눈길이 갔다. 내가 입학하던 1997년 부산대는 처음으로 신입 여학생이 51%를 차지할 정도로 여학생이 증가했지만 대학가에서 여학생 학생회장은 여전히 소수였다. 당시에는 학생회장들이 학생들이나 시민들 앞에서 말할 기회가 많았는데 지금은 신라대로 개칭하고 남녀공학이 된 옛날 부산여자대학교의 총학생회장이 무대에 오르면 우리 학교도 아닌데 환호성을 보내는 총여 언니들이 신기했다. 하지만 여자 총학생회장을 향한 환영의 의미가 무엇인지 알듯했다. 그래서 여성문제연구회 동아리에 들어가고 총여학생회가 하는 일에 따라다녔다. 총여학생회 깃발 아래 인원은 적었지만 여성으로서 나를 돌아보고 엄마의 삶을 떠올리며 완전히 내 세계가 뒤집어졌다. 그동안 기분 나쁘고 찝찝하지만 이름 붙이지 못하던 문제들이 성폭력, 가정폭력, 성차별이라는 것을 알게 되었고, 여성이면서 여성의 일을 폄하하고 무시하던 지난날의 나를 반성했다. 총여 활동은 재미있었지만 마냥 즐겁고 편안한 부류의 일은 아니어서 "총남 만들어주세요"라고 말하는 남학생을 만나면 "직접 만드세요"라고 응수하고, "차별 없는데"라고 표하는 여학생을 마주치면 조근조근 설명하는 일이 포함된 일상이었다. 내 하루는 롤러코스터 타듯 다양한 감정과 생각, 행동이 교차하고 있었고 응원과 독려, 냉소와 반감이 공존했다. 어떤 일을 하든 누구나 그렇지 않을까? 마냥 즐겁지만 않은 것이 인생이지 않은가. 누구에게나 시련과 난관이 있고 또 그것을 극복하며 살아간다. 한 번에 뛰어넘기 어려운 시련은 조금씩 나누거나 천천히 돌아가면 된다. 때로는 포기하는 방법도 있다. 하지만 마음 맞는 친구나 동료가 있고 안정적인 공간에서 아늑함을 느끼며 쉬다보면 고갈된 에너지가 충전되어 어느 날 힘이 부쩍 솟기도 한다. 대학 시절 내게 총여학생회에는 그런 공간으로, 여성주의로 공감하는 우리끼리 안정하고 외부에서 지친 마음을 회복하던 곳이었다. 하지만 총여학생회가 없던 한 해를 거치며 여성조직의 필요성을 절실하게 인식하였다. 총여학생회의 존재와 부재 간의 간격은 하늘과 땅 차이만큼 컸다. 총여학생회가 있을 때는 성폭력 가해 외래교수를 강단에서 몰아낼 수 있었다. 그러나 총여학생회가 없던 해에는 성폭력 예방과 처리에 나설 수 있는 조직이 없어서 아등바등하고, 단과대학 여학생국장이었던 내 이름을 걸고 가해자 실명을 공개하며 싸워야 했다. 익명의 온라인 공론장에서 나는 여학생 수괴로 공격받았지만 두렵지 않았다. 그동안 총여학생회 활동 과정에서 익힌

단단함이 방패가 되었다. 하지만 피해자를 보호하며 성폭력을 제대로 해결하기에는 역부족이었다. 이 경험을 통해 여성운동은 여럿이 함께 가는 길임을 깨달았다. 그래서 대학을 졸업한 후에는 부산의 여성단체에서 여성운동을 이어갔다. 그 후에는 정당, 사회적기업 등을 거쳐 여성주의 기록 활동가라는 정체성으로 살아가고 있다.

1020세대는 한 곳에 정주하기보다는 진학과 취업으로 계속 흘러갈 수밖에 없어서 응집하기 어렵다. 더구나 시대적 변화는 자신의 페미니즘 지향을 드러내기 어렵게 만든다. 하지만 영원한 지속은 없다. 이미 과거부터 지금까지 짧은 지면에서나마 다양하게 변화해온 대학에서의 여성운동과 디지털 페미니즘을 살펴보아서 알 것이다. 오늘은 과거가 차곡차곡 쌓여 만들어졌으며 내일은 오늘을 딛고 나아간다. 허투루 지나가는 시간은 없다는 말이다. 갈등하며 부딪히는 시간, 내려놓고 쉬는 시간 모두 자산이 된다. 여성들은 1980년대에 페미니즘 대중화의 길을 닦았고, 1990년대에 젠더폭력을 예방하고 처벌하기 위한 제도를 마련했으며, 2000년대에 현실과 디지털 공간에서 젠더폭력에 맞서 페미니즘의 정당성과 힘을 입증했다. 그리고 2015년 메갈리아 이후 많은 여성들이 나서 여성혐오의 광풍 속에서도 응집하고 성에 기반한 폭력들을 하나씩 정죄하며 나아가고 있다. 지금은 앞이 잘 보이지 않더라도 우리는 조금씩 변화하고 나아가고 있음을 부산과 경남 지역에서의 활동을 통해 확인하였다. 40여 년의 시간 동안 얼마나 변한 것 같은가? 사람마다 느끼는 속도는 달라 누군가는 예상보다 빨리 변한 듯 느껴질 테고, 또 누군가는 더뎌서 답답할 수도 있을 테다. 하지만 분명한 사실을 알아야 한다. 여성운동의 길을 같이 걸으면 길은 끊이지 않고 단단하고 넓어지며 다양해진다.

5. 결론 및 요약

이 장은 수도권에 비해 과소평가되어 단순하게 인식되는 지역 여성운동을 부산 경남 지역의 대학여성운동의 역사와 디지털 페미니즘의 사례를 살펴보며 2015년 이후 페미니즘 대중화는 바로 지역의 운동에서 비롯되어 왔음을 확인하였다. 더불어 지난 40여년 운동의 지구력은 지역에서 페미니스트로 살아남기 위한 필수조건이었다.

1장에서는 2018년의 두 장면, '미투운동'과 서울 혜화역 시위를 통해 기성 여성운동이 포용하지 못한 새로운 세대 여성운동이 어떻게 폭발하였는지 보았다. 이처럼 늘 자기 시대의 혁신을 담당했던 시대별 새로운 세대의 여성운동을 돌아보며 지난 운동의 성과를 알고 다음 변혁을 상상해 보길 권유하였다.

2장은 시대별 대학 여성운동을 조명하였는데 1980년대 여대생 증가와 여성에 대한 차별적 인식을 배경으로 총여학생회가 전국 70개 대학에 등장했고 총여학생회는 전여대협 등의 연대를 통해 여성학 강좌 개설 확산, 생리공결제, 성폭력 학칙 도입 등의 성과를 이루었다. 이들은 남성 중심의 학생운동 사회에서도 여학생 대표자로서 여성의 인식을 향상시키는 기제가 되었다.

1990년대 대학에서 반성폭력운동이 시작되었는데 부경여대협의 공동 대응으로 1998년 부산대, 1999년 동아대를 시작으로 전국 대다수 대학에 '성적 자기결정권'을 포괄하는 성폭력 규제 및 처리 학칙과 상담소가 마련되었다. 이로 인해 대학은 성폭력 신고 및 처리 체계가 가장 잘 갖춰진 공간으로 변모하며 성폭력 공론장 역할을 했다.

2000년대 부산대 여성주의 웹진 '월장'의 예비역 문화에 대한 풍자적 비판과 일련의 과정을 통해 남성중심성을 부정하는 여성에 대한 공격적 남성성을 확인하였으며 여성주의의 정당성을 증폭시키는 계기가 되었다.

3장은 2015년 '미러링'을 통해 탄생한 '메갈리아'와 2016년 강남역 사건 이후 페미니즘 운동은 소셜 미디어를 기반으로 폭발적인 대중운동으로 성장했다. 이 시기 부산 · 경남 지역 대학에도 페미니즘 동아리가 복원되었다. 더불어 대학 담장을 넘어 1020세대들은 디지털 성폭력 문제에 적극적으로 목소리를 내고 있으며, 기성세대와의 협력을 통해 20년 넘게 계류 중이던 '스토킹처벌법'을 제정하는 등 세대를 아우르는 디지털 페미니즘으로 진화하여 사회적 영향력을 발휘하고 있다.

4장은 지역에서 페미니스트로 살아가기 위해 필자의 경험을 공유하였다. 필자는 대학 시절 총여학생회 활동을 통해 여성 문제를 깨닫고 단단함을 익혔으며 여성주의 조직의 필요성을 절실히 느꼈다. 여성주의적 공감과 회복의 안정적인 공간의 필요성을 강조하며, 1020세대에게 응집의 어려움과 백래시 속에서도 동료와 함께하는 연대의 중요성을 역설하였다. 40여 년간 이어진 대학여성운동과 디지털 페미니즘의 긍정적인 변화를 언급하며, 여성운동의 길을 함께 걸으면 길이 끊이지 않고 단단하고 넓고 다양해진다고 격려하였다.

읽을거리 & 볼거리

1. 『아직, 메갈리안』 (이윤원, 2023, 이프북스)
하버드대학에서 메갈리아를 인류학적으로 고찰한 논문을 기반한 책으로 메갈리아 사이트 폐쇄로 지금은 유실된 자료들이 책 속에 생생히 살아 있을 뿐만 아니라, 2015년 페미니즘 대중화를 이끈 메갈리아의 탄생과 엑티비즘에 대한 세밀한 고찰과 분석을 통해 메갈리아의 유산을 확인할 수 있다.

2. 『우리가 우리를 우리라고 부를 때』 (추적단 불꽃, 2020, 이봄)
'추적자 불꽃' 불과 단은 20대 평범한 여대생이었다. 이들의 N번방 추적 르포 에세이이다.

3. 〈마녀들의 카니발〉 (박지선 감독, 2024)
부산의 여성운동이 총 망라된 다큐멘터리이다. 1980년대 제대로 된 월급봉투와 생리휴가를 쟁취하기 위해 싸웠던 전설 속의 언니들부터 스쿨 미투로 사회에 일침을 가한 십대 활동가까지. 일터와 가정, 학교의 부당함에도 웃으면서 맞짱 뜨는 부산언니들의 유쾌한 행진이 담겨 있다.

1. 생활 속에서 여성운동의 필요성을 느낀 순간은 언제인가요?
   일상에서 여성운동의 필요성이나 여성운동이 없으면 어땠을까 떠올린 순간은 언제였나요?

2. 여성운동이 놓치고 있는 부분은 무엇이 있을까요?
   여성운동은 다양한 분야의 여러 계층이 참여하고 있지만 모든 것을 관장하지는 못한다. 내가 생각하기에 현재 여성운동이 놓치고 있는 부분에는 무엇이 있을까?

참고문헌

1장 참고문헌

1 김은주 (2021). **페미니즘 철학 입문**. 오월의 봄.

2 데버라 캐머런 (2022). **페미니즘**. 신사책방.

3 로즈마리 퍼트넘 통, 티나 페르난디스 보츠 (2021). **페미니즘, 교차하는 관점들**. 학이시습.

4 루시 딜랩 (2023). **페미니즘들**. 오월의봄.

5 메리 울스턴크래프트 (2014). **여권의 옹호**. 연암서가.

6 벨 훅스 (2024). **나는 여자가 아닙니까**. 동녘.

7 사라 에반스 (1998). **자유를 위한 탄생**. 이화여자대학교출판부.

8 성일권 (2010). 올랭프 드 구주의 말과 글, 그리고 혁명적 페미니즘. **프랑스문화연구** 21, 265-289.

9 앤절라 데이비스 (2023). **여성, 인종, 계급**. 아르떼.

10 앨리스 스톤 (2022). **페미니즘 철학**. 이학사.

11 앨리스 에콜스 (2017). **나쁜여자 전성시대**. 이매진.

12 에멀린 팽크허스트 (2016). **싸우는 여자가 이긴다**. 현실문화.

13 오드리 로드 (2022). **시스터 아웃사이더**. 딕테.

14 우에노 지즈코 (2015). **여자들의 사상**. 현실문화.

15 이남희 (2010). 페미니즘과 여성해방운동. **세계화 시대의 서양 현대사**. 아카넷.

16 플로랑스 로슈포르 (2020). **페미니즘들의 세계사**. 책과함께.

17 한우리 기획 (2016). **페미니즘 선언**. 현실문화.

18 Barbara Ellen (2017.10.9). "From The Second Sex to The Beauty Myth: 10 of the best feminist texts," Guardian.

19 여성신문 (2024.12.22.) 첫 여성 총리 · 대통령 시대 연 아이슬란드 ... 주요 부처 장관들도 여성. https://www.womennews.co.kr/news/articleView.html?idxno=256147

20 주간경향 (2018.3.19.) 프랑스, 헌법에 양성 동수 공천 명시. https://weekly.khan.co.kr/article/201803191447131

2장 참고문헌

1 강영경 (2015). 울산 천전리 서석곡의 명문과 세선화에 보이는 여성. **한국암각화연구**, 19, 1–15.

2 김민정 (2020). 2015년 이후 한국 여성운동의 새로운 동향. **정치 · 정보연구**, 23(2), 59–88.

3 박주 외 3인 (2021). **문화유산으로 본 한국 여성 인물사**. 역사여성미래.

4 정진성 외 (2004). **한국현대여성사**. 한울.

5 정현백 (2006). 한국의 여성운동 60년: 분단과 근대성 사이에서. **여성과 역사**, 4, 1–42.

6 정현백 (2017). 해방 이후 한국 역사학의 젠더인식: 가족사와 여성사 연구를 중심으로. **여성학연구**, 27(2), 139–172.

7 정현백 외 (2006). **글로벌시대에 읽는 한국여성사**. 사람의 무늬.

8 조앤 W. 스콧 (2007). **페미니즘 위대한 역사**. 공임순, 이화진, 최영석 공역. 앨피.

9 주진오 외 (2013). **한국여성사 깊이 읽기: 역사 속 말 없는 여성들에게 말 걸기**. 푸른역사.

3장 참고문헌

1 강이수 (2004). 「여성학이란 무엇인가」. (사)한국여성연구소 편. **새 여성학강의**. 동녘. pp.13–33.

2 공미혜 (2004). 「성과 권력」. (사)한국여성연구소 편, **새 여성학강의**. 동녘. pp.160–183.

3 김민정 (2014). 「인류학으로 젠더 읽기」. 한국여성연구소 편. **젠더와 사회– 15개의 시선으로 읽는 여성과 남성**. 동녘. pp.145–200.

4 김양희 (2013). **젠더기반폭력에 대한 이해와 사례 연구**. 한국국제협력단.

5 김현미 (2015). 「젠더와 사회구조」. 한국여성연구소 편, **젠더와 사회– 15개의 시선으로 읽는 여성과 남성**. 동녘. pp.86–144.

6 김현미 (2022). 한국의 젠더 논쟁: 어떻게 보아야 할 것인가?. **동아시아재단**, 174, 1–6.

7 문경덕 (2003). **현대한국사회에서의 날씬함의 '컬트화.** 서울대학교 인류학과 석사논문.

8 민가영 (2007). **여성학 이야기- 인어공주는 왜 왕자를 죽였을까.** 책세상.

9 배은경 (2004). 「여성의 몸과 정체성」. (사)한국여성연구소 편. **새 여성학강의.** 동녘, 133-159쪽.

10 배은경 (2021). '저출생'의 문제제기를 통해 본 한국 인구정책의 패러다임 전환 모색: 재생산 주체로서 여성의 행위성과 저출산 · 고령사회정책의 검토. **페미니즘연구, 21**(2), 137-186.

11 버틀러, 주디스 (2008). **젠더 트러블: 페미니즘과 정체성의 전복.** 조현준 역. 문학동네.

12 버틀러, 주디스 (2015). **젠더 허물기.** 조현준 역. 문학동네.

13 버틀러, 주디스 (2025). **누가 젠더를 두려워하랴.** 윤조원 역. 문학동네.

14 부산여성사회교육원 (2019). **여성학강의- 일곱 번째 이야기.** 신정.

15 스팀슨, 캐서린 · 길버트 허트 편 (2024). 「서장」. 김보명 외 역. **젠더 스터디: 주요개념과 쟁점.** 후마니타스. 7-34.

16 신상숙 (2001). 성폭력의 의미구성과 '성적 자기결정권'의 딜레마. **페미니즘연구, 13,** 6-43.

17 신상숙 (2018). 젠더에 기반한 차별과 폭력의 연속선 통합적 접근의 모색. **페미니즘 연구, 18**(1), 267-301.

18 여성문화이론연구소(사) 편 (2015). **페미니즘의 개념들.** 동녘.

19 이나영 (2014). 「성별화된 섹슈얼리티와 여성주의 성정치학」. 한국여성연구소 편. **젠더와 사회- 15개의 시선으로 읽는 여성과 남성.** 동녘. 255-322.

20 이진영 (2011). 젠더감수성(gender sensitivity) 측정도구 개발에 관한 연구. 이화여자대학교 여성학과 석사논문.

21 인로, 신시아 (2015). **군사주의는 어떻게 패션이 되었을까.** 바다출판사.

22 정고미라 · 하정옥 (2004). 「성차를 어떻게 이해할 것인가?」. (사)한국여성연구소 편. **새 여성학강의.** 동녘. 58-79.

23 정희진 (2013). **페미니즘의 도전: 한국 사회 일상의 성 정치학.** 교양인.

24 조엘, 다프나 · 루바 비칸스키 (2021). **젠더 모자이크-뇌는 남녀로 나눌 수 없다.** 김혜림 역. 한빛비즈.

25 조영미 (2005). 「한국 페미니즘 성연구의 현황과 전망」. 한국성폭력상담소 편. **섹슈얼리티 강의.** 동녘. 11-43.

26 주은희 (2021). 「제2부 여성과 남성의 심리적 이해」. 곽삼근 외 지음. **일상의 여성학-여성의 눈으로 세상읽기.** 박영사. 41-118.

27 첸, 앤젤라 (2023). **에이스: 무성애로 다시 읽는 관계와 욕망, 로맨스.** 현암사.

28 캐머런, 데보라 (2022). **페미니즘.** 강경아 역. 산사책방.

29 푸코, 미셸 (2004). **성의 역사 1: 지식의 의지.** 나남.

30 푸코, 미셸 (2011). **감시와 처벌: 감옥의 역사**. 나남.

31 하인즈, 샐리 (2019). **젠더 정체성은 변화하는가?**. 조현준 역. 자유의 길.

32 하정옥 (2014). 「'두 개의 성'과 성차에 대한 과학적 신념」. 한국여성연구소 편. **젠더와 사회–15개의 시선으로 읽는 여성과 남성**. 동녘. 201–254.

33 한서설아 (1998). **여성의 외모 관리에 대한 여성주의적 접근–다이어트 경험을 중심으로**. 이화여자대학교 여성학과 석사논문.

34 핼퍼린, 데이비드 (2024). 「섹스 · 섹슈얼리티, 성적 분류」. 캐서린 스팀슨 · 길버트 허트 편. 김보명 외 역. **젠더 스터디: 주요개념과 쟁점**. 후마니타스. 633–680.

35 Lugones, Maria (2007). Heterosexualism and the Colonial / Modern Gender System. **Hypatia, 22**(1), 186–209.

36 경향신문 (2015.4.16.). "성적 자기결정권과 무관한 성". 「정희진의 낯선 사이」 https://www.khan.co.kr

37 여성신문 (2024.6.3.). "여성이 출산기계인가...출산지도→여성 고스펙→여아 조기입학, 또또또 '헛발질'". https://www.womennews.co.kr/news/articleView.html? idxno=248–514.

38 페미위키(2025). "자기결정권". https://femiwiki.com.

4장 참고문헌

1 강한들 (2025.5.7). "일베 폐쇄는 '극우 파시즘' 뿌리 뽑는 길". 경향신문. 이병권 (2025.02.19). [대한민국 파시즘 해부④] 이대남과 혐중 의식의 뿌리. 세상을 바꾸는 시민언론 민들레.

2 권준영 (2025.7.23). 진보좌파가 정치 유튜브서 떡상?…김어준 슈퍼챗 수익에 입이 '쩍.' 디지털타임즈. https://v.daum.net/v/20250723134126134

3 김경희, 강혜란 (2016). 여성의 과소재현과 상징적 소멸. 미디어, **젠더 & 문화, 31**(3), 53–96.

4 김은진 (2022). 종영 후 20년 된 드라마 〈전원일기〉 재방송의 수용 연구. **미디어, 젠더 & 문화, 37**(2), 201–247.

5 양혜승 (2022). 여성, 이주민, 노인 혐오성 댓글에 대한 텍스트 마이닝 분석: 네이버 범죄뉴스를 맥락으로. **한국방송학보, 36**(3), 5–45.

6 Butler, J. (1997). **Excitable Speech: A Politics of the Performative**. 유민석 역. (2022). **혐오발언**. 알렙.

7 Hrdy, S. B. (2010). **어머니의 탄생 – 모성, 여성, 그리고 가족의 기원과 진화**. 사이언스북스.

8 Modleski, T. (1982). Loving with a Vengeance: Mass-Produced Fantasies for Women. Hamden, CT.

9 Mulvey, L. (1975). Visual Pleasure and Narrative Cinema. Screen, 16(3), 6-18.

10 강도림 (2025.9.22). [단독] "사이버 룸살롱" 비판에도 'SOOP' 별풍 '엑셀방송' 싹쓸이. 서울경제. https://v.daum.net/v/20250922140022718

11 김나래, 조민영, 김성훈, 나경연 (2022.12.09). 참사 댓글에 '혐오' 58%… 대선 때보다 갈등 심각. 국민일보. https://www.kmib.co.kr/article/view.asp?arcid=0924276955

12 김진경 (2025.05.10). 〈소년의 시간〉 속 인셀 테러, 국가들이 나서기 시작했다 [평범한 이웃, 유럽]. 시사인. https://www.sisain.co.kr/news/articleView.html?idxno=55484

13 김진수(2019.11.01). 영화 속 여성은 놀라거나 무서워한다. 여성신문. https://www.womennews.co.kr/news/articleView.html?idxno=194041

14 김효실 (2025.3.15). 지난해 한국영화 '성평등 테스트' 통과율 역대 최고… 성비 불균형은 여전. 한겨레. https://www.hani.co.kr/arti/society/women/1187108.html

15 박상혁 (2024.10.3). [단독] 텔레그램방 130배…딥페이크 처벌법 비웃는 '제N의 소라넷'. 월 이용자 52만 명, 동시 접속자만 4400명…IP삭제 · 가상화폐로 수사망 피하는데 경찰 수사기법 발달은 '미진'. 프레시안. https://www.pressian.com/pages/articles/2024100218470229091

16 백현지 (2025.4.25). [든든칼럼] 성비 불균형 개선, 30%의 벽을 넘어설 수 있을까. 한국영화성평등센터 든든. http://solido.kr/archive/column/?mod=document&uid=416

17 신다인 (2025.6.5). '웹하드 카르텔' 양진호 5년형 확정…350억 범죄수익 한 푼도 안 뺏겨. 여성신문.

18 윤상근 (2020.7.12). '성폭행 · 뇌물' 뒤늦은 반성문... 최종훈, 선처호소 '열일'. 스타뉴스. https://star.mt.co.kr/stview.php?no=2020071013185640305&outlink=2&SVEC=

19 이아미 (2025.4.18). 한밤 모르는 여성 뒤쫓으며 낄낄… '200만뷰' 소름돋는 챌린지. 중앙일보. https://www.joongang.co.kr/article/25329605

20 이정환 (2023.5.11). 못 본 척하는 친구가 문제 해결의 핵심이다. 슬로우 뉴스. https://slownews.kr/89895

21 이하나 (2024.7.2). '집게손 게임' 된 페미 검증, 여성노동자 숨통 조인다… "정부 · 국회 · 기업 나서야." 여성신문. https://www.womennews.co.kr/news/articleView.html?idxno=249460

22 장수경, 채윤태, 오세진 (2023.12.26). 게임업계는 어쩌다 '페미 사상 검증' 전쟁터가 됐나. 한겨레. https://www.hani.co.kr/arti/society/women/1121779.html

23 주간동아 (2005.12.20). '빨간마후라' 그 소녀의 뒤엉킨 인생-술집 접대부로 '노예매춘' 당하다 적발…미성년자 불구 신분 공개로 두 번째 인권유린. 주간동아. https://weekly.donga.com/society/article/all/11/63208/1

24 최원형 (2019.10.19). '일베'는 왜 약자를 괴롭힐까?. 한겨레.

25 최윤서 (2019.2.18.). 버닝썬 물뽕 논란… 마약 한 방울 누군가의 눈물이 된다. 충청투데이. http://www.cctoday.co.kr/news/articleView.html?idxno=1191565

26 추적단 불꽃 (2020.9.11). [너머n] 가장 만연한 성범죄 '지인 능욕.' 한겨레21, 1330호. https://h21.hani.co.kr/arti/society/society_general/49215.html

27 편광현, 김지아, 최연수 (2019.11.15). "너희 엄마 김치찌개 장인"... 여혐 표현 넘쳐나는 교실. 중앙일보. https://news.joins.com/article/23633235

28 허진무 (2020.4.17). '버닝썬 불법촬영 영상' 유포한 MD에 항소심도 집행유예. 경향신문. http://news.khan.co.kr/kh_news/khan_art_view.html?artid=202004171455001&code=940100#csidx9894b8db22e5153a999638b20644137

5장 참고문헌

1 강남순 (2020). **페미니즘 앞에 선 그대에게**. 한길사.

2 김신현경 (2018). **이토록 두려운 사랑—연애불능 시대, 더 나은 사랑을 위한 젠더와 섹슈얼리티 공부**. 반비.

3 김한결, 오세일 (2017). 대학생 연애에서의 만족과 자아 성장: 연애 유형, 진정성과 성찰성을 중심으로. **생명연구, 44**(0), 59–107.

4 나호선 (2022). **연애 결핍 시대의 증언**. 여문책.

5 벨 훅스 (2015). **All about Love**. 책읽는수요일.

6 서원주 (2022). 구조적 부정의에 대한 책임: 아이리스 영의 법적 책임 모델(liability model)과 사회적 연결 모델(social connection model)의 구분에 대한 연구. **시대와철학, 33**(2), 69–93.

7 에리히 프롬 (2016). **사랑의 기술**. 문예출판사.

8 이종화 (2018). 「너에게」 중 일부. 연못 위 구름다리. 밥북.

9 임옥희 (2020). 「성, 사랑 그리고 혐오」. **인권, 여성의 눈으로 보다**. 철수와영희. 14–58.

10 제이 셰티 (2023). **사랑의 8가지 법칙**. 다산북스.

11 BBC 코리아 (2025.1.21). 비혼 · 비출산 · 비연애 · 비성관계, 트럼프 당선 후 미국서 주목받는 '4B 운동'. https://www.bbc.com/korean/articles/cm23xv1mev0o

12 경향신문 (2025.10.13). "자기야, 어머니께 전화 드려야지"…돌려받지 못하는 여성의 감정노동 '맨키핑'을 아시나요 https://www.khan.co.kr/article/202510030800021

13 대학내일20대연구소 (2016). 대한민국 20대 청춘 연애백서—20대 연애 트렌드 조사결과를 중심으로. https://www.slideshare.net/slideshow/20-20-20-201604/70735330

14 시사IN (2023.3.15). "우리 결혼 안 합니다" 생애 모델을 거부하는 사람들 [2023 연애 · 결혼 리포트]. https://www.sisain.co.kr/news/articleView.html?idxno=49841

15 시사IN (2024.1.10). 합계출산율 0.7명 사회 한국은 정말 끝났는가. https://www.sisain.co.kr/news/articleView.html?idxno=51890

16 연세춘추 (2024.5.19). 대학만 가면 연애할 수 있다면서요...우리대학교 학생 26.7% '모태솔로'. https://chunchu.yonsei.ac.kr/news/articleView.html?idxno=31249

17 연합뉴스 (2022.9.2). 여성, 연애결혼출산의향 남성보다 낮아…비연애 상태에 만족. https://www.yna.co.kr/view/AKR20220927107900530

18 인구보건복지협회 (2022). 2022년 제1차 저출산인식조사 토론회 / 청년의 연애, 결혼 그리고 성 인식 조사. https://www.youtube.com/watch?v=VRQ3e7ZaqAM

19 제주방송 (2025.7.13). "연애? 이제 필수가 아니". MZ세대, 사랑보다 '나'를 선택하다. ttps://www.jibs.co.kr/news/articles/articlesDetail/44512?feed=na

20 중앙일보 (2017.10.25). 라가르드 "한국은 집단자살 사회." https://www.joongang.co.kr/article/22046172

21 중앙일보 (2019.9.20). "한국남자랑 연애 안해" 20대 여성 절반이 '탈연애' 왜. https://www.joongang.co.kr/article/23581914

22 중앙일보 (2022.12.1). 티빙 90%가 봤다…연애 안하는 MZ, 연애예능 '과몰입' 왜. https://www.joongang.co.kr/article/25122154

23 채널PNU (2024.8.24). 부산대생에 물었다 "연애 안 하세요, 못 하세요?". https://channelpnu.pusan.ac.kr/news/articleView.html?idxno=35654

24 투데이신문 (2019.4.23). 프로젝트팀 탈연애선언 '취업-연애-결혼-출산' 생애주기 각본에서 벗어나야. https://www.ntoday.co.kr/news/articleView.html?idxno=66459.

25 한겨레신문 (2024.7.9). 뉴욕타임스 '한국 소멸하나' 칼럼…"흑사병 창궐 수준 인구감소. https://www.hani.co.kr/arti/international/international_general/1118859.htm

26 한국여성의전화 (2024). 2024년 분노의 게이지—언론 보도를 통해 본 친밀한 관계의 남성 파트너 및 일면식 없는 남성에 의한 여성살해 분석. https://hotline.or.kr/archive/?bmode=view&idx=156503746

27 한국은행 (2023). 경제전망보고서(2023년 11월). https://www.bok.or.kr/portal/bbs/P0002359/view.do?nttId=10080881&menuNo=200443

28 한국일보 (2023.2.25). 데이트 비용은 '썸'만?...연애 예능이 보여주지 않는 청춘들의 연애. https://www.hankookilbo.com/News/Read/A2023022310050000346

29 한국일보 (2023.6.13). 우린 연애세포 없는 초식남녀...20대 초반 26%만 연애 중. https://www.hankookilbo.com/News/Read/A2023061001050005835

30 한국일보 (2024.11.17). 'K페미니즘' 수출? 트럼프 시대, 한국 태생 '4B 운동'이 주목받는 이유. https://www.hankookilbo.com/News/Read/A2024111506500003671

6장 참고문헌

1 김복순 (2007). 근대 초기 모성담론의 형성과 젠더화 전략. **한국고전여성문학연구**, 14, 5-51.

2 김혜영 (2008). 한국가족의 다양성 증가와 그 이중적 함의. **아시아여성연구**, 47(2), 7-37.

3 원숙연, 김예슬 (2017). 성역할 인식의 영향요인과 정책적 함의. **페미니즘연구**, 17(2), 269-311.

4 조숙, 정혜정, 이주연 (2015). 취업모와 비취업모의 모성 이데올로기 인식과 양육스트레스 및 결혼만족도의 관계 비교 연구. **한국가족관계학회지**, 20(1), 24-49.

5 Hattery, Angela (2001). **Women, Work, and Family: Balancing and Weaving**, Thousand Osks, CA: Sage.

6 Butler, Kate (2010). "Intensive Mothering in British Columbia: Understanding the Impact of an Inversting in Children Framework on Mothering Ideology", **International Journal of Canadian Studies**, 42, 243-253.

7장 참고문헌

1 고용노동부 보도자료 (2023.2.1). 성차별 모집 채용 광고.

2 고용노동부 보도자료 (2024.7.21). 불합격자 통보도 없이 버젓이 재공고.

3 고용노동부 보도자료 (2025.8.6). 2025년 적극적 고용개선조치 미이행 사업장 명단 공표.

4 교육부, 한국직업능력연구원 (2023). 2023년 초·중등 진로교육 현황조사.

5 김정혜 (2017). 경찰공무원 성별 분리모집의 정당성에 대한 고찰. **이화법학**, 22(2).

6 김창환, 오병돈 (2019). 경력 단절 이전 여성은 차별받지 않는가. **한국사회학**, 53(1).

7 박영원 (2011). 국가공무원법 상의 여성채용목표제와 양성평등채용목표제의 입법영향 분석. 국회입법조사처.

8 여성가족부 (2025). 2025 통계로 보는 남녀의 삶.

9 여성가족부 보도자료 (2025.9.4.) 성별 임금 격차 조사결과 발표.

10 여성가족부, 고용노동부 (2025). 2024 여성경제활동백서.

11 정성미, 강민정, 김효경, 김현경 (2025). **저출생시대의 여성노동시장 특징 및 정책과제**. 한국여성정책연구원.

12 최세림, 정세은 (2019). **성별직종분리와 임금 격차**. 한국노동연구원.

13 통계청 (2025). 2024 한국의 사회지표(17).

14 통계청 (2025). 한국의 SDG 이행보고서 2024.

15 경향신문 (2025.3.2). 여성 76% "직장 내 승진 · 배치 차별 있다"…차별 원인 1위는 '남성 중심적 관행 · 조직 문화' https://www.khan.co.kr/article/202503021200001

16 경향신문 (2023.3.3). 현대차 미국 공장서 10명 중 3명은 여성노동자, 뭐가 다를까? https://www.khan.co.kr/article/202303031525001

17 내일신문 (2025.5.15). 건설 · 제조업 부진에 남성취업률 '찬바람'. https://www.naeil.com/news/read/547905?ref=naver

18 동아일보 (2025.7.15). [칼럼] 청년에게 참 가혹한 한국 사회. https://www.donga.com/news/Opinion/article/all/20250715/132007895/2

19 대한금융신문 (2025.8.25). 국내 금융그룹 관리직 10명 중 3.7명 여성…메리츠는 1.7명. https://www.kbanker.co.kr/news/articleView.html?idxno=221355

20 미디어오늘 (2024.12.3). 대다수 언론사 여성 임원 여전히 '0명'…중간 간부급은 늘었다. https://www.mediatoday.co.kr/news/articleView.html?idxno=322679

21 아시아경제 (2024.11.11). 100대기업 올해 여성임원 463명 역대 최다…5명 중 1명은 삼성전자. https://view.asiae.co.kr/article/2024111109310455712

22 여성신문 (2025.2.7). 귀걸이 1cm · 손톱 1mm… "여성에게만 성차별적 용모 매뉴얼 요구" https://www.womennews.co.kr/news/articleView.html?idxno=257916

23 여성신문 (2025.9.11). 방송사 프리랜서 10명 중 7명 여성…"성차별 노동구조 여전". https://www.womennews.co.kr/news/articleView.html?idxno=267344

24 이투데이 (2025.9.1). 유리천장 견고한 건설업계, 여성임원 2.7%…현엔 · 한화는 '제로'. https://www.etoday.co.kr/news/view/2501155?trc=view_joinnews

25 포춘코리아 (2025.8.26). Z세대 실업률 왜 남성이 여성보다 높을까. https://www.fortunekorea.co.kr/news/articleView.html?idxno=49633

26 한스경제 (2025.9.19). 4대 금융, 여성임원 확대 속 상근직 '후퇴'...착시효과 '여전'. https://www.hansbiz.co.kr/news/articleView.html?idxno=777397

27 고용노동부 〈임금직업포털〉 www.wagework.go.kr

28 통계청 〈국가통계포털〉 kosis.kr

8장 참고문헌

1 고지영 (2023). 제주지역 친환경농업 생산자 실태 및 인식조사. 제주여성가족연구원.

2 김도현 (2024.12.19). '아기기후소송'이 기성세대에게 남긴 숙제. 한스경제.

3 김혜윤 (2020). 환경 보호의 목소리를 높이는 세계의 툰베리들. **인권**, 2020년 4월호.

4 뉴스1 (2025.7.30). "살인폭염이 앗아간 220명…사망자 '사회적 약자'에 집중".

5 세계자연기금(WWF) (2025). 지구생명보고서.

6 옥스팜 (2023). Climate Equality - 기후평등: 99%를 위한 지구. https://doi.org/10.21201/2023.000001

7 이요바 (2023). 기후위기 속 여성과 아동의 인권. 부산여성가족평생교육진흥원, **부산여성가족 Brief**, 66, 1–4.

8 정숙정 (2024). 여성 농민이 경험하는 기후위기와 인권: 비아 캄페시나 국제조정위원 김정열 인터뷰. **인권연구**, 7(2), 321–331. https://doi.org/10.22976/JHRS.2024.7.2.321

9 현명주, 정희라 (2020). 청소년 기후행동의 정체성에 관한 사례 연구. 에너지기후정책연구소 연구보고서.

10 Agence France–Presse (2024, August 16). How extreme weather is leading to rise in child marriages in Pakistan. NDTV. https://www.ndtv.com/world-news/how-extreme-weather-is-leading-to-rise-in-child-marriages-in-pakistan-6347952

11 Ahmad, N. (2011, January 18). Gender and climate change: Myth vs. reality. World Bank Blogs. https://blogs.worldbank.org/endpovertyinsouthasia/gender-and-climate-change-myth-vs-reality

12 Ahmed, S., & Fajber, E. (2009). Engendering adaptation to climate variability in Gujarat. In G. Terry (Ed.), **Climate change and gender justice** (pp. 19–38). Oxfam GB & Practical Action Publishing.

13 Aran, N., Sharma, A., Bratu, A., Closson, K., Gislason, M. K., Kennedy, A., Logie, C. H., Barkin, J. L., Hogg, R. S., & Card, K. G. (2025). The role of climate change anxiety in shaping childrearing intentions among people living in British Columbia. Frontiers in Public Health, 13, 1642689. https://doi.org/10.3389/fpubh.2025.1642689

14 BBC NEWS 코리아 (2022.3.7). "기후변화 취약국 방글라데시가 찾은 해결책은?". https://www.bbc.com/korean/international-60638939

15 Boyd, D. (2022). Children's right to a healthy environment: International legal foundations and emerging practice. UN Environment Programme Policy Paper.

16 Cities Alliance. (2022, November). Child marriage: A hidden consequence of climate change. https://www.citiesalliance.org/resources/programme-outputs/blog-online-news-website-article/child-marriage-hidden-consequence

17 Cunsolo, A., & Ellis, N. R. (2018). Ecological grief as a mental health response to climate change-related loss. Nature Climate Change, 8(4), 275-281. https://doi.org/10.1038/s41558-018-0092-2

18 Dillarstone, H., Brown, L. J., & Flores, E. C. (2023). Climate change, mental health, and reproductive decision-making: A systematic review. PLOS Climate, 2(11), e0000236. https://doi.org/10.1371/journal.pclm.0000236

19 Haraway, D. J. (2015). Anthropocene, Capitalocene, Plantationocene, Chthulucene: Making Kin. Environmental Humanities, 6(2), 159-165.

20 Morning Consult. (n.d.). 1 in 4 childless adults say climate change has factored into their reproductive decisions. Morning Consult Pro. https://morningconsult.com

21 Reyes, R. R. (2009). Gendering responses to El Niño in rural Peru. In G. Terry (Ed.), Climate change and gender justice (pp. 27-37). Oxfam GB & Practical Action Publishing.

22 Tandon, N. (2009). Biofuel and women's food security. In G. Terry (Ed.), Climate change and gender justice. Oxfam GB & Practical Action Publishing.

23 UN Women (2023). 페미니스트 기후 정의: 행동의 프레임워크.

24 UNICEF (2024). The State of the World's Children 2024: Executive summary in a changing world. https://www.unicef.org/reports/state-of-worlds-children/2024

25 한국일보 (2024.4.30). 스위스 여성 노인들, 정부 이겼다...유럽최고법원 "기후변화 대응 부족은 인권침해". https://www.hankookilbo.com/News/Read/A2024040922110002923

26 환경일보 (2025.4.1). "기후변화로 산불위험일수 120일 증가". https://www.hkbs.co.kr/news/articleView.html?idxno=792181

9장 참고문헌

1 김효정 외 (2024). **2024년 여성폭력 실태조사.** 여성가족부.

2 대검찰청 (2024). **대검찰청 범죄분석.** 대검찰청.

3 한국성폭력상담소 (2022). **새로운 반성폭력 · 성문화 이정표: 적극적 합의 가이드라인.** 한국성폭력상담소.

4 한국여성의전화 (2024). **2024년 분노의 게이지: 언론 보도를 통해 본 친밀한 관계의 남성 파트너 및 일면식 없는 남성에 의한 여성살해 분석.** 한국여성의전화.

5 한국이주여성 인권센터 (2018). **베트남 출신 이주여성 아동성폭력으로 인한 출산 경험과 혼인 취소 사건 지원사례 백서.** 한국이주여성 인권센터.

6 Galtung, Johan (1969). Violence, Peace, and Peace Research. **Journal of Peace Research,** 6(3) (1969): 167–191.

7 경향신문 (2025.2.10). '비동의강간죄' 도입하면 '무고' 증가?…'성관계 동의 헷갈릴 정도면 친밀한 관계일리가.' https://www.khan.co.kr/article/202502101514001

8 동아일보 (2025.8.21). AI 음란물, 실존인물 아니면 무죄' 판결 논란. https://www.donga.com/news/Society/article/all/20250821/132224027/2

9 로이슈 (2025.9.7). 디지털 성범죄 가해자 80% '아는 사람.' https://www.lawissue.co.kr/view.php?ud=2025090721481070297b682bb492_12

10 서울경제 (1999.3.17). 'O양 비디오' 인터넷 확산 기여. https://www.sedaily.com/NewsView/1HQ4SD459K

11 시사IN (2025.9.23). 61년 만의 무죄선고, 최말자씨 곁을 지킨 사람들. https://www.sisain.co.kr/news/articleView.html?idxno=56473

12 신동아 (2005.5.24). 한국 인터넷을 키운 건 8할이 성욕. https://shindonga.donga.com/society/article/all/13/101156/1

13 연합뉴스 (2022.4.30). '여성 안전에 둔감'…영국 언론 삼성 갤럭시 광고 비판 보도. https://www.yna.co.kr/view/AKR20220429003100085

14 일요서울 (2025.9.30). '통계로 본' 한국사회 디지털젠더폭력에 안전한가? https://www.ilyoseoul.co.kr/news/articleView.html?idxno=506616

15 파이낸셜뉴스 (2025.8.20). 불법촬영 · 유포불안에 3만 번 무너졌다…'최대 피해자는 1020세대.' https://www.fnnews.com/news/202508201118500342

16 프레시안 (2023.6.23). 성폭력은 '노출옷' 때문에 일어난다?…'강간문화'가 통계로 드러났다. http://www.pressian.com/pages/articles/2023062217013123320

17 한겨레21 (2006.10.26). 김본좌 패러디
https://h21.hani.co.kr/section-021107000/2006/10/021107000200610260632018.

18 SBS 뉴스 (2025.7.3). 영상통화 상대방 나체 몰래 녹화 · 저장…대법 '처벌 못 해.'
https://news.sbs.co.kr/news/endPage.do?news_id=N1008163323

10장 참고문헌

1 권김현영 외 (2025). **폭주하는 남성성: 폭력과 가해, 격분과 괴롭힘, 임계점을 넘은 해로운 남성성들의 등장**. 동녘.

2 Connell, R. W. (2013). **남성성/들(Masculinities)**. 이매진.

3 Laura Bates (2023). **인셀 테러: 온라인 여성혐오는 어떻게 현실의 폭력이 되었나**. 성원 역. 위즈덤하우스.

4 서울경제 (2021.10.25). 온라인 달군 '퐁퐁남' 뭐길래…남성들끼리 갈등 폭발했다.
https://www.sedaily.com/NewsView/22SVN97KP5

5 이데일리 (2023.5.22). 돌려차기 맞고 혼절해 납치된 부산서면女... 사라진 8분 찾아라.
https://v.daum.net/v/QE260hS4aw에서 인출.

6 한겨레 (2016.5.18). [단독]강남 살인사건 피의자, 조현병으로 4차례 입원.
https://www.hani.co.kr/arti/society/society_general/744405.html에서 인출

11장 참고문헌

1 고민희, 이혜영 (2024). 누가 여성할당제를 반대하는가? 능력주의와 여성할당제 인식의 변화, 2010-2024. **현대정치연구, 17**(2), 147-194.

2 구본상 (2023). 한국 사회 내 젠더갈등과 편향성의 동원. **현대정치연구, 16**(2), 51-97.

3 구본상 (2024). 20대 유권자 투표행태에서 드러난 현대적 성차(modern gender gap): 제22대 국회의원선거 분석. **정치정보연구, 27**(2), 33-63.

4 권수현 (2021). **한국의 여성대표성 법제도의 변화·효과·한계 그리고 개혁의 조건들. 의정연구, 27**(1), 41-77.

5 김원홍, 윤덕경, 최정원 (2008). 한국 여성정책 의제의 변화와 확대-17대 국회 전반기 입법활동을 중심으로. **여성연구**, 139-169.

6 김은경, 김복태, 이선행, 이지은, 정하연 (2022). **여성 정치인 육성을 위한 정당의 국고보조금 운영 개선방안**. 한국여성정책연구원.

7 김은희 (2019). 여성정치대표성과 할당제: 제도화 20년의 한국적 경험과 또 다른 길 찾기. **이화젠더법학**, 11(3), 107-139.

8 박상훈 (2017). **정치가 우리를 구원할 수 있을까**. 이음.

9 수전 팔루디(Susan Faludi). (2017). **백래시**. 아르테.

10 신경아 (2023). **백래시 정치**. 동녘.

11 신옥주 (2018). 실질적 성평등실현 관점에서 여성의 정치적 대표성 제고를 위한 적극적 조치에 대한 연구. **서울법학**, 26(2), 35-88.

12 심선희, 최금순 (2022). 지방의회와 여성의 정치적 대표성: 6.1. 지방선거를 중심으로. **이슈분석**, 1-22.

13 안숙영 (2019). 유럽연합과 젠더 민주주의: 정치에서의 젠더평등을 중심으로. **EU 연구**, 52, 3-38.

14 윤지소, 이미정, 장윤선, 정성미, 조혜승, 김유민, 송지선 (2025). 북경행동강령 채택 30 주년 이행평가 연구. **한국여성정책연구원 연구보고서**, 1-241.

15 이가현 (2022). 여성정치에 대한 현장 경험 – 젠더 갈라치기 등 대선과정에서 나타난 여성정치의 현주소. **페미니즘연구**, 22(1).

16 이진옥, 권수현, 서복경, 장명선 (2022). **성평등한 정치대표성 확보를 위한 정치인식조사**, 2020.

17 찰스 테일러(Charles Taylor). (2020). **다문화주의와 인정의 정치**. 하누리.

18 Inglehart, R., & Norris, P. (2000). The developmental theory of the gender gap: Women's and men's voting behavior in global perspective. **International Political Science Review, 21(4)**, 441-463

19 파이낸셜타임스 (2024.1.25). new global gender divide is emergin https://www.ft.com/content/29fd9b5c-2f35-41bf-9d4c-994db4e12998

20 한국일보 (2025.8.6). 국민 46%는 '중도'... 이대남은 보수, 이대녀는 진보 우위. https://www.hankookilbo.com/News/Read/A2025073117230005630

21 국제의회연맹 국가별 의원데이터베이스 https://data.ipu.org/women-averages/

22 쉬슈드런 https://sheshouldrun.org/

23 에밀리리스트 https://emilyslist.org/

24 한국여성정책연구원 성인지통계시스템 https://gsis.kwdi.re.kr/gsis/kr/main.html

12장 참고문헌

1 김은주 (2019). 제 4물결로서 온라인-페미니즘 : 동시대 페미니즘의 정치와 기술. **한국여성철학, 31**, 1-32.

2 김현미 (2018). 부산대학교에서 페미니스트로 살아남기. **부산대학교 성평등네트워크 제3차 심포지움 〈시대를 넘어 페미니스트, 만나다〉 자료집.**

3 달과 입술 (2000). **나는 페미니스트이다**. 동녘.

4 대학교육연구소 (2012). 대교연 통계(기본).

5 민경자 (1999). "성폭력 여성운동사", **한국여성 인권운동사: 한울여성학강좌**, 한울아카데미.

6 배유경 (2022). 대학의 성평등 증진을 위한 제도적 조건 연구. **한국여성학, 38**(3), 109-142.

7 부경여대협 (1999). "학내 성폭력 실태와 성폭력 규제 학칙 제정을 위한 세미나" 자료집.

8 이원윤 (2023). **아직, 메갈리안: 메갈리아에 대한 인류학적 고찰**. 이프북스.

9 임봉 (2024). 부산대 총여학생회 활동과 변화연구: 단절된 대학여성운동을 연결하기. 부산대학교 석사학위논문.

10 정의솔 (2022). 디지털 페미니즘의 증폭: 트롤링 실천, 페미니스트 메세지의 밈화, 액티비즘의 게임화. **젠더와 문화, 15**(2), 95-131.

11 조형 (1990). 전국 대학 여성학강좌 실시현황에 관한 조사연구. **한국문화연구원논총, 57**, 199-232.

12 최문정 (2022). 페미니즘 리부트 이후 대학 내 페미니즘 동아리에 관한 연구 -부산지역을 중심으로. 신라대학교 석사학위연구보고서.

13 한성희, 이경옥, 김주희, 정재흔 (2023). **우리의 승리가 세상을 바꾼다: 스토킹처벌법 제정을 이끌어낸 창원의 여성들**. (사)창원여성살림공동체(비매품).

14 경향신문 (2001.5.28). 캠퍼스 때 아닌 '군사문화' 性갈등. https://www.khan.co.kr/article/200105281653301

15 경향신문 (2002.3.1). 캠퍼스 성폭력 추방 '봄바람'. https://www.khan.co.kr/article/200203011920591

16 경향신문 (2021.7.22). 내신 관리 철저한 여학생, 대학진학률 12년째 '우위'. https://www.khan.co.kr/article/202107222127005

17 부대신문 (1988.3.7). "여학생 생활연수 폐지"- 여성학강좌 등 다각적 검토, 여성문제 본질에 접근해야.

18 부대신문 (1995.3.27). "총여 성폭력 설문조사".

19 부산일보 (1984.1.20). "平等정신 · 教育균등에 背馳".
https://www.busan.com/view/busan/view.php?code=19840120000057

20 부산일보 (2018.9.6.). 교수 성폭력, 부산대는 적극 대응하라.
https://www.busan.com/view/busan/view.php?code=20180906000344

21 세계일보 (2005.3.24). 대학가 "性, 터놓고 얘기합시다".
https://v.daum.net/v/20050324083656354

22 여성신문 (2025.5.12). 2030 여성 유권자 10명 중 6명은 페미니스트…1순위는 디지털 성범죄 방지. https://www.womennews.co.kr/news/articleView.html?idxno=261955

23 월장 (2001). 월장의 '예비역사태'를 돌아보며 사이버상의 투쟁을 생각하다.

24 일다 (2004.9.13). 대학 내 반성폭력 학칙 현주소. https://ildaro.com/1712

25 일다 (2014.12.24). 대학 내 반성폭력운동이 살아나야 한다. https://ildaro.com/6932

26 일다 (2017.2.28.). 15년 전 '월장'에서 #OO_내_성폭력운동까지. https://ildaro.com/7786

27 전국여대생대표자협의회 (1995). '건설! 전여대협', '전여대협 간부 수련회 자료집', '제2기 전여대협 총회 제안서'.

28 한겨레 (2024.8.22). [단독] 딥페이크 텔레방에 22만명…입장하니 "좋아하는 여자 사진 보내라".
https://www.hani.co.kr/arti/society/society_general/1154764.html

29 한국여성단체연합 (2002). '월장' 사태, 그 이후…. https://women21.or.kr/

이 책을 함께 지은 사람들 (수록순)

김인선
(1장)

부산대학교 여성연구소 교수. 미국 여성사를 전공했다. 사람들이 기억하지 않으려는 역사를 드러내고 승자의 이야기가 아닌 소외된 자의 목소리, 침묵해야 했던 이들의 빼앗긴 존엄을 돌려주는 작업에 관심을 갖고 연구를 수행하고 있다.

하여주
(2장)

부산광역시 시사편찬 연구위원. 부산대학교에서 한국사 전공으로 박사학위를 받았다. 조선시대 사회사, 여성사, 특히 유교 젠더규범의 형성과 수행 등을 중심으로 공부하고 있다. 대표 연구로 『여성사, 한 걸음 더』(공저), 『지금부터 조선 젠더사』, 「조선후기 양반 여성의 '친정살이'와 새로운 생활환경의 모색－진주하씨 묘 출토 한글 편지를 중심으로－」(논문) 등이 있다.

손선희
(3장)

국립경국대(구 안동대) 교양교육원 여성학 강사. 최승자 시인이 "벽도 내리받이도 보이지 않는 너무도 드넓은 궁륭 같은 평화"라던 마흔 중반에 '수많은 벽을 맞닥뜨리면서' 여성학 공부를 시작했다. 대구·경북 지역의 일본군 '위안부' 운동에 관한 박사논문으로 제1회 김복동신진연구자상을 받았다. 지역여성들의 삶을 연구하고 알리는 것으로 여성주의 활동을 이어가고자 한다.

김은진
(4장)

부산대학교 미디어커뮤니케이션학과 강사. 지은 책으로는『미디어 허스토리 3.0 － 한국 사회와 여성, 30년의 기록』(공저, 2023),『디지털 미디어 소비와 젠더』(공저, 2022),『한국 에로비디오의 사회사: 애마부인에서 소라넷까지』(공저, 2018) 등이 있으며, 논문은 "집중 모성과 육아의 의료화: 〈금쪽같은 내 새끼〉를 보는 엄마들" (2025), "여성 노인 유튜버를 통한 여성들의 세대 간 소통과 연대－박막례, 밀라논나 채널을 중심으로"(2023), "미디어 속 여성 스포츠의 서사와 재현－SBS 예능 〈골 때리는 그녀들〉을 중심으로"(2022), "'유튜브 육아' 연구－육아 과정에서 어머니의 유튜브 이용과 통제"(2021) 등이 있다.

이안나
(5장)

부산여성사회교육원 여성학위원회 위원장. 대학에서 25년 가까이 여성학을 강의했지만 자신이 페미니스트인지 매순간 의심하며 살고 있다. 대학생 섹슈얼리티에 관심이 많고, 낡은 몸을 닦고 조이고 기름 쳐 언젠가는 좋은 어른이 되고 싶은 욕심을 갖고 있다.

김혜정 (6장)
울산복지가족진흥사회서비스원 선임연구위원으로 여성학과 사회복지학을 전공했다. 부산·경남·울산 지역에서 여성가족 및 사회복지 분야 정책연구자로 다양한 연구보고서를 발간한 바 있다. 또한 성평등, 성별영향평가, 여성친화, 1인가구, 사회적 고립 등 다양한 분야의 전문강사로 활동하고 있다.

안미수 (7장)
여성학을 공부한 이후, 일하는 여성들에 대한 관심의 끈을 놓지 않으려고 애쓰고 있다. 다양한 직장에서 일하면서 다양한 조직 문화를 접했고 한마디로 정리하기 어려운 이 '조직문화'라는 것의 중요성을 더욱 실감하게 되었다. 언젠가 정리할 기회가 오기를 바란다.

정숙정 (8장)
농촌사회 연구자로서 대학에서 〈젠더와 사회〉 관련 교과목을 강의하고 있다. 젠더 불평등의 교차성을 주요 연구 주제로 삼아, 여성농민의 기후재난 경험과 생태적 실천, 농업·농촌에서의 젠더 불평등, 돌봄·노동 문제를 꾸준히 탐구해 왔다. 「기후재난과 페미니스트 기후정의」, 「인정투쟁에서 협력 투쟁으로-여성농민의 지위 향상 방안」, 「여성농민이 경험하는 기후위기와 인권」, 『기후위기 시대를 건너는 여성농민』, 『촌촌여전』(공저) 등을 발표했으며 농촌 현장 기반 연구와 글쓰기를 이어가고 있다.

정윤주 (9장)
이음 성인권센터 센터장. 성인권교육과 젠더폭력 예방교육을 현장에서 꾸준히 하고 있으며, 교제폭력 생존자로서 그 피해경험을 학문적으로 탐구하고자 여성학 공부를 시작했다. 성인지감수성 향상을 위한 프로그램을 개발·운영하며, 일상의 경험을 젠더 관점으로 재해석하는 작업에 관심을 두고 있다.

이소창 (10장)
부산광역시 거점형 양성평등센터 전문 연구원, 사회학을 전공했으며 청년 남성의 젠더 의식과 연애 경험을 주제로 논문을 작성했다. 현재 성평등가족부 정책자문단과 서울특별시 양성평등위원회 위원으로 활동하며, 청년 세대의 경험과 관점을 여성학의 시각으로 정책에 반영하기 위한 다양한 연구·자문 활동을 이어가고 있다.

변정희 (11장)
전 (사)여성인권지원센터 '살림' 상임대표로 부산여성단체연합 대표, 성매매문제해결을위한전국연대 정책위원을 거쳐 한국여성인권진흥원, 한국양성평등교육원 등 다수의 기관과 단체에서 강의를 하고 글을 썼다. 현재는 부산일보에 정기 칼럼을 쓰고 공공정책학을 전공하며 현장의 경험을 연구 중이다.

임 봉 (12장)
여성학을 전공했고, 여성주의 기록을 연구하는 중이다. '부산지역의 대학여성운동 복원 프로젝트, BRIDGE'를 통해 여성주의 기록에 관심을 가지게 되었다. 현재는 완월기록연구소 사무국장이다.

(사)부산여성 사회교육원

1995년 2월 창립하여 1997년 2월 사단법인으로 등록한 비영리 여성단체입니다. 본원은 부산 · 경남지역의 다양한 분야에서 활동하고 있는 여성학 관련 연구자, 강사, 단체활동가들이 함께 모여 만든 교육연구문화운동단체입니다. 우리는 현실의 부당한 성차별문제를 극복하고 성별이나 인종, 연령 등 그 어떤 차이로도 차별받지 않는 더 평등하고 자유로운 세상을 꿈꿉니다.

| 연락처 (051)802-6083
| 이메일 feminedu@hanmail.net
| 홈페이지 http://feminedu21.cafe24.com
| SNS @feminedu (Instagram)

성·평등 그리고 사회 여덟 번째 젠더수업

1판발행 2026년 3월 5일 **1판 1쇄 인쇄** | 2026년 3월 10일 **1판 1쇄 발행**

엮은이 (사)부산여성사회교육원
펴낸이 최용구 | **펴낸곳 도서출판 신정**
주소 (04316) 서울시 용산구 원효로 89길 19 (원효로1가)
전화 02)3211-4782, 0266(영업부), 3211-4783(편집부), 3211-4784(팩스)
이메일 sjbook2002@naver.com | **홈페이지** www.sjbook.co.kr
등록 2001년 5월 11일 제13-702호
기획마케팅 최용구 장만동 최충구 송대용 | **책임편집** 석기은 황가연

ISBN 978-89-5912-978-2 93330
정가 22,000원